January 18, 1999

What do I consider my most important Contributions?

- That I early on—almost sixty years ago—realized that MANAGEMENT has become the constitutive organ and function of the <u>Society of Organizations</u>;

- That MANAGEMENT is not "Business Management- though it first attained attention in business- but the governing organ of ALL institutions of Modern Society;

- That I established the study of MANAGEMENT as a DISCIPLINE in its own right; and

- That I focused this discipline on People and Power; on Values; Structure and Constitution; AND ABOVE ALL ON RESPONSIBILITIES- that is focused the <u>Discipline of Management</u> on Management as a truly LIBERAL ART.

Peter F. Drucker

我认为我最重要的贡献是什么？

- 早在60年前，我就认识到管理已经成为组织社会的基本器官和功能；
- 管理不仅是"企业管理"，而且是所有现代社会机构的管理器官，尽管管理最初侧重于企业管理；
- 我创建了管理这门独立的学科；
- 我围绕着人与权力、价值观、结构和方式来研究这一学科，尤其是围绕着责任。管理学科是把管理当作一门真正的人文艺术。

彼得·德鲁克
1999年1月18日

注：资料原件打印在德鲁克先生的私人信笺上，并有德鲁克先生亲笔签名，现藏于美国德鲁克档案馆。为纪念德鲁克先生，本书特收录这一珍贵资料。本资料由德鲁克管理学专家那国毅教授提供。

彼得·德鲁克和妻子多丽丝·德鲁克

德鲁克妻子多丽丝寄语中国读者

在此谨向广大的中国读者致以我诚挚的问候。本书深入介绍了德鲁克在管理领域方面的多种理念和见解。我相信他的管理思想得以在中国广泛应用,将有赖出版及持续的教育工作,令更多人受惠于他的馈赠。

盼望本书可以激发各位对构建一个令人憧憬的美好社会的希望,并推动大家在这一过程中积极发挥领导作用,他的在天之灵定会备感欣慰。

Doris Drucker

本页照片和多丽丝寄语原文与亲笔签名由彼得·德鲁克管理学院提供

巨变时代的管理

[美] 彼得·德鲁克 著

朱雁斌 译

Managing in a Time of Great Change

彼得·德鲁克全集

机械工业出版社
CHINA MACHINE PRESS

图书在版编目（CIP）数据

巨变时代的管理 /（美）彼得·德鲁克（Peter F. Drucker）著；朱雁斌译 . —北京：机械工业出版社，2018.6（2024.11 重印）

（彼得·德鲁克全集）

书名原文：Managing in a Time of Great Change

ISBN 978-7-111-60009-1

I. 巨… II. ①彼… ②朱… III. 管理学 IV. F272

中国版本图书馆 CIP 数据核字（2018）第 096535 号

北京市版权局著作权合同登记　图字：01-2012-6874 号。

Peter F. Drucker. Managing in a Time of Great Change.

Copyright © 2009 Harvard Business School Press.

Published by arrangement with Harvard Business Review Press.

Simplified Chinese Translation Copyright © 2019 by China Machine Press. This edition is authorized for sale in the Chinese mainland (excluding HongKong SAR, Macao SAR and Taiwan).

No part of this book may be reproduced or transmitted in any form or by any means, electronic or mechanical, including photocopying, recording or any information storage and retrieval system, without permission, in writing, from the publisher.

All rights reserved.

本书中文简体字版由 Harvard Business Review Press 授权机械工业出版社在中国大陆地区（不包括香港、澳门特别行政区及台湾地区）独家出版发行。未经出版者书面许可，不得以任何方式抄袭、复制或节录本书中的任何部分。

本书两面插页所用资料由彼得·德鲁克管理学院和那国毅教授提供。封面中签名摘自德鲁克先生为彼得·德鲁克管理学院的题词。

巨变时代的管理

出版发行：机械工业出版社（北京市西城区百万庄大街 22 号　邮政编码：100037）
责任编辑：宋　燕　　　　　　　　　　　责任校对：李秋荣
印　　刷：固安县铭成印刷有限公司
版　　次：2024 年 11 月第 1 版第 7 次印刷
开　　本：170mm×230mm　1/16
印　　张：19.25
书　　号：ISBN 978-7-111-60009-1
定　　价：79.00 元

客服电话：(010) 88361066　68326294

版权所有 · 侵权必究
封底无防伪标均为盗版

如果您喜欢彼得·德鲁克（Peter F. Drucker）或者他的书籍，那么请您尊重德鲁克。不要购买盗版图书，以及以德鲁克名义编纂的伪书。

| 目 录 |

推荐序一(邵明路)
推荐序二(赵曙明)
推荐序三(珍妮·达罗克)
译者序
前言

专访　后资本主义社会的执行者 / 1

第一部分　管理

第1章　经营之道 / 19
第2章　应对不确定性的计划 / 34
第3章　五种致命的经营失误 / 39
第4章　管理家族企业 / 44
第5章　总统六准则 / 50
第6章　网络社会的管理 / 55

第二部分 | 以信息为基础的组织

第7章　组织的新社会 / 65

第8章　三种团队 / 82

第9章　零售业的信息革命 / 87

第10章　不做数据的文盲；掌握该掌握的内容 / 92

第11章　我们需要的是衡量手段，而非计算 / 96

第12章　管理者今天需要的信息 / 100

第三部分 | 经济

第13章　世界经济在贸易方面的教训 / 119

第14章　美国经济力量的转移 / 136

第15章　寻找新兴市场 / 141

第16章　环太平洋地区与世界经济 / 145

第17章　日本有限公司走到尽头了吗 / 148

第18章　疲软的美元反倒让日本如虎添翼 / 155

第19章　新兴的超级力量：海外华人 / 160

第四部分 | 社会

第20章　社会变革的世纪 / 167

第21章　非营利组织的长足发展让我们获益匪浅 / 216

第22章　知识工作和性别角色 / 222

第23章　彻底改造政府 / 226

第24章　民主国家会赢得和平吗 / 245

专访　后资本主义社会的管理 / 268

| 推荐序一 |

功能正常的社会和博雅管理
为"彼得·德鲁克全集"作序

享誉世界的"现代管理学之父"彼得·德鲁克先生自认为,虽然他因为创建了现代管理学而广为人知,但他其实是一名社会生态学者,他真正关心的是个人在社会环境中的生存状况,管理则是新出现的用来改善社会和人生的工具。他一生写了39本书,只有15本书是讲管理的,其他都是有关社群(社区)、社会和政体的,而其中写工商企业管理的只有两本书(《为成果而管理》和《创新与企业家精神》)。

德鲁克深知人性是不完美的,因此人所创造的一切事物,包括人设计的社会也不可能完美。他对社会的期待和理想并不高,那只是一个较少痛苦、还可以容忍的社会。不过,它还是要有基本的功能,为生活在其中的人提供可以正常生活和工作的条件。这些功能或条件,就好像一个生命体必须具备正常的生命特征,没有它们社会也就不成其为社会了。值得留意的是,社会并不等同于"国家",因为"国(政府)"和"家(家庭)"不可能提供一个社会全部必要的职能。在德鲁克眼里，功能正常的社会至少要由三大类机构组成：政府、企业和非营利机构，它们各自发挥不同性质的作用，每一类、每一个机构中都要有能解决问题、令机构创造出独特绩效的权力中心和决策机制，这个权力中心和决策机制同时也要让机构里的每个人各得其所，既有所担当、做出贡献，又得到生计和身份、地位。这些在过去的国家中从来没有过的权力中心和决策机制，或者说新的"政体"，就是"管理"。在这里德鲁克把企业和非营利机构中的管理体制与政府的统治体制统称为"政体"，是因为它们都掌握权力，但是，这是两种性质截然不同的权力。企业和非营利机构掌握的，是为了提供特定的产品和服务，而调配社会资源的权力，政府所拥有的，则是维护整个社会的公平、正义的裁夺和干预的权力。

在美国克莱蒙特大学附近，有一座小小的德鲁克纪念馆，走进这座用他的故居改成的纪念馆，正对客厅入口的显眼处有一段他的名言：

> 在一个由多元的组织所构成的社会中，使我们的各种组织机构负责任地、独立自治地、高绩效地运作，是自由和尊严的唯一保障。有绩效的、负责任的管理是对抗和替代极权专制的唯一选择。

当年纪念馆落成时，德鲁克研究所的同事们问自己，如果要从德鲁克的著作中找出一段精练的话，概括这位大师的毕生工作对我们这个世界的意义，会是什么？他们最终选用了这段话。

如果你了解德鲁克的生平，了解他的基本信念和价值观形成的过程，你一定会同意他们的选择。从他的第一本书《经济人的末日》到他独自完成的最后一本书《功能社会》之间，贯穿着一条抵制极权专制、捍卫个人自由和尊严的直线。这里极权的极是极端的极，不是集中的集，两个词一字之差，其含义却有着重大区别，因为人类历史上由来已久的中央集权统治直到20世纪才有条件变种成极权主义。极权主义所谋求的，是从肉体到精神，全面、彻底地操纵和控制人类的每一个成员，把他们改造成实现个别极权主义者梦想的人形机器。20世纪给人类带来最大灾难和伤害的战争和运动，都是极权主义的"杰作"，德鲁克青年时代经历的希特勒纳粹主义正是其中之一。要了解德鲁克的经历怎样影响了他的信念和价值观，最好去读他的《旁观者》；要弄清什么是极权主义和为什么大众会拥护它，可以去读汉娜·阿伦特1951年出版的《极权主义的起源》。

好在历史的演变并不总是令人沮丧。工业革命以来，特别是从1800年开始，最近这200年生产力加速提高，不但造就了物质的极大丰富，还带来了社会结构的深刻改变，这就是德鲁克早在80年前就敏锐地洞察和指出的，多元的、组织型的新社会的形成：新兴的企业和非营利机构填补了由来已久的"国（政府）"和"家（家庭）"之间的断层和空白，为现代国家提供了真正意义上的种种社会功能。在这个基础上，教育的普及和知识工作者的崛起，正在造就知识经济和知识社会，而信息科技成为这一切变化的加速器。要特别说明，"知识工作者"是德鲁克创造的一个称谓，泛指具备和应用专门知识从事生产工作，为社会创造出有用的产品和服务的人群，这包括企业家和在任何机构中的管理者、专业人士和技工，也包括社会上的独立执业人士，如会计师、律师、咨询师、培训师等。在21世纪的今天，由于知识的应用领域一再被扩大，个人和个别机构不再是孤独无助的，他们因为掌握了某项知识，就拥有了选择的自由和影响他人的权力。知识工作者和由他们组成的知识型组织不再是传统的知识分子或组织，知识工作者最大的特点就是他们的独立自主，可以主动地整合资源、创造价值，促成经济、社会、文化甚至政治层面的改变，而传统的知识分子只能依附于当时的统治当局，在统治当局提供的平台上才能有所作为。这是一个划时代的、意义深远的变化，而且这个变化不仅发生在西方发达国家，也发生在发展中国家。

在一个由多元组织构成的社会中，拿政府、企业和非营利机构这三类组织相互比较，企业和非营利机构因为受到市场、公众和政府的制约，它们的管理者不可能像政府那样走上极权主义统治，在德鲁克看来，这是它们比政府更重要、更值得寄予希望的原因。尽管如此，它们仍然可能因为管理缺位或者管理失当，例如官僚专制，不能达到德鲁克期望的"负责任地、高绩效地运作"，从而为极权专制垄断社会资源让出空间、提供机会。在所有机构中，包括在互联网时代虚拟的工作社群中，知识工作者的崛起既为新的管理提供了基础和条件，也带来对传统的"胡萝卜加大棒"管理方式的挑战。德鲁克正是因应这样的现实，研究、创立和不断完善现代管理学的。

1999年1月18日，德鲁克接近90岁高龄，在回答"我最重要的贡献是什么"这个问题时，他写了下面这段话：

> 我着眼于人和权力、价值观、结构和规范去研究管理学，而在所有这些之上，我聚焦于"责任"，那意味着我是把管理学当作一门真正的"博雅技艺"来看待的。

给管理学冠上"博雅技艺"的标识是德鲁克的首创，反映出他对管理的独特视角，这一点显然很重要，但是在他众多的著作中却没找到多少这方面的进一步解释。最完整的阐述是在他的《管理新现实》这本书第15章第五小节，这节的标题就是"管理是一种博雅技艺"：

> 30年前，英国科学家兼小说家斯诺（C. P. Snow）曾经提到当代社会的"两种文化"。可是，管理既不符合斯诺所说的"人文文化"，也不符合他所说的"科学文化"。管理所关心的是行动

和应用，而成果正是对管理的考验，从这一点来看，管理算是一种科技。可是，管理也关心人、人的价值、人的成长与发展，就这一点而言，管理又算是人文学科。另外，管理对社会结构和社群（社区）的关注与影响，也使管理算得上是人文学科。事实上，每一个曾经长年与各种组织里的管理者相处的人（就像本书作者）都知道，管理深深触及一些精神层面关切的问题——像人性的善与恶。

管理因而成为传统上所说的"博雅技艺"（liberal art）——是"博雅"（liberal），因为它关切的是知识的根本、自我认知、智慧和领导力，也是"技艺"（art），因为管理就是实行和应用。管理者从各种人文科学和社会科学中——心理学和哲学、经济学和历史、伦理学，以及从自然科学中，汲取知识与见解，可是，他们必须把这种知识集中在效能和成果上——治疗病人、教育学生、建造桥梁，以及设计和销售容易使用的软件程序等。

作为一个有多年实际管理经验，又几乎通读过德鲁克全部著作的人，我曾经反复琢磨过为什么德鲁克要说管理学其实是一门"博雅技艺"。我终于意识到这并不仅仅是一个标新立异的溢美之举，而是在为管理定性，它揭示了管理的本质，提出了所有管理者努力的正确方向。这至少包括了以下几重含义：

第一，管理最根本的问题，或者说管理的要害，就是管理者和每个知识工作者怎么看待与处理人和权力的关系。德鲁克是一位基督徒，他的宗教信仰和他的生活经验相互印证，对他的研究和写作产生了深刻的影响。在他看来，人是不应该有权力（power）的，只有造人的上帝或者说造物主才拥有权力，造物主永远高于人类。归根结底，人性是软弱的，经不起权力的引诱和考验。因此，人可以拥有的只是授权（authority），也就是人只是在某一阶段、某一事情上，因为所拥有的品德、知识和能力而被授权。不但任何个人是这样，整个人类也是这样。民主国家中"主权在民"，但是人民的权力也是一种授权，是造物主授予的，人在这种授权之下只是一个既有自由意志，又要承担责任的"工具"，他是造物主的工具而不能成为主宰，不能按自己的意图去操纵和控制自己的同类。认识到这一点，人才会谦卑而且有责任感，他们才会以造物主才能够掌握、人类只能被其感召和启示的公平正义，去时时检讨自己，也才会甘愿把自己置于外力强制的规范和约束之下。

第二，尽管人性是不完美的，但是人彼此平等，都有自己的价值，都有自己的创造能力，都有自己的功能，都应该被尊敬，而且应该被鼓励去创造。美国的独立宣言和宪法中所说的，人生而平等，每个人都有与生俱来、不证自明的权利（rights），正是从这一信念而来的，这也是德鲁克的管理学之所以可以有所作为的根本依据。管理者是否相信每个人都有善意和潜力？是否真的对所有人都平等看待？这些基本的或者说核心的价值观和信念，最终决定他们是否能和德鲁克的学说发生感应，是否真的能理解和实行它。

第三，在知识社会和知识型组织里，每一个工作者在某种程度上，都既是知识工作者，也是管理者，因为他可以凭借自己的专门知识对他人和组织产生权威性的影响——知识就是权力。但是权力必须和责任捆绑在一起。而一个管理者是否负起了责任，要以绩效和成果做检验。凭绩效和成果问责的权力是正当和合法的权力，也就是授权（authority），否则就成为德鲁克坚决反对的强权（might）。绩效和成果之所以重要，不但在经济和物质层面，而且在心理层面，都会对人们产生影响。管理者和领导者如果持续不能解决现实问题，大众在彻底失望之余，会转而选择去依赖和服从强权，同时甘愿交出自己的自由和尊严。这就是为什么德鲁克一再警告，如果管理失败，极权主义就会取而代之。

第四，除了让组织取得绩效和成果，管理者还有没有其他的责任？或者换一种说法，绩效和成果仅限于可量化的经济成果和财富吗？对一个工商企业来说，除了为客户提供价廉物美的产品和服务、为股东赚取合理的利润，能否同时成为一个良好的、负责任的"社会公民"，能否同时帮助自己的员工在品格和能力两方面都得到提升呢？这似乎是一个太过苛刻的要求，但它是一个合理的要求。我个人在十多年前，和一家这样要求自己的后勤服务业的跨国公司合作，通过实践认识到这是可能的。这意味着我们必须学会把伦理道德的诉求和经济目标，设计进同一个工作流程、同一套衡量系统，直至每一种方法、工具和模式中去。值得欣慰的是，今天有越来越多的机构开始严肃地对待这个问题，在各自的领域做出肯定的回答。

第五，"作为一门博雅技艺的管理"或称"博雅管理"，这个讨人喜爱的中文翻译有一点儿问题，从翻译的"信、达、雅"这三项专业要求来看，雅则雅矣，信有不足。liberal art 直译过来应该是"自由的技艺"，但最早的繁体字中文版译成了"博雅艺术"，这可能是想要借助它在中国语文中的褒义，我个人还是觉得"自由的技艺"更贴近英文原意。liberal 本身就是自由。art 可以译成艺术，但管理是要应用的，是要产生绩效和成果的，所以它首先应该是一门"技能"。另一方面，管理的对象是人们的工作，和人打交道一定会面对人性的善恶，人的千变万化的意念——感性的和理性的，从这个角度看，管理又是一门涉及主观判断的"艺术"。所以 art 其实更适合解读为"技艺"。liberal——自由，art——技艺，把两者合起来就是"自由技艺"。

最后我想说的是，我之所以对 liberal art 的翻译这么咬文嚼字，是因为管理学并不像人们普遍认为的那样，是一个人或者一个机构的成功学。

它不是旨在让一家企业赚钱，在生产效率方面达到最优，也不是旨在让一家非营利机构赢得道德上的美誉。它旨在让我们每个人都生存在其中的人类社会和人类社群（社区）更健康，使人们较少受到伤害和痛苦。让每个工作者，按照他与生俱来的善意和潜能，自由地选择他自己愿意在这个社会或社区中所承担的责任；自由地发挥才智去创造出对别人有用的价值，从而履行这样的责任；并且在这样一个创造性工作的过程中，成长为更好和更有能力的人。这就是德鲁克先生定义和期待的，管理作为一门"自由技艺"，或者叫"博雅管理"，它的真正的含义。

邵明路

彼得·德鲁克管理学院创办人

| 推荐序二 |

跨越时空的管理思想

20多年来,机械工业出版社关于德鲁克先生著作的出版计划在国内学术界和实践界引起了极大的反响,每本书一经出版便会占据畅销书排行榜,广受读者喜爱。我非常荣幸,一开始就全程参与了这套丛书的翻译、出版和推广活动。尽管这套丛书已经面世多年,然而每次去新华书店或是路过机场的书店,总能看见这套书静静地立于书架之上,长盛不衰。在当今这样一个强调产品迭代、崇尚标新立异、出版物良莠难分的时代,试问还有哪本书能做到这样呢?

如今,管理学研究者们试图总结和探讨中国经济与中国企业成功的奥秘,结论众说纷纭、莫衷一是。我想,企业成功的原因肯定是多种多样的。中国人讲求天时、地利、人和,缺一不可,其中一定少不了德鲁克先生著作的启发、点拨和教化。从中国老一代企业家(如张瑞敏、任正非),及新一代的优秀职业经理人(如方洪波)的演讲中,我们常常可以听到来自先生的真知灼见。在当代管理学术研究中,我们也可以常常看出先生的思想指引和学术影响。我常常对学生说，当你不能找到好的研究灵感时，可以去翻翻先生的著作；当你对企业实践困惑不解时，也可以把先生的著作放在床头。简言之，要想了解现代管理理论和实践，首先要从研读德鲁克先生的著作开始。基于这个原因，1991年我从美国学成回国后，在南京大学商学院图书馆的一角专门开辟了德鲁克著作之窗，并一手创办了德鲁克论坛。至今，我已在南京大学商学院举办了100多期德鲁克论坛。在这一点上，我们也要感谢机械工业出版社为德鲁克先生著作的翻译、出版和推广付出的辛勤努力。

在与企业家的日常交流中，当发现他们存在各种困惑的时候，我常常推荐企业家阅读德鲁克先生的著作。这是因为，秉持奥地利学派的一贯传统，德鲁克先生总是将企业家和创新作为著作的中心思想之一。他坚持认为："优秀的企业家和企业家精神是一个国家最为重要的资源。"在企业发展过程中，企业家总是面临着效率和创新、制度和个性化、利润和社会责任、授权和控制、自我和他人等不同的矛盾与冲突。企业家总是在各种矛盾与冲突中成长和发展。现代工商管理教育不但需要传授建立现代管理制度的基本原理和准则，同时也要培养一大批具有优秀管理技能的职业经理人。一个有效的组织既离不开良好的制度保证，同时也离不开有效的管理者，两者缺一不可。这是因为，一方面，企业家需要通过对管理原则、责任和实践进行研究，探索如何建立一个有效的管理机制和制度，而衡量一个管理制度是否有效的标准就在于该制度能否将管理者个人特征的影响降到最低限度；另一方面，一个再高明的制度，如果没有具有职业道德的员工和管理者的遵守，制度也会很容易土崩瓦解。换言之，一个再高效的组织，如果缺乏有效的管理者和员工，组织的效率也不可能得到实现。虽然德鲁克先生的大部分著作是有关企业管理的，但是我们可以看到自由、成长、创新、多样化、多元化的思想在其著作中是一以贯之的。正如德鲁克在《旁观者》一书的序言中所阐述的，"未来是'有机体'的时代，由任务、目的、策略、社会的和外在的环境所主导"。很多人喜欢德鲁克提出的概念，但是德鲁克却说，"人比任何概念都有趣多了"。德鲁克本人虽然只是管理的旁观者，但是他对企业家工作的理解、对管理本质的洞察、对人性复杂性的观察，鞭辟入里、入木三分，这也许就是企业家喜爱他的著作的原因吧！

德鲁克先生从研究营利组织开始，如《公司的概念》（1946年），到研究非营利组织，如《非营利组织的管理》（1990年），再到后来研究社会组织，如《功能社会》（2002年）。虽然德鲁克先生的大部分著作出版于20世纪六七十年代，然而其影响力却是历久弥新的。在他的著作中，读者很容易找到许多最新的管理思想的源头，同时也不难获悉许多在其他管理著作中无法找到的"真知灼见"，从组织的使命、组织的目标以及工商企业与服务机构的异同，到组织绩效、富有效率的员工、员工成就、员工福利和知识工作者，再到组织的社会影响与社会责任、企业与政府的关系、管理者的工作、管理工作的设计与内涵、管理人员的开发、目标管理与自我控制、中层管理者和知识型组织、有效决策、管理沟通、管理控制、面向未来的管理、组织的架构与设计、企业的合理规模、多角化经营、多国公司、企业成长和创新型组织等。

30多年前在美国读书期间，我就开始阅读先生的著作，学习先生的思想，并聆听先生的课堂教学。回国以后，我一直把他的著作放在案头。尔后，每隔一段时间，每每碰到新问题，就重新温故。令人惊奇的是，随着阅历的增长、知识的丰富，每次重温的时候，竟然会生出许多不同以往的想法和体会。仿佛这是一座挖不尽的宝藏，让人久久回味，有幸得以伴随终生。一本著作一旦诞生，就独立于作者、独立于时代而专属于每个读者，不同地理区域、不同文化背景、不同时代的人都能够从中得到启发、得到教育。这样的书是永恒的、跨越时空的。我想，德鲁克先生的著作就是如此。

特此作序，与大家共勉！

南京大学人文社会科学资深教授、商学院名誉院长

博士生导师

2018年10月于南京大学商学院安中大楼

| 推荐序三 |

彼得·德鲁克与伊藤雅俊管理学院是因循彼得·德鲁克和伊藤雅俊命名的。德鲁克生前担任玛丽·兰金·克拉克社会科学与管理学教席教授长达三十余载，而伊藤雅俊则受到日本商业人士和企业家的高度评价。

彼得·德鲁克被称为"现代管理学之父"，他的作品涵盖了39本著作和无数篇文章。在德鲁克学院，我们将他的著述加以浓缩，称之为"德鲁克学说"，以撷取德鲁克著述在五个关键方面的精华。

我们用以下框架来呈现德鲁克著述的现实意义，并呈现他的管理理论对当今社会的深远影响。

这五个关键方面如下。

（1）**对功能社会重要性的信念**。一个功能社会需要各种可持续性的组织贯穿于所有部门，这些组织皆由品行端正和有责任感的经理人来运营，他们很在意自己为社会带来的影响以及所做的贡献。德鲁克有两本书堪称他在功能社会研究领域的奠基之作。第一本书是《经济人的末日》（1939年），"审视了法西斯主义的精神和社会根源"。然后，在接下来出版的《工业人的未来》（1942年）一书中，德鲁克阐述了自己对第二次世界大战后社会的展望。后来，因为对健康组织对功能社会的重要作用兴趣盎然，他的主要关注点转到了商业。

（2）**对人的关注**。德鲁克笃信管理是一门博雅艺术，即建立一种情境，使博雅艺术在其中得以践行。这种哲学的宗旨是：管理是一项人的活动。德鲁克笃信人的潜质和能力，而且认为卓有成效的管理者是通过人来做成事情的，因为工作会给人带来社会地位和归属感。德鲁克提醒经理人，他们的职责可不只是给大家发一份薪水那么简单。

对于如何看待客户，德鲁克也采取"以人为本"的思想。他有一句话人人知晓，即客户决定了你的生意是什么，这门生意出品什么以及这门生意日后能否繁荣，因为客户只会为他们认为有价值的东西买单。理解客户的现实以及客户崇尚的价值是"市场营销的全部所在"。

（3）**对绩效的关注**。经理人有责任使一个组织健康运营并且持续下去。考量经理人的凭据是成果，因此他们要为那些成果负责。德鲁克同样认为，成果负责制要渗透到组织的每一个层面，务求淋漓尽致。

制衡的问题在德鲁克有关绩效的论述中也有所反映。他深谙若想提高人的生产力，就必须让工作给他们带来社会地位和意义。同样，德鲁克还论述了在延续性和变化二者间保持平衡的必要性，他强调面向未来并且看到"一个已经发生的未来"是经理人无法回避的职责。经理人必须能够探寻复杂、模糊的问题，预测并迎接变化乃至更新所带来的挑战，要能看到事情目前的样貌以及可能呈现的样貌。

（4）**对自我管理的关注**。一个有责任心的工作者应该能驱动他自己，能设立较高的绩效标准，并且能控制、衡量并指导自己的绩效。但是首先，卓有成效的管理者必须能自如地掌控他们自己的想法、情绪和行动。换言之，内在意愿在先，外在成效在后。

（5）**基于实践的、跨学科的、终身的学习观念**。德鲁克崇尚终身学习，因为他相信经理人必须要与变化保持同步。但德鲁克曾经也有一句名言："不要告诉我你跟我有过一次精彩的会面，告诉我你下周一打算有哪些不同。"这句话的意思正如我们理解的，我们必须关注"周一早上的不同"。

这些就是"德鲁克学说"的五个支柱。如果你放眼当今各个商业领域，就会发现这五个支柱恰好代表了五个关键方面，它们始终贯穿交织在许多公司使命宣言传达的讯息中。我们有谁没听说过高管宣称要回馈他们的社区，要欣然采纳以人为本的管理方法和跨界协同呢？

彼得·德鲁克的远见卓识在于他将管理视为一门博雅艺术。他的理论鼓励经理人去应用"博雅艺术的智慧和操守课程来解答日常在工作、学校和社会中遇到的问题"。也就是说，经理人的目光要穿越学科边界来解决这世上最棘手的一些问题，并且坚持不懈地问自己："你下周一打算有哪些不同？"

彼得·德鲁克的影响不限于管理实践，还有管理教育。在德鲁克学院，我们用"德鲁克学说"的五个支柱来指导课程大纲设计，也就是说，我们按照从如何进行自我管理到组织如何介入社会这个次序来给学生开设课程。

德鲁克学院一直十分重视自己的毕业生在管理实践中发挥的作用。其实，我们的使命宣言就是：

> 通过培养改变世界的全球领导者，来提升世界各地的管理实践。

有意思的是，世界各地的管理教育机构也很重视它们的学生在实践中的表现。事实上，这已经成为国际精英商学院协会（AACSB）认证的主要标志之一。国际精英商学院协会"始终致力于增进商界、学者、机构以及学生之间的交融，从而使商业教育能够与商业实践的需求步调一致"。

最后我想谈谈德鲁克和管理教育，我的观点来自2001年11月 *BizEd* 杂志第1期对彼得·德鲁克所做的一次访谈，这本杂志由商学院协会出版，受众是商学院。在访谈中，德鲁克被问道：在诸多事项中，有哪三门课最重要，是当今商学院应该教给明日之管理者的？

德鲁克答道:

第一课,他们必须学会对自己负责。太多的人仍在指望人事部门来照顾他们,他们不知道自己的优势,不知道自己的归属何在,他们对自己毫不负责。

第二课也是最重要的,要向上看,而不是向下看。焦点仍然放在对下属的管理上,但应开始关注如何成为一名管理者。管理你的上司比管理下属更重要。所以你要问:"我应该为组织贡献什么?"

最后一课是必须修习基本的素养。是的,你想让会计做好会计的事,但你也想让她了解其他组织的功能何在。这就是我说的组织的基本素养。这类素养不是学一些相关课程就行了,而是与实践经验有关。

凭我一己之见,德鲁克在2001年给出的这则忠告,放在今日仍然适用。卓有成效的管理者需要修习自我管理,需要向上管理,也需要了解一个组织的功能如何与整个组织契合。

彼得·德鲁克对管理实践的影响深刻而巨大。他涉猎广泛,他的一些早期著述,如《管理的实践》(1954年)、《卓有成效的管理者》(1966年)以及《创新与企业家精神》(1985年),都是我时不时会翻阅研读的书籍,每当我作为一个商界领导者被诸多问题困扰时,我都会从这些书中寻求答案。

珍妮·达罗克

彼得·德鲁克与伊藤雅俊管理学院院长

亨利·黄市场营销和创新教授

美国加州克莱蒙特市

| 译者序 |

继《21世纪的管理挑战》后,本人有幸再度翻译德鲁克先生的著作——《巨变时代的管理》。可惜,在刚刚开始下笔时,老先生逝世的噩耗不幸传来,享年95岁。本人也与各地管理实践者、研究者和世界媒体一样感慨我们又失去了一位管理"大家",一颗指路明"星"又陨落了。在历史上,我们曾面对过各种各样的管理学说和理论,各门各派的管理大师似乎让我们眼花缭乱。在其他方面,个别所谓艺术大师的作品充其量不过是哗众取宠,是噱头而已。在光阴似箭的时光面前,在发展一日千里的时代,他们似乎犹如过眼烟云、昙花一现,可谓"逝者如斯"。

然而,德鲁克先生自出道以来,他对管理理论和实践的贡献和影响波及全球,全世界的管理者无不对他的管理思想奉若神明,他留下了宝贵的管理财富,他不仅是当代管理学和管理实践的奠基人和导师,他的管理思想甚至还可能会影响今后几代企业、组织和政府的管理行为,虽然不敢说他的著作会流芳千古,但至少会"百"古相传。在身前,他本人就是德鲁克管理思想的直接体现。在身后,德鲁克管理思想已经深入人心并根深蒂固。他的思想是实实在在的,但我们只能用心和实践去体会，是为"大象无形"。

《巨变时代的管理》英文版首版于1995年出版，是第四本收录了管理大师彼得·德鲁克先生曾经见诸各大报纸、杂志的管理文章和思想的精华本，这些管理文章和思想得到了世界各地的德鲁克"迷"们和管理实践者的普遍好评和赞誉，德鲁克先生靠"市场"决定是否出版这本书的做法收到了非常好的效果。

本书共收录了24篇文章，前后相互呼应的两篇专访起到了抛砖引玉和画龙点睛的作用。德鲁克先生擅长用通俗易懂的语言阐述复杂的理论，书中的大量案例来源于他敏锐的洞察力和一针见血的分析总结能力。他分别论述了人们在管理、组织、经济和社会方面遇到的管理问题，其中以大量篇幅讨论了日本面临的管理和发展问题。

在本书中，德鲁克先生开宗明义地提出了经营之道的重要性。经营之道即指导经营的理论，是三条关于组织的生存环境、使命和核心能力的假设，各种各样的组织都需要有一个有效、清晰、始终如一和有的放矢的经营之道。有效的经营之道可以让组织长盛不衰。但是，经营之道并不是放之四海而皆准的，它也需要与时俱进。过时的经营之道，无论以前多么的灿烂夺目，现在都属于明日黄花，我们都需要系统化和有目的地放弃，我们的目光不应局限在企业的内部，我们需要快刀斩乱麻，否则贻害无穷。

德鲁克先生认为当今社会是组织的社会，其中，知识是个人和整个经济的主要资源，组织离不开知识和信息。然而，在巨变和转型的时代，组织所需的信息也与以往大相径庭。管理者必须在组织中建立变革管理的机制，他们需要放弃与创新。他还提出团队的形式有三种，即网球双打型、足球队型和棒球队型。这些团队各有各的特点，各有各的应用。因此，我们不能把它们混为一谈，一种团队只能有一种工作方式。从一种团队转变为另一种团队是非常困难的，同时，某一种团队也不是解决组织所面临问题的万能钥匙，因此，管理层必须学会选择和改变适合自己组织的团队形式，在转型期，这种决策尤其困难而且需要冒很大的风险，但它是至关重要的。

德鲁克先生在对组织等个体的管理上具有独到的洞察力，同时在对经济和社会等宏观事物的观察和把握上一样毫不逊色。在本书的第三部分，他重点分析了世界经济的发展问题。他认为各国的经济事务也需要管理，在管理上也需要讲究方式与方法。他认为各国必须重视世界经济对本国的影响，保护主义与自由贸易需要做到平衡。各国更需要重视外部经济及其需求、机会与发展动态。在经济一体化的世界中，任何国家都不能置身事外。

在这里，德鲁克先生特别提到了美国、日本等国家的经济问题。他认为发达国家组织经济的方式正在从以物料流和资金流为中心，转向以信息流为中心。

另外，海外华人也进入了德鲁克先生的视野。他认为海外华人属于新兴的超级经济力量。海外华人创办的跨国公司大部分都是不为人所知的，大多数都是中等规模的企业；他们的产品一般都行销全世界，销售额达数亿美元。这些企业看上去与其他企业没有什么两样，但在运作上是完全不同的，它们可能就像在一起做生意的家族。这种结构得益于几千年历史的中国文化。德鲁克先生认为，这种传统具有巨大的优势，但将来也需要变革，可是无论如何它们也不会动摇自己的根基。

在本书的最后一部分，德鲁克先生认为20世纪是社会变革的世纪，如人口的变迁、蓝领工人的崛起和没落、知识工作者的崛起、知识社会的兴起、(继公共部门和私营部门后)非营利组织的异军突起等。因此他认为，在21世纪，社会、经济与政治动荡和挑战必定会层出不穷，而且更严峻和更令人生畏。

总而言之，德鲁克先生在管理、组织、经济和社会方面为我们呈现了一部值得参考和借鉴的管理力作。自 1982 年以来，像《巨变时代的管理》这种类型的书共出版了 4 本，而且都取得了巨大的成功。对于全世界积极参与管理的管理者来说，它们是非常有效的工具、指南、启发思维和召唤行动的号角，是为喻世良言，是为他山之石。

朱雁斌

前　言

　　尽管本书中的所有内容,包括 24 篇文章和两篇专访(分别位于本书的开头与结尾)讨论的问题明显不同,但是它们都有一个共同的主题。它们讨论的都是已经发生的、不可逆转的变革。它们因此探讨的都是管理者可以和实际上也必须采取行动应对的变革。本书中的所有文章不是要预测未来,而是阐述管理者在创造未来的过程中可以做和必须做的事情。

　　预测未来并不十分困难,只是毫无意义。许多未来学家预测的成功率非常高,而成功率恰好是他们衡量自己和别人评价他们的标准。在预测某些事情上,他们做得很好。虽然没有人预见或可能会预见这些变革,但是已经发生的根本性变革始终远比预测重要得多。回想到 10 年前,即 1985 年,无人预见或可能会预测到,欧洲经济共同体的建立不会在欧洲掀起一波强劲的发展浪潮,反而使欧洲在经济上陷入停滞并引发小规模的争论。因此,1995 年,统一的欧洲在世界经济中的地位反而不如 1985 年四分五裂的欧洲强盛。10 年前,没有人预测到或可能会预测到中国大陆的经济能够呈现爆炸性的发展。同时,5500 万海外华人成为新兴和强大的经济力量是所有人都始料未及的。10年前，没有人会预见信息革命对企业的最大影响会是促使人们从根本上重新思考和重组最古老的信息系统——由"会算计的人"组成的会计系统，而在每一个有机的组织中，它明显成为墨守成规的组成部分。

但是，同样重要的是，我们不能做出未来的决策。决策是行动的承诺，行动总是属于现在时态的，而且只有现在时态。但是，现在时态的行动也是创造未来的行动和唯一途径。组织雇用管理者的目的就是执行和采取行之有效的行动。他们只能通过思考现在和利用已经发生的变革完成他们的上述使命。

本书一开始就讨论管理者的工作，即管理。通过在管理者的领域里已经发生的事件，人们开始质疑或甚至可能摒弃过去40年中一直行之有效的和因此自然而然地被世人认为理所当然的假设、规律和惯例。随后，本书将探讨管理、经济和社会等领域中发生的一个值得注意的根本性变革（信息成为管理者的关键性资源和组织的基础）所具有的意义。这一部分以一句古老的谚语为前提，即人要么成为工具的主人，要么成为工具的奴隶。要成为新型工具的主人，管理者需要学习哪些东西？然后，本书讨论的主题由管理者的工作和组织转入市场和世界经济，而在世界经济中，新的权力中心、保持增长的新兴市场和行业层出不穷。在最后一部分，本书分析了社会和政府发生的变革，在社会处于转型期的20世纪，这些变革可能是最大的变革，而在此期间，政府既取得了极大的成功，又是最大的失败者。

虽然管理者的数量比20世纪20年代多得多（更不用说第一次世界大战前了），但是大多数人所做的工作以及所采用的方式与他们的前辈相比相差无几。仅仅在30年前或可能在20年前，这种说法还大行其道。今天再也没有人对管理者持有这种观点了。但是，如果今天我们认为有什么事情是确定无疑的，那就是明天的管理者所做的事情比他们今天的同行所做的事情更加困难，而且做事的方式也是不同的。帮助今天的管理者在不同以往的明天到来前做好准备，实际上也是让这样的明天成为属于他们的未来，这就是本书的出发点。

彼得·德鲁克

1995年5月于加利福尼亚州克莱蒙特

专 访
后资本主义社会的执行者

半个世纪以来，彼得·德鲁克先生一直是企业、公共事业组织和政府的高级管理者的良师益友和顾问，被尊为"现代管理学之父"。他对社会经济力量具有敏锐的洞察力，同时富有实践经验，善于将二者融会贯通，指导组织的领导人在纷繁复杂的社会中抓住稍纵即逝的机会。德鲁克先生具有常人所不具有的综合推理天赋，在各种各样的知识与学科中流连忘返，从日本艺术到高等数学的网络理论。然而，在与客户和学生的深入交谈中，他的收获最多，而他的客户和学生分布在全世界的各个角落，他们在行动中汲取灵感，并将灵感付诸行动。

1946年，德鲁克先生的《公司的概念》（*Concept of the Corporation*）一书出版了，在书中，他重新审视了雇员的角色，认为雇员不是成本，而是资源。从此以后，他的著作在所有主流文化中源源不断地为领导人提供锦囊妙计，特别值得一提的是，日本的最高决策者在他们崛起成为世界商业领袖的关键阶段就汲取了德鲁克先生的理论精髓。积极活跃在世界各个舞台的组织的领导人不是认为德鲁克先生是他们个人的良师益友，就是认为他是他们思想上的引路人。

德鲁克先生最闪光的见解经常出现在《哈佛商业评论》的显著位置。《哈佛商业评论》的编辑委派 T. 乔治·哈里斯（T. George Harris）到加利福尼亚州克莱蒙特研究生院德鲁克管理中心就今天的管理者最近面临的实际问题与德鲁克先生进行了两天的深入探讨。

问：彼得，您的思想总是能够深入到人们的工作和生活当中。现在我们需要知道的是，管理者如何从容应对后资本主义社会？

答：你必须学会在你无法左右的环境中，在你既不处于被支配地位也不处于支配地位的局面中做到应付自如。这是根本性的变化。有关管理学的教科书谈论的主要话题仍旧是管理下属，但是你不再根据向管理者汇报的人数来评估其绩效。那个标准并不能说明工作有多么复杂，在工作中使用和产生的信息有如何之多，在工作中需要应付的不同关系有多么复杂。

同样，关于企业的新闻仍旧在谈论管理子公司。但是，这是 20 世纪五六十年代的管理方法。现实的情况是，跨国公司迅速地成为濒临灭绝的物种。过去，企业的发展模式不外乎有两种：要么白手起家，要么通过收购。在这两种情况下，管理者都拥有控制权。今天，企业的发展模式是联盟、各种危险的关系和合资企业，顺便说一下，了解这些模式的人非常少。这种新型的发展方式令传统的管理者感到非常困惑，在他们看来，他们必须掌握或控制资源和市场。

问：在不存在传统等级制度的工作环境中，管理者该如何做到应付自如？

答：你想过你将会长期与为你工作但不是你的雇员的人共事吗？例如，在可能的情况下，你会越来越多地将你的工作外包出去。因此，我们可以预言，从现在起 10 年内，公司将把所有不能在事业上为雇员带来发展机会，并有助于雇员提升到高级管理职位的工作外包出去。要取得生产率，你必须将拥有自己的高层管理方式的活动外包出去。真的，外包的趋势与节约毫无关系，它更注重质量。

问：您可以举个例子吗？

答：以医院为例。医院的每一个人都知道清洁的重要性，但是医生和护士从来都不会暗中关心你如何打扫卫生。这不符合他们的价值体系。他们需要一个专门维护医院清洁的公司。我在南加利福尼亚州认识一名女清洁工，她是拉丁美洲移民，大字不识。但她很了不起。她琢磨出了更换床单的方法，这样无论病人有多么重，她都可以为病人整理床铺。采用她的方法，你只需要将病人挪动 6 英寸①就可以了，而且她将整理床铺的时间从 12 分钟缩短到 2 分钟。现在，她成为清洁业务的主管，但她并不是医院的雇员。医院不会向她发号施令。医院只会说："我们不喜欢这样；我们需要解决这个问题。"

问题是，管理者的话题仍旧是向他们"汇报"的人，但是"汇报"这个词应从管理者的字典中删除。信息正在取代权力。公司的财务主管可能只有两名助理和一名前台接待员，但是他利用外包的信息技术（IT）在外汇方面做出的决策在一天中亏损或盈利的数额可能超过公司其他人员全年的亏损额或盈利额。在大公司的实验室中工作的科学家有权决定从事什么样的研究项目。他甚至没有秘书或职务，但是他的经历表明他的决定是不容易受别人左右的。他的影响力可能大于首席执行官（CEO）。在军队中，陆军中校过去可以指挥一个营，但是今天他可能只有一名接待员，可能负责与外国联络。

问：在这些新情况下，每一个人都在试图建立理想的组织，这些组织一般是扁平化的，管理的层次非常少，直接以消费者的需求为导向。但是，管

---

① 1 英寸＝0.0254 米。

理者该如何做好迎接这样一个新世界的准备呢？

答：一个人与其依靠公司，不如为自己着想承担更多的责任，这比任何其他事情都更重要。在这个国家，越来越多地在欧洲，甚至在日本，你不要指望你在一家公司工作了 5 年，40 年后当你退休时，你仍旧会在这家公司工作。你也不要指望在 40 年的时间里，你能够在这家公司中做你想做的事情。事实上，如果你把赌注押在任何大公司上，在今后 10 年内，这家公司四分五裂的可能性要大于保持原状的可能性。

这是一个新趋势。在第一次世界大战前，大公司都保持稳定，在 20 世纪 20 年代几乎无任何变化。许多安然无恙地度过经济萧条期的大公司都没有发生变化。随后三四十年，摩天大楼越建越高，公司总部的侧楼越盖越多。但是现在，他们不准备为公司盖摩天大楼了。事实上，在过去 10 年中，《财富》500 强的企业雇用的劳动力人数已经从 30% 降至 13%。

人们曾经希望企业能像金字塔一样永恒，但是现在，企业更像临时帐篷。明天，它们不是销声匿迹就是乱作一团。这种趋势不仅适用于现在大出风头的公司，如西尔斯百货公司（Sears）、通用汽车或 IBM。技术的发展一日千里，市场与结构也是这样。你不能将你的一生押在只存在一时的组织上。

我举一个简单的例子来说明人们的想法是如何改变的。在我教授的管理课程班中，大多数学员都在 45 岁左右，有些人在大公司中工作，职位仅次于高级管理人员，有些人经营中等规模的公司。我们在 15～20 年前开设这个课程时，这个阶段的人会问："在下一次升职前，我们如何做好准备？"现在，他们会说："在我决定下一步到哪儿工作前，我需要学什么？"

问：如果当年穿灰色法兰绒衣服的年轻人象征着终身为公司奋斗，那么今天，什么是大众认可的形象呢？

答：承担起个人应负的责任，不依靠任何特定的公司。处理好自己的事业也是同样重要的。在公司内帮助你平步青云的梯子已经不复存在，甚至在本行业内由供你向上爬的梯子构成的无形结构也没有了。剩下的更像葡萄藤，你需要使用你自己的砍刀。你不知道你的下一个工作是什么，也不知道你以后是在私人办公室中工作，还是在一个大型竞技场中办公，或是远离自己的家工作。你不得不承担起了解自己的责任，这样，随着你的发展和你的家庭在你的价值观和选择中成为一个需要考虑的因素，你才能找到适合自己的工作。

问：这与管理者过去的期望值相去甚远。

答：是的，管理者在工作上的变化比比皆是，虽然变化的时间表各不相同。例如，我发现，我多年以来所教的许多日本学生在事业上存在许多困惑。他们感到完全不知所措。虽然日本人在组织结构上比我们完善得多，但是突然间，他们陷入了完全服从管理与不得不为自己负责任的两难境地。令他们感到害怕的是，传统意义上的头衔不再具有传统上的意义。过去，无论你是在印度工作，还是在法国工作，如果你是市场研究主任助理，大家都知道你是做什么的。这种情况一去不复返了，我们在一家跨国公司就认识到这一点。一位刚刚从管理课程班毕业的女学员不久前告诉我说，她在 5 年内就会成为目前供职的银行的副行长助理。我恐怕得告诉她，她的确会得到这个职位，但是这个职位的含义与她所想象的含义不再是一回事。

问：在事业上更上一层楼？

答：是的。这是大公司心理。大多数人都希望人事部门能像父亲一样或像贝尔大妈（Ma Bell，贝尔公司的母公司）一样安排好一切。30 年前，美国电话电报公司（AT&T）的人事部门可谓风光无限，在幕后控制着全局。他们通过考试和职业规划等手段，可以发现 27 岁的雇员在 45 岁时只能担任运营管理者助理，不会有更大的发展了。他们不知道他是住在内布拉斯加州，还是住在佛罗里达州。但是，除非他取得什么不同寻常的成就，否则他的职业发展道路就已经定型了，直至他退休。

当然，时代已经变了。事实上，由于贝尔人能够预见反垄断案可能带来的变革，因此他们做得比大多数人都好。他们不能忽视反垄断法。但是，大多数人在认知上仍旧有大公司心理。如果他们失去了在西尔斯百货公司工作的机会，他们会到凯玛特公司（Kmart）找工作，他们不知道大多数新的就业机会都是小公司创造的，而且几乎与大公司一样稳定。

即使在今天，在为自己选择工作上做好各种准备的美国人也非常少。如果问："你知道你擅长做什么吗？你知道你的缺点吗？"他们会茫然地盯着你看。或者，他们常常从专业知识的角度回答这些问题，而这么回答是错误的。他们在准备简历时，仍旧像爬楼梯一样罗列他们曾经担任的职位。现在应该放弃我们过去思考工作或职业发展道路的方式了，而应该从我们所承担的一个又一个任务的角度进行思考。

问：我们该如何做好应对这种新型管理职业的准备呢？

答：我们再也不能满足于受过良好的教育，甚至在管理方面受过良好的教育也是不够的。有人听说政府正在以专业知识为基础研究新的工作要求。但是，我认为我们可能必须跳过寻找客观标准的阶段，而选择主观标准——我称之为能力。你真的喜欢压力吗？当事情很棘手且杂乱无章时，你能保持镇定吗？你通过哪种方式能更好地掌握信息：阅读、交谈或查看图表和数字？几天前，我问一位管理者："当你与别人或下属坐在一起时，你知道说什么吗？"换位思维（empathy）是一种实用的能力。多年以来我一直在推广这种具有自知之明的方法，而现在它已成为生存的基本条件。

人们，特别是年轻人，认为他们能获得多少自由，就要多少自由，但是仔细思考你是谁和你做什么做得最好，并得出结论，既费力又困难。在帮助人们学会如何培养责任感上，我们的教育体制越来越反其道而行之。你待在学校里的时间越长，你必须做出的决定就越少。例如，在决定学法语二级或艺术历史上，我们其实是根据我们是否愿意早起而决定学什么的。研究生院就更糟糕了。

你知道为什么大多数人先要到大公司工作吗？这是因为大多数毕业生不知道他们自己的定位，同时大公司派来了招聘人员。但是，在新员工完成培训和开始工作时，他们就必须开始决定他们的未来。没有人会替他们决定他们的未来。

一旦他们开始做出决定，许多优秀的分子在3～5年内就会转投中等规模的公司，在这些公司中，他们可以脱颖而出，担任高层管理职位。这些公司不太重视资历，在这些公司工作的人可以更上一层楼，并说："我做会计已经做了3年，我准备考虑做市场营销工作。"每年，我都会给我以前的学生打电话，了解他们的情况。他们的第二份工作往往是另一家大公司提供的，通常是因为他们开始有了家庭和希望有安全感。但是，对于夫妇双方都工作的家庭来说，问题就不同了。在规模较小的组织里，你常常可以为准备在同一城市内从事新工作的人安排好一切。

问：现在的某些心理测验可以有效地帮助人们发现自己的能力。但是，如果世界经济从命令与被命令型经济转变为知识型经济，那么为什么教育还不能决定每一项工作由谁来做呢？

答：如果我们不按绩效，而是按照学历证书评价一个人，我们就会面临巨大的危险。知识型经济的最大缺陷是知识型经济正在成为充满官僚色彩的精英社会，这似乎很奇怪。你看到文凭至上的风气席卷了各个角落。为什么人们应觉得有必要告诉我，即使某个人没有博士学位，他的研究能力也的确非常强呢？由于学位可以黑白分明地告诉我们一个人受教育的程度，因此我们会很容易地陷入这个误区。

在以信息为基础的组织中，这个问题变得越来越严重。迈克尔·哈默（Michael Hammer）3年前在《哈佛商业评论》中指出，组织在以信息为中心重新整合组织本身时，大多数管理层次都成为多余的设置。人们发现，大多数管理层次只是信息的中继站。现在，每一个管理层次在信息上都承担了更多的责任。大多数大公司管理层次的数量减少了50%，即使在日本也是这样。丰田（Toyota）公司的管理层次从二十几个下降到11个。通用汽车公司（GM）从28个精简到19个，而且这个数字也在迅速减少。组织变得越来越扁平化。

由于日本是一个按微妙的地位划分阶层的垂直型社会，因此人们真正感到了恐慌。每一个人都想成为课长（Kachō），即主管或部门管理者。然而，美国也没有找到答案。我们不知道如何利用奖励和认可机制把能干的人推到空缺的管理岗位上。我不赞同现在流行的观点，即一代的企业家可以解决我们的问题。企业家都是偏执狂。管理者是将各方资源综合在一起的人，善于"嗅到"机会与时机。今天，敏锐的感觉比分析更重要。在由组织构成的新型社会中，你需要具有发现典型的能力，即你要看到现有的东西，而不是想要看到什么东西。你需要有一个听众，他的价值是无法衡量的，他会对你说："我听说我们为了保护老产品而试图扼杀新产品。"

问：该如何发现这些人呢？

答：我认为，在棒球中，小公司就相当于棒球分会，这是一个方法。在我最能干的朋友中，有一个人购买了所在行业内许多小公司的少数股权。当我说这么做没有意义时，他说："我购买了分会的棒球队（即美国棒球联合总会属下培训球员的棒球分会）。我把我年富力强的年轻人派到这些公司中工作，这样他们就能独当一面。他们所做的与大公司的CEO所做的一模一样。"

同时，你知道这些年轻的管理者在他们新的岗位上必须学习什么吗？我的朋友继续说："我们的生物学和化学博士比看门人多，而且他们必须认识到他们的客户不是博士，干活的人也不是博士。"换句话说，他们必须学习说话，而不是在黑板上书写公式。他们必须学会倾听，而与他们说话的人并不知道回归分析是什么。他们基本上必须认识到尊重的意义和重要性。

问：认识到这个问题真困难，更不用说言传身教了。

答：你必须关注人的绩效。个人必须肩负起明确自己要做出什么样的贡献的重任。我们必须要求人们思考今后 18 个月或两年中他们能为公司做出的最大贡献是什么，在这里，"要求"这个词是命令，丝毫没有商量的余地。然后，他们必须确定与他们共事和领导他们的人是否认可和理解他们做出的贡献。

尽管这个问题似乎是显而易见的和绝对必要的，但是大多数人都不会问自己这个问题。当我问他们能为组织做出哪些贡献时，他们显得很兴奋，并且喜欢回答我的问题。随后我接着问："你将你能做的贡献告诉过其他人吗？"答案经常是"没有，那样会很傻，因为他们都知道"。但是，"他们"当然都不知道。在 100 年以前的单一经济中，大多数人都知道其他人在做什么。农民知道大多数农民在做什么，工厂的工人也知道其他工厂的工人在做什么。佣人对其他佣人的工作了如指掌，而且参与单一经济的第四类人——手艺人也是如此。没人需要进行解释。但是现在，即使在同一个组织中，没人知道其他人在做什么。与你共事的每一个人不知道你在工作上的轻重缓急。如果你不问，也不说，你的同事和下属就会瞎猜。

问：这种缺乏沟通的现象的后果是什么？

答：如果你不与别人沟通，你就不会做你擅长的事情。举例来说，我班上的工程师无一例外地说他们半数以上的时间都用在报告的编辑和润色上，而这也是最不适合他们做的事情。别人甚至不知道他们不得不撰写和反复修改这些报告。但是，他们的周围有许多主修语言的人适合做这项工作。人们很少注意到自己的优势。例如，在思考很长一段时间后，一位工程师告诉我，他实际上擅长的是最初的设计，提供基本的想法，而不是填入最终产品的详细信息。在那之前，他从没有告诉过任何人，甚至他自己。

问：你不提倡孤立的自我分析，是吗？

答：是的，我不提倡。你不仅必须了解你自己的能力，而且你还必须看到你的下属、你的同事和老板的优点。仍旧以平均标准评价人的管理者太多了。他们挂在嘴边的仍旧是"我们的工程师"。然后，我说："兄弟，你没有'工程师'。你有乔、玛丽、吉姆和鲍勃，每个人都是不同的。"你管理的不再是劳动力。你管理的是独立的人。你只有对他们了解得一清二楚，你才能走过去说："玛丽，你认为你应该升职，担任这个职位。好的，那么你必须学会放弃那种习惯性的敌对态度。忘掉你是女性；你是工程师。同时，你必须考虑周到一点。不要在星期五下午 5 点差 10 分时才让你的下属知道要加班，而你是在上午 9 点时就知道要加班了。"

提高知识工作者的生产率的关键是让他们将精力集中在真正的任务上。你知道为什么大多数得到提拔的人都以失败告终吗？根据我的经验，1/3 简直就是灾难，而另外 1/3 属痼疾。在 3 个人中，成功的不到 1 个。简直就是不合适。当然，典型的例子是被提拔为销售管理者的明星推销员。这个职位可能是以下之一：推销员的管理者、市场管理者、品牌管理者和打开全新领域的超级推销员。但是，没有人知道是什么任务，因此得到提拔的人只是更努力地按照被提拔前的工作方式工作。这当然是大错特错了。

问：请详细地说说您对信息责任和信息责任如何融入后资本主义社会的看法。

答：许多管理者都认为计算机专家知道这些管理者在工作当中需要什么样的信息和需要向谁提供什么样的信息。计算机信息往往更多地关注内部信息，对有价值的外部资源和客户却不甚重视。在今天的组织中，由于信息是你的主要工具，因此你必须在信息上承担起责任。但是大多数人不知道如何利用信息。在信息的运用上做到融会贯通的人就更少了。他们可以弹唱《玛丽有只小羊羔》，却不会演奏贝多芬的乐曲。

我今天听说一家非处方药制药公司的品牌管理者想方设法获得有关他推销的产品的科学论文。但是，公司的图书管理员却向品牌管理者的上级诉苦。根据图书管理员制定的规定，她只向公司的科学家和律师提供自然科学资料。品牌管理者不得不让顾问到公司外面，利用计算机数据库检索到大约20篇刊登在专业性杂志上的、有关他的产品的文章，因此他知道如何真实地宣传他推销的产品。这个故事的意义在于这位品牌管理者具有常人所不具有的超前思维：100个品牌管理者中，有99个都不知道他们需要向今天的消费者提供上述信息，他们也不知道如何获得这些信息。第一步是说："我需要这些信息。"

许多人都没有认识到这一步的重要性。一个在信息上已经投入15亿美元的大型金融机构的信息管理者与我有工作上的交流，而且我与他所在部门的8名女员工和10名男员工交谈过一整个上午。他们都非常聪明，但没有一个人认真地思考过在向客户提供服务的过程中他们需要什么样的信息。当我指出这个问题时，他们说："难道老板不准备告诉我们吗？"我们最后同意一个月以后再开一次会，这样他们可以通过冥思苦想发现他们需要和不需要的信息，而后者更为重要。

问：因此，管理者要开始承担起信息责任，他首先要发现认识上的差距。

答：的确如此。要在信息的运用上做到融会贯通，你首先要了解什么是你需要知道的。人们谈论的话题过多地集中在技术上；也过多地集中在设备的速度上，总是要求速度更快，这是更糟糕的。在今天的组织中，这种对技术的过分关注使得我们无法把握信息的基本特性。要理顺工作的方式，你必须先考虑具体的工作，然后考虑提供信息，最后考虑完成工作所需的人际关系。

目前，企业流程再造（reengineering）的重点本质上是指将组织的物流改为信息流，计算机只是生产过程中使用的工具。如果你去五金店买锤子，店员不会问你是应该用锤子装饰房屋，还是应该用锤子修理门窗。用编辑的话说，知道打字机如何工作不等于你就能成为作家。由于知识正在取代资本成为全世界的组织的推动力量，因此人们很容易混淆数据与知识、信息技术与信息。

问：在管理掌握知识的专家的过程中，最糟糕的问题是什么？

答：在过去的40年里，退步最大的倾向之一是，人们认为，如果别人了解你，你就很俗。在我年轻时，经济学家、物理学家和心理学家等各学科的带头人都愿意让别人了解他们。爱因斯坦与三位不同的合作者花了数年的时间帮助外行了解他的相对论理论，甚至约翰·梅纳德·凯恩斯（John Maynard Keynes）也努力让大众普遍接受他的经济学理论。但是，就在几天前，我听说一位资深学者郑重其事地否认一位年轻同事的工作成果，原因只是了解后者工作的人多于5个人。

我们无法容忍这种傲慢的态度。知识就是力量，而这也是过去掌握知识的人常常企图给知识蒙上一层神秘面纱的原因。在后资本主义社会，力量来源于对信息的传播，来源于发挥出信息的生产率，而不是来源于隐藏信息。

这意味着你必须不能容忍在知识上体现出的傲慢态度。我指的是不能容忍。无论水平如何，有知识的人必须让别人了解自己，而且无论是什么背景，管理者都必须渴望了解其他人。这可能是管理技术人员的管理者的主要工作。他不仅必须承担起解释的责任，还必须在专业化与广泛接触之间取得平衡。

广泛接触是一个重要的方法。举一个特别的例子，在天气预报中，气象学家、数学家和其他专家现在需要与卫星数据方面的专家组相互配合。一方面，欧洲人的做法是试图通过信息管理者将这些不同的学科完全串联在一起。另一方面，美国人在天气预报的早期在人员的使用上采取轮换制。假设你让一个气象学博士领导一个课题小组，这个小组准备用3年的时间研究飓风的新型数学模型。他不是数学家，但在数学家的耳濡目染下，他接触到他们的设想、他们不予考虑的观点和他们的局限性。通过同时采取广泛接触与解释两种方法，别人对我说，美国人的天气预报的准确度大约比欧洲人高出3倍。在管理任何专家组时，广泛接触的概念是非常有用的。

问：在一些团队中，既可以广泛接触到各种各样的学科和专家，又有人负责解释说明，这一事实是团队成为热门话题的原因吗？

答：在有关团队的议论中，许多说法都很荒谬，好像团队是新生事物似的。我们始终都以团队的形式工作着，虽然体育运动让我们看到许多种团队，但是可供选择的基本模式是屈指可数的。关键是根据工作选择恰当的类型。你不能把足球队与网球双打混为一谈。我预言，不出几年，最传统的团队形式将重新流行起来，在这种团队中，调查研究是第一位的，然后将创意提供给工程设计部门进行开发，最后由制造部门负责生产制作。这就像棒球队，你可能知道我曾经在棒球队的管理上做过一点工作。

棒球队的主要优势体现在你可以专心致志。假设你是乔，是个击球手，你的职责是击球。在击球过程中几乎不需要交流，这与足球队或小型爵士乐队存在天壤之别，而后两者是今天的许多团队采取的默认模式。足球队队员在移动时步调一致，但每个人都保持相对的固定位置。在小型爵士乐队中，由于每个人都相互了解，以至于他们都能感觉到什么时候小号要变为独奏，因此这种团队的灵活性是不可思议的。小型爵士乐队的模式需要较强的纪律性，并可能最终成为不受欢迎的模式，特别是在日本的汽车制造业中，这是因为我们不需要像以往那样快地推出新车型。

我知道几家德国公司采用的就是棒球队模式，无论它们知道不知道。它们的优势很明显：它们善于利用和开发旧知识，而中等规模的德国公司做得比德国的大公司更好，只是因为它们更专注。另一方面，在新知识方面，如电子和生物技术，德国的科学家可能干得非常出色，但是德国著名的学徒培育制度成了创新的绊脚石。

问：因此，除了所有夸大其词外，团队可以帮助管理者在后资本主义社会乘风破浪吗？

答：对团队的思考有助于我们突出如何管理知识这个更普通的问题的重要性。在创造基础性的新知识方面，我遇到的英国公司走在了其他人的前面。但是，许多英国公司对技术人员没有予以足够的重视，同时这也是他们没有好好利用其技术优势的部分原因。据我所知，在他们的最高管理层中没有一个工程师。我的日本朋友恰好与之形成鲜明对照。虽然他们也不专门从事科技进步工作，但是他们吸收知识和将知识转化为生产率的速度非常快。另一方面，在我们的国家中，我们的现有行业还没有发生像日本那样的改进。汽车行业不再满足于1939年所取得的成就还只是最近的事情。但是，在创新性技术（如计算机和生物技术）方面，我们可能做得尽善尽美。

问：在这方面，管理者需要吸取什么样的教训？

答：我们需要从定性和定量两个方面考察知识的生产率，这就是教训。虽然我们对知识的生产率知之甚少，但是我们确实认识到管理者必须管理好专家和善于综合不同领域的知识——实际上是不同领域的、各种各样的知识。这种情况对传统的管理者和知识分子都是威胁，令前者忧心忡忡的是目空一切和自命不凡的知识分子，而令后者闷闷不乐的是，他们要么在自己研究的学科内赢得尊重，要么披上浓重的商业化色彩。但是，在后资本主义世界，自命不凡的知识分子与庸俗之辈不得不在一个团队中和谐共处。

问：这听起来相当民主。后资本主义社会更多的是以知识为基础，而不是以资本为基础，这样的社会会不会成为平等主义的社会？

答：不会。这两个词都不准确。"民主"指狭义上的政治和法律组织。我也没有用"参与"这个专门术语。然而更糟糕的是"授权"概念。将高层掌握的权力下放给基层不是向前迈进了一大步。权力仍旧是权力。要使组织有所作为，你必须用责任取代权力。

在我们讨论措辞的时候，我不再喜欢用"管理者"（manager）这个词，因为它意味着"服从"。我发现自己更喜欢用"执行者"（executive）这个词，因为它意味着在某个领域承担责任，不一定是指对人发号施令。"老板"这个词是在第二次世界大战期间出现的，由于它间接地表明老板应负起指导者的责任，即在决策时支持你的人，因此它是有帮助的。新型组织需要超越上下级的对立关系，需要加入负责人与指导者的关系。在传统的组织（即过去100年中所经历的组织）中，组织的骨干或内部结构是由等级和权力构成的。在新兴的组织中，组织的骨干或内部结构必须是相互理解和负责任的。

（1993年）

1

第一部分

管　　理

MANAGING IN A TIME
OF GREAT CHANGE

第 1 章
经营之道

第 2 章
应对不确定性的计划

第 3 章
五种致命的经营失误

第 4 章
管理家族企业

第 5 章
总统六准则

第 6 章
网络社会的管理

第 1 章 | CHAPTER 1

经 营 之 道

新的主流管理方法像今天这样百花齐放的历史并不是很长,源头可能要追溯到20世纪40年代末或50年代初。这些管理方法包括精简、外包、全面质量管理、经济价值分析、标杆管理、流程的重新设计等。每一个方法都是强有力的工具。但是除了外包和流程的重新设计外,其他工具的主要目的是按照不同的方法做同样的事情。它们是关于"如何做"的工具。

然而,"做什么"日益成为管理人员面临的主要挑战,特别是长盛不衰的大公司的管理人员。举一个我们都很熟悉的例子:一个昨天还宛若超级明星一样风光无限的公司突然发现自己裹足不前、四处碰壁、麻烦接踵而来、危机四伏。这种现象绝不是美国的专利,在日本、德国、荷兰、法国、意大利和瑞典,也是屡见不鲜。在商业领域之外(如工会、政府机构、医院、博物馆和教会),这种现象也频繁出现。事实上,在这些领域中,它似乎更不容易驾驭。

在这些危机中,几乎每一个危机的根本原因都不是工作做得不好,甚至也不是做错了事情。实际上，在大多数情况下，我们做得都很对，只是毫无效果。这种明显自相矛盾的情况是怎样产生的呢？有关组织的创立和管理的假设不再符合事实。这些假设决定了任何组织的行为，规定了组织就做什么和不做什么所达成的决策，确定了组织认为什么结果才是有意义的结果。这些假设涉及市场、确定客户和竞争对手、他们的价值观和行为。它们涉及技术和技术动态、涉及公司的优势与劣势。这些假设涉及公司获得什么样的回报。它们就是我所谓的公司的经营之道。

每一个组织，无论是不是企业，它们都有经营之道。实际上，一个有效、清晰、始终如一和有的放矢的经营之道是非常有效的。例如，1809年，德国政治家和学者威廉·冯·洪堡（Wilhelm von Humboldt）根据一种全新的大学理论创办了柏林大学。在希特勒上台之前，他的理论在100多年的时间里始终是德国大学的办学基础，特别是在学术和科学研究方面。1870年，第一家综合性银行德意志银行（Deutsche Bank）的设计师兼首任CEO乔治·西门子（Georg Siemens）就拥有同样清晰的经营之道：利用企业家的资金，通过发展工业的手段，将仍旧以农业为主、四分五裂的德国统一成一个整体。在德意志银行成立后，它用20年的时间成为欧洲首屈一指的金融机构，而且虽然历经两次世界大战、通货膨胀和希特勒的法西斯统治等磨难，德意志银行到今天仍然岿然不动。同时，19世纪70年代创立的三菱公司也是秉承了一个清晰和全新的经营之道，而且正是这种经营之道使得该公司在10年内在刚刚崛起的日本脱颖而出，该公司又用了20年的时间跻身第一批真正的跨国公司之列。

同样，经营之道也是像通用汽车和IBM这样在20世纪后半叶主宰美国经济的公司取得成功和面临挑战的原因。事实上，由于世界上许多成功的大型组织的经营之道不再行之有效，因此它们现在都变得一蹶不振。

每当大型组织陷入困境时，特别是如果这样的组织许多年以来一直做得很成功，人们总是将原因归咎为行动迟缓、骄傲自满、傲慢和庞大的官僚机构。这些解释看上去有道理吗？是的，的确很有道理。但这并非贴切或正确的解释。在美国最近陷入困境的大公司中，我们挑选两个最引人注目的和饱受责难的"傲慢的官僚机构"来加以讨论。

自计算机诞生之日起，IBM就坚信计算机将走电力的发展道路。它的未来取决于中央处理站，而中央处理站是非常强大的大型计算机，它可以接入大量用户。IBM就是这样认为的，他们也可以严格采用科学的方法证明他们的观点是正确的。综合所有的一切，包括经济学、信息逻辑和技术等，人们都会得出上述结论。但是后来，当这种以中央处理站为主、基于大型计算机的信息系统似乎变成现实时，两个年轻人突然发布了第一台个人计算机。每一个计算机制造企业都认为个人计算机非常荒唐可笑。它没有取得成功所需的存储器、数据库、速度或计算能力。实际上，每一个计算机制造企业都认为个人计算机必定会以失败告终。仅仅在几年前，当施乐公司（Xerox）的研究小组实际上开发出第一台个人计算机时，施乐公司就得出了这个结论。但是，当这种非正统的怪物（首先是苹果，然后是Macintosh）投放到市场上时，人们不仅喜欢它，而且争相购买。

当遭遇这种意想不到的事件时，历史上每一个成功的大公司都拒绝接受它。蔡司（Zeiss）公司的CEO在1888年看到新型柯达·布朗尼（Kodak Brownie）相机时说"这是愚蠢的时尚，3年之内就会销声匿迹"，而当时，这个德国公司如同一个世纪以后主宰计算机市场的IBM一样在世界摄影市场占据统治地位。大多数大型计算机制造企业的反应如出一辙，比如美国的Control Data、Univac、Burroughs和NCR；欧洲的西门子、Nixdorf、Machines Bull和ICL；日本的日立和富士通等。当年的IBM是大型计算机业的霸主，它的销售额是所有其他计算机制造企业的总和，利润创历史新高。它本应该有同样的反应。事实上，它也应该有同样的反应。然而，IBM

立即接受了个人计算机,承认它是新的现实。该公司几乎在一夜间放弃了其制定的、被证明行之有效的和经过时间检验的政策、规定和规则,并将设计更简单的个人计算机的任务交给两支相互竞争的团队。几年以后,IBM 成为世界上最大的个人计算机制造企业和行业标准的制定者。

在整个商业历史中,这个成就绝对是史无前例的;从这个成就中,我们几乎看不到官僚作风、行动迟缓或傲慢的影子。然而,尽管 IBM 体现出空前的机动性、灵活性和谦恭素质,它却在几年后在大型计算机和个人计算机领域深陷泥潭,不能自拔。它突然变得无法前进、无法采取决定性措施和变革。

通用汽车的例子同样令人困惑。在 20 世纪 80 年代初,通用汽车的主营业务——乘用车业务,几乎陷入瘫痪状态,同时,该公司收购了两个大企业:休斯电子公司(Hughes)和罗斯·佩罗(Ross Perot)的电子数据系统公司。分析人士普遍认为这两家公司都已到了成熟期,他们批评通用汽车纯粹是在花冤枉钱。然而,在通用汽车的经营下,所谓到了成熟期的电子数据系统公司的收入和利润在短短的几年内提高了 2 倍多。10 年后,即 1994 年,电子数据系统公司的市值是通用汽车所支付收购款的 6 倍,是原有收入和利润的 10 倍。

同样,通用汽车恰好在国防工业陷入困境时收购了休斯电子公司,后者是一个只经营国防业务的大公司,但几乎没有什么利润。在通用汽车的管理下,休斯电子公司的国防业务利润实际上大有起色,并通过进入大型民用工程领域成为唯一成功转型的大型国防承包商。我们注意到,同样是这些财务管理专家,他们在汽车制造业曾经表现得碌碌无为,他们在通用汽车工作了 30 年,从来没有为任何其他公司工作过,或者就此而言,他们只在金融和会计部门工作过,但他们却取得了上述令人大吃一惊的成就。在这两次收购中,他们只不过采纳了通用汽车已经采用过的政策、做法和程序。

在通用汽车，这种情况司空见惯。自80年前该公司在一系列收购活动中诞生以来，它的其中一项核心能力就是花"大价钱"收购业务蒸蒸日上但已进入成熟期的企业，它在创立的初期就是采取这种办法收购了别克（Buick）、AC火花塞（AC Spark Plug）和费希博德（Fisher Body）等公司的，随后将它们变成世界级的冠军企业。在成功收购企业方面，能与通用汽车的业绩并驾齐驱的企业几乎没有，而且通用汽车当然也不是靠官僚作风、行动迟缓或傲慢等缺点取得这些辉煌业绩的。然而，在通用汽车一无所知的那些行业中发挥得淋漓尽致的经营之道却在通用汽车自己的企业中毫无用武之地。

在IBM和通用汽车中沿用了几十年的政策、做法和行为是在组织中发展出来的，也是针对组织而发展出来的，在通用汽车的例子中，当针对某些新事物和不同的事物采用这些政策、做法和行为时，它们仍旧可以发挥很好的作用，但在原来的组织中，这些政策、做法和行为却不再行之有效，这种事实又做何解释呢？每个组织实际上面临的现实已经发生了很大的变化，与他们仍然想当然地认为他们可以依靠的政策、做法和行为相去甚远。换句话说，现实已经发生了变化，但经营之道没有随之改变。

在IBM迅速针对个人计算机的新现实采取行动之前，它曾经在一夜之间改变它的基本策略。1950年，当时在全世界居于领先的计算机公司Univac公司展示了第一台多功能计算机的样机。早期的所有产品都是针对单功能计算机设计的。IBM自己分别在20世纪30年代后期和1946年生产的两台早期的计算机只能执行天文运算。IBM准备把1950年处于设计阶段的计算机应用在加拿大北极地区的SAGE防空系统上，这种计算机只有一个功能：提前发现敌军的飞机。IBM立即放弃了开发高级单功能计算机的策略；它让最优秀的工程师完善Univac体系结构，并在此基础上设计第一台可以投入工业化生产（非手工制作）和维修的多功能计算机。3年以后，IBM成为世界上最大的计算机制造企业和标准的缔造者。IBM 没有发明计算机。但在 1950 年，它的灵活性、速度和谦恭的素质创造了计算机工业。

然而，帮助 IBM 在 1950 年大获成功的假设在 30 年后又使它败下阵来。在 20 世纪 70 年代，IBM 认为"计算机"这种东西肯定是存在的，这与它在 20 世纪 50 年代的想法一模一样。但是，个人计算机的出现让它的假设没有了用武之地。事实上，大型计算机和个人计算机的关系与发电站和电动烤面包机的关系不一样，它们的本质是不同的。后两者虽然是不同的物体，但却是相互依赖和互补的。反观大型计算机和个人计算机，它们主要是竞争的关系。在它们对信息的基本认定中，它们实际上是互相矛盾的：对于大型计算机，信息意味着存储器；对于个人计算机，信息就意味着软件。建发电站与生产烤面包机必须是独立经营的业务，但它们可以由同一家公司实体管理，就像通用电气公司几十年以来做的那样。相反，大型计算机与个人计算机也许并不能在同一家公司实体中共存。

IBM 试图将二者合并在一起。但是，由于个人计算机是发展最快的业务，因此 IBM 不能让个人计算机业务从属于大型计算机业务。因此，该公司无法让大型计算机业务产生最大的效益。同时，由于大型计算机仍然是摇钱树，因此 IBM 也无法让个人计算机业务产生最大的效益。最后，计算机就是计算机的假设，或更直白地说，计算机行业是由硬件推动的假设让 IBM 进退两难。

通用汽车的经营之道比 IBM 的更有效和更成功，通用汽车正是在此经营之道的指引下成为世界上最大和效益最好的制造企业的。70 年以来，该公司从未遭遇过一次挫折，这一纪录在商业历史中是无人能望其项背的。在通用汽车的经营之道中既有有关市场和客户的假设，又有关于核心能力和组织结果的假设，它们的有机结合织成一张天衣无缝的大网。

自从 20 世纪 20 年代初以来，通用汽车认为美国汽车市场在价值观上存在同质性，而且是按极其稳定的收入人群划分的。"车况良好"的二手车的再出售价格是管理层可以控制的唯一独立的可变因素。旧车转手价格高，客户就会提高准备购买的新车的档次，换句话说，换成利润率更高的汽车。根据这个理论，经常或从根本上改变车型只会压低旧车的转手价格。

在企业内部，这些关于市场的假设与关于如何组织生产、以便获得最大的市场份额和最高的利润的假设密不可分。在通用汽车的例子中，它们采取的方法是长期大批量生产，每个产品年（model year），车型发生的变化越小，每年推向市场的相同车型的汽车就越多，每辆车的固定成本也就越低。

通用汽车的管理层随后将这些关于市场和生产的假设转化为实际行动，组建了一系列拥有一半自主权的部门，每个部门专注于一个收入人群，每一个部门都有序地排列在一起，这样各个部门价格最高的车型与下一个部门价格最低的车型相互重叠，因而在二手车价格居高不下的情况下几乎迫使消费者购买价格更高的汽车。

70年以来，这个理论非常奏效。甚至在美国陷入严重的经济危机时，通用汽车每年都会化危机为盈利，市场份额稳中有升。但是在20世纪70年代末，该公司有关市场和生产的假设失去了光芒。市场变得四分五裂，出现了非常不稳定的、体现"生活方式"的消费群。在购买决策中，收入成为许多因素中的一种，不再是唯一的因素。同时，精益制造理念缔造出小规模经济。在它的指引下，短期内生产的不同车型比长期生产的统一车型在成本上更低，利润更高。

通用汽车对这种情况一清二楚，但只是无法相信这个事实（它的工会现在仍旧不相信这个事实）。该公司反其道而行之，企图靠临时性的补救措施对付过去。它保留了现有的、以收入人群为基础的部门，但每个部门现在都提供"面向全体消费者的汽车"。为了与精益制造的小规模经济竞争，它在大规模、长期大批量生产的过程中实现了作业的自动化（在此过程中损失了大约 300 亿美元）。在采取临时性的补救措施的过程中，通用汽车耗费了巨大的精力，付出了艰辛的劳动并投入了大量的时间与金钱。但是，临时性的补救措施只会让客户、代理商以及通用汽车自己的员工和管理层感到困惑。同时，通用汽车忽视了自己真正保持增长势头的市场：轻型卡车和小型客货车，在这两个市场，通用汽车曾经占据领先地位，而且本可以继续所向披靡的。

经营之道由三部分构成。首先需要有关于组织生存环境的假设，即社会及其结构、市场、客户和技术。

其次需要有关于组织的具体使命的假设。第一次世界大战期间和之后的西尔斯·罗巴克百货公司（Sears, Roebuck and Company）认为它的使命是成为美国家庭的采购员，为它们提供各种各样的采购信息。10 年以后，英国的马莎百货（Marks and Spencer）认为它的使命是成为第一个无阶级差别的零售商，从而成为英国社会倡导变革的媒介。AT&T 在第一次世界大战期间和结束之际提出，它的责任是确保美国的每一个家庭和企业都拥有一部电话。组织的使命不需要这么雄心勃勃。通用汽车的使命就比较朴实，按小阿尔弗雷德·斯隆（Alfred P. Sloan, Jr.）的话说，通用汽车要成为"陆地机动化运输设备"领域的领导者。

最后，需要有关于完成组织的使命所需的核心能力的假设。例如，成立于 1802 年的西点军校（West Point）提出，它的核心能力是培育出值得信赖的领袖的能力。马莎百货大约在 1930 年提出，它的核心能力不是采购它所出售的商品的能力，而是了解、设计和开发的能力。AT&T 大约在 1920 年提出，它的核心能力是在技术上取得领先，从而促使该公司能够在稳步降低价格的同时不断改进服务。

关于环境的假设规定了组织付出后的回报。关于使命的假设规定了什么是组织认为有意义的结果；换句话说，这些假设表明组织如何认为自己在整个经济和社会中做到与众不同。最后，关于核心能力的假设规定了组织为了保持领先地位，必须在哪些方面脱颖而出。

当然，所有这些听起来都很简单，但做起来非常之难。要形成一个清晰、始终一致和行之有效的经营之道，组织通常需要历经多年的辛勤耕耘、思考和实验。然而，要取得成功，每一个组织就必须提出这样一套经营之道。

一套行之有效的经营之道具有什么样的特性呢？经营之道具有以下4个特性。

1）关于环境、使命和核心能力的假设必须符合实际。20世纪20年代初，4个来自英国曼彻斯特、身无分文的年轻人——西蒙·马克斯（Simon Marks）和他的3个堂兄弟，认为单调乏味的平价市场应成为社会变革的媒介，而在当时，英国的阶级结构因第一次世界大战发生了根本性的动摇。战后还出现了大量购买像内衣、罩衫和长筒袜这样质优价廉和时尚的商品的新型顾客，而马莎百货正是在这类产品上打响了第一炮。随后，马莎百货开始有系统地发展全新的和从未听说过的核心能力。在那个时代之前，商家的核心能力是采购到质优价廉的商品的能力。马莎百货认为了解客户的不是制造企业，而是商家。因此，设计和开发产品、寻找符合要求的设计、规格和成本的生产企业生产商品的不应是制造企业，而是商家。在发展了5～8年后，这种关于商家的新定义才被传统的供应商所接受，而后者此前一直认为他们是"制造企业"，而非"承包商"。

2）所有3个方面的假设必须相互保持一致。这可能是通用汽车在长期占据行业主导地位的过程中体现出来的最大优势。它关于市场和最佳制造方法的假设配合得天衣无缝。20世纪20年代中期，通用汽车决定，它还需要新的和前所未闻的核心能力：通过财务手段控制制造流程和资本分配的理论。因此，通用汽车发明了现代成本会计法和第一套合理的资本分配流程。

3）必须让整个组织的所有人都知道和了解经营之道。在组织发展的初期，这是非常容易做到的。但是，随着组织的成功，组织往往越来越想当然地认为它们的经营之道是正确无误的，因此越来越忽视它的存在。于是，组织变得草率从事。它开始投机取巧。它开始追求权宜之计，而放弃正确的东西。它停止思考，停止提出疑问。它记住答案，却忘记了问题。经营之道成为"文化"，被束之高阁。但是，文化不能代替纪律，而经营之道就是纪律。

4）经营之道必须经常接受检验。经营之道不是刻在石碑上的文字。它是假设。它是有关不断变化的事物（社会、市场、客户和技术）的假设。因此，经营之道必须包括改变自己的能力。

有些经营之道的作用是非常强大的，因此可以长盛不衰。但是，作为人类的产物，它们不会永远有效，而且实际上，它们现在很少能持续很长时间。最后，每一套经营之道都会跟不上时代的发展，因而失去任何作用。指引 20 世纪 20 年代在美国叱咤风云的企业成长的经营之道恰恰是这样的。通用汽车和 AT&T 的经营之道也是这样的。IBM 同样不能逃脱这个规律。今天的德意志银行及其关于综合性银行的理论明显存在同样的问题。正在迅速解体的日式企业联盟（keiretsu）明显也有同样的遭遇。

若组织的经营之道跟不上时代的发展，组织的第一反应几乎总是选择保护自己。它们往往选择逃避，假装什么也没有发生过。下一个反应是试图靠临时性的补救措施对付过去，20 世纪 80 年代初的通用汽车或今天的德意志银行就是这样做的。实际上，德国的许多大公司前赴后继地遭遇到的危机都是突然发生的，而且是完全意想不到的，而德意志银行恰恰是这些公司的"自家银行"，这种情况说明德意志银行的经营之道不再有效。换句话说，德意志银行不再做它的设计者打算要做的事：有效地管理现代企业。

但是，临时性的补救措施根本就没有用。相反，当经营之道首次显现出跟不上时代发展的迹象时，我们就应该开始重新思考、重新提出哪些有关环境、使命和核心能力的假设能够最准确地反映现实，但我们需要以一个显而易见的事实为前提，即我们的前辈传播给我们的、伴随我们成长的假设不再满足我们的需要。

然后，需要做什么呢？我们需要采取预防性措施，即在组织内部建立系统化监控和检验经营之道的制度。我们需要提前发现问题。最后，我们需要重新思考跟不上时代发展的经营之道和采取有效的措施改变政策和做法，从而使组织的行为能够符合生存环境的新现实与有关组织的使命的新定义保持一致，并与要发展出和获得的新的核心能力相称。

我们只能采取两种预防性措施。但是，如果在使用上能做到始终一致，它们应该能够让组织保持清醒状态，并能够迅速改变自己和自己的经营之道。我称第一个措施为"放弃"。每隔3年，组织都应该针对每一个产品、服务、政策和销售渠道提出以下疑问：如果我们还没有进入这个行业，我们现在还会进入这个行业吗？通过质疑公认的政策和程序，组织迫使自己思考自己的经营之道。它迫使自己检验假设。它迫使自己问：为什么这个不管用，即使在我们5年前进入这个行业时它看上去那么前途无量？难道是因为我们错了吗？难道是因为我们做错事情了吗？或者，难道是因为正确的反而不管用吗？

没有系统化和有目的的放弃，组织就会疲于奔命。它就会把最好的资源浪费在它不应该做或应该不再做的事情上。因此，在市场、技术和核心能力发生变化时，它就会缺乏抓住机会所需的资源，特别是人才。换句话说，它就无法针对经营之道跟不上时代的发展时出现的机会提出建设性的应对措施。

第二个预防性措施是研究企业外部的情况，特别是研究"非客户"（即不购买企业产品的人）。几年以前，走动式管理（walk-around）大行其道。这是非常重要的。同时，尽可能多地了解自己的客户也是非常重要的，而信息技术在这方面的发展是最快的。但是，我们很少能在自己的组织中或在自己的客户中首先察觉到根本性的变革。它们几乎总是在我们的非客户中首先出现的。非客户始终比客户多。今天的零售业巨头沃尔玛（Wal-Mart）在美国消费品市场中的占有率为14%。这意味着非客户占86%。

事实上，美国的百货公司是最能说明非客户的重要性的最新例子。大约20年前，处于发展巅峰的百货公司在美国非食品类零售市场的占有率为30%。它们不断分析、研究和调查它们的客户。但是，它们丝毫没有注意到在该市场占70%、不是它们的客户的人群。它们觉得它们没有理由关注这些人群。它们的经营之道认为大多数拥有到百货公司购物的经济实力的人会到百货公司购物的。50年前，这个假设符合现实。但是，当婴儿潮一代的人成年时，这个假设不再有效。在婴儿潮一代的人中，受过良好教育的双职工家庭中的妇女是最主要的购买人群，对于这些人来说，决定去哪里购物的不是金钱。时间是主要因素，而且这一代的妇女没有时间到百货公司购物。由于百货公司只考虑它们自己的客户，因此一直到几年前，它们都没有认识到这种变化。在那时，百货公司的业务已经到了山穷水尽的地步。要把这些人吸引回来已经太迟了。百货公司好不容易才认识到，虽然以客户为导向是至关重要的，但是还不够。组织也必须以市场为导向。

要提前发现问题，管理者必须注意警告信号。当组织实现最初制定的目标时，经营之道总是会跟不上时代的发展。那么，实现自己的目标就不是庆祝的理由，而是重新思考的理由。到20世纪50年代中期，AT&T完成了让美国的每一个家庭和企业都拥有电话的使命。于是，一些管理者说他们应该重新评估企业的经营之道，例如，可以将目标已经实现的本地业务从成长型业务和将来的业务中分离出来，他们要先从长途电话业务开刀，并面向全球拓展电信业务。他们的意见得不到重视，几年以后，AT&T开始垂死挣扎，多亏反垄断法救了他们，而反垄断法通过法令所做的恰恰是 AT&T 的管理层拒绝主动做的事情。

快速发展是组织的经营之道出现危机的另一个可靠征兆。对于任何在相当短的时间内规模翻一番或两番的组织来说，它的经营之道必定跟不上它的发展。甚至硅谷的人也认识到，一旦一家公司发展到人们需要佩戴铭牌的地步，啤酒狂欢节就不再足以满足人们的交流需要。但是，这种发展对更深层次的假设、政策和习惯提出了挑战。组织如不能重新考虑有关环境、使命和核心能力的问题，继续保持健康的状态是不可能的，更不用说发展了。

通过另外两个显而易见的信号，我们能发现组织的经营之道不再有效。一个是自己或竞争对手出人意料地取得成功，另一个是自己或竞争对手遭遇始料不及的失败。

在底特律的三大汽车制造企业在日本汽车面前溃不成军的同时，克莱斯勒（Chrysler）却出人意料地取得成功。其传统的乘用车的市场份额丢失得比通用汽车和福特的快。但是，吉普车和小型客货车的销量却大幅攀升，而它们的发展纯属意外。在那时，通用汽车稳坐美国轻型卡车市场的头把交椅，在产品的设计和质量上是毋庸置疑的，但是它从未注意过它在轻型卡车方面的生产能力。毕竟，在传统的统计方法中，人们始终把小型客货车和轻型卡车归入商用车一类，而不是乘用车，即使现在，大多数人在购买时都认为它们不属于乘用车。然而，如果通用汽车注意到克莱斯勒这个实力比较弱的竞争对手的成功，它就会更早地认识到它关于市场和核心能力的假设不再行之有效了。从一开始，小型客货车和轻型卡车就不属于工薪阶层市场，很少受转手价格的影响。在轻型卡车领域，通用汽车 15 年前大力推行的管理方式就是我们今天所谓的精益制造概念，这似乎自相矛盾。

始料不及的失败与出人意料的成功一样都属于警告信号，对待它，要像对待一个 60 岁、第一次得"轻微"心脏病的老人一样予以高度重视。60 年前，即美国经济危机期间，西尔斯公司认为汽车保险已经不是一种金融产品，而是汽车的"配件"，因此销售汽车保险符合该公司的使命，即成为美国家庭的采购员和为他们提供各种各样的信息。所有人都认为西尔斯疯了。但是，汽车保险几乎立即成为该公司最赚钱的业务。20年后，即20世纪50年代，西尔斯认为钻石戒指已经从奢侈品变为生活必需品，并成为世界上最大的和可能最赚钱的钻石零售商。1981年，西尔斯认为投资产品已经成为美国家庭的消费品，这在逻辑上是行得通的。它收购了添惠公司（Dean Witter），并将后者的办事处搬到西尔斯的商店里。这一举措完全就是灾难。美国大众显然认为他们的金融需要不是"消费品"。在西尔斯最终选择放弃和决定在自己的商店外单独经营添惠公司的业务时，添惠公司立即开始呈现出旺盛的生命力。1992年，西尔斯将添惠公司出售，利润可观。

在仍旧保持相当大的市场领先优势时，如果西尔斯认识到在成为美国家庭的投资产品供应商上遭受的挫折属于经营之道的失败，而不是孤立的事件，它就可以提前10年开始进行重组并为自己重新定位。这是因为西尔斯当时本可以认识到，通过在添惠公司上遭受的挫折，人们开始对有关市场同质性的全部概念产生了怀疑，而这个概念恰恰是西尔斯和其他大型零售商多年以来制定策略的基础。当时，西尔斯的几个竞争对手包括朋尼百货（J. C. Penney）却立即认识到这个问题。

过去，我们一直在寻找挥舞着魔术棒的、医治病入膏肓的组织的魔术师。然而，制定、坚持和重建经营之道不需要成吉思汗或达·芬奇坐在办公室里。我们需要的不是天才，而是艰苦卓绝的工作。需要的不是聪明，而是尽职尽责。这就是CEO需要做的工作。

实际上，成功改变自己经营之道的CEO还不在少数。将默克公司（Merck）转变为世界上最成功的制药企业的CEO就从根本上改变了公司的经营之道，该公司一开始完全专注于研究和开发拥有专利权、利润高和突破性的药品，后来该公司收购了一家销售普药和非处方药的大型批发商。他是在默克公司表面上做得非常好的时候采取这项措施的，没有遇到"危机"。同样，几年后，世界上最知名的消费电子硬件的制造企业索尼（Sony）公司的新任CEO改变了公司的经营之道。他收购了好莱坞的一家电影制作公司，通过这次收购，公司的重心从寻找配套软件的硬件制造企业转变为促使市场产生硬件需求的软件生产企业。

但是，这些显而易见的魔术师只占少数，我们看到有许许多多同样能干的CEO在举步维艰的组织中工作。我们无法依靠这些魔术师让过时的经营之道焕发活力，同样我们也无法依靠他们医治其他类型的严重疾病。当别人与这些人期盼的魔术师交谈时，他们强烈地否认他们依靠的是超凡魅力、先见之明或神灵保佑。他们首先需要诊断和分析问题。他们认为，要实现目标和快速发展，他们需要认真地重新思考经营之道。他们不否认出人意料的失败是下属无能造成的或属于意外，但把失败看作"系统性失败"的一个征兆。他们不会因出人意料的成功而沾沾自喜，相反，他们认为成功是对他们认同的假设的挑战。

他们认为过时的经营之道是一种引发退化的疾病，实际上也是一种致命的疾病。他们知道和接受外科医生的、经过时间检验的原则，它也是历史最悠久的、有关有效决策的原则，即拖延是治疗不好引发退化的疾病的。我们需要果断采取措施。

（1994年）

CHAPTER 2 | 第 2 章

应对不确定性的计划

在经济、社会和政治等领域中，不确定性的力量十分巨大，在它的影响下，大多数公司仍旧将它们的预测和计划建立在概率的基础上，结果不是徒劳无益，就是欲速则不达。

佩罗（Perot）现象等独一无二的事件不存在概率。然而，管理者必须决定是否用现在拥有的时间和金钱等资源来换取未来。更糟糕的是，他们必须决定是否不投入资源，即放弃未来。这种承诺的范围在稳步扩大：涉及战略与技术、市场营销、制造、员工发展，涉及新建工厂需要多久才能投入生产或营业网点需要多少年才能收回投资。每一个这样的承诺都是以关于未来的假设为基础的。要兑现承诺，传统的计划方式会问："什么是最有可能发生的？"应对不确定性的计划方式会问："开创未来的，哪些已经发生了？"

首先要关注的是人口统计数字。在发达国家，几乎每一个到 2010 年会继续工作的人现在都已经出生。发达国家的劳动力出现了两个革命性变革：高等教育的蓬勃发展和大量女性离开家庭走上工作岗位。这两个都是毋庸置疑的事实。人口重心从蓝领工人转变到知识工作者和从事服务业的人员之趋势是不可逆转的。但是,劳动力和人口的老龄化也是无法改变的事实。

企业界的人士需要问:"这些毋庸置疑的事实对于我们的企业来说意味着什么呢?它们创造出什么样的机会?有什么威胁吗?在企业的组织和经营的方式,我们的目标、产品、服务和政策等方面,它们要求出现什么样的变革?在它们的影响下,我们可能会看到什么样的变革,什么样的变革是有利的?"

下一个问题是:"在行业与市场结构、基本价值观(如对环境的重视)以及科技等方面,什么样的变革是已经发生的,但还没有释放出全部的影响力?"人们普遍认为创新引发变革,但是大多数创新都不是这样的。成功的创新利用了已经发生的变革。它们利用的是时间上的滞后效应——在科学界,在变革发生时到人们感觉和接受变革常常需要25~30年。在这期间,利用变革的人很少遭遇竞争。业内其他人的经营活动仍旧是以昨天的现实为基础的。一旦发生这种变革,利用变革的人通常都会在极其混乱的环境中保持旺盛的生命力。

第一次世界大战、美国的经济危机和第二次世界大战都没有影响到这种趋势,反而加快了这种趋势。例如,从铁路运输发展到卡车运输、电话成为长途通信的主要载体以及医院成为疾病护理中心。

下一个问题也是密不可分的:"经济和社会结构的趋势是什么?它们如何影响我们的企业?"1900年以来,每增加一个单位的制造产量所需的单位劳动力以每年1%的复合增长率呈现出稳步减少的趋势。自第二次世界大战末以来,每增加一个单位的制造产量所需的单位原材料以同样的速率减少。1950年以来,每增加一个单位的制造产量所需的单位能源也以同样的速率稳步减少。但是,自19世纪80年代以来,即从电话发明和弗雷德里克·温斯洛·泰勒(Frederick Winslow Taylor)的《科学管理原理》(*Principles of Scienti-*

fic Management）出版以来，每增加一个单位的产量所需的信息和知识以每年1%的复合增长率稳步增加，而企业雇用受过教育的员工的增速也是1%。

实际上，计算机可能是这场信息爆炸的产物，而不是起因。在大多数行业和市场中，我们可以看到同样的结构性趋势。它们为行业或公司创造的不是"天气"，而是"气氛"。它们在短期内的影响是微乎其微的。但是，在不太长的时期内，这些结构性趋势比短期的波动重要得多，而经济学家、政治家和管理者的所有注意力都放在短期波动上。

谁利用结构性趋势，谁几乎必然取得成功。然而，在短期内与趋势抗争是非常困难的，而且长期与趋势抗争几乎是没有希望的。当这种结构性趋势逐渐消失时，或者出现逆转（相当罕见）时，一如既往的人面临被淘汰的危险，而迅速改变的人将迎来机会。

最重要的结构性趋势是许多管理者从未听说过的：消费者可自由支配的收入的分配。在像今天这样充满变数的时代，它们是特别重要的。在这样一个时代，这些趋势往往会发生改变，而且改变得非常快。

在过去100年里，创造财富的能力和个人收入大幅攀升，发达国家的增幅为50%），其中的大部分花在高级休闲活动、卫生保健和教育上。换句话说，这3个方面是20世纪保持增长的主要领域。

它们会继续保持增长吗？对于休闲活动来说，答案几乎肯定是"否"。尽管老人的数量不断增加和医疗水平不断进步，未来10年，消费者收入中的卫生保健支出在比例上更有可能达到最高值。教育应该继续保持增长势头，但主要是已经受过良好教育的成人在教育上的支出，他们不是在劳动密集度最高的行业中工作，而是在资本密集度最高的行业中工作。对于公司的政策、产品、市场和目标来说，这种变革提出了什么样的挑战呢？提供了什么样的机会呢？

这些属于宏观经济趋势。但是，同样的结构性趋势可以影响个别行业和市场的微观经济；这些趋势是同样重要的。自殖民统治以来的300年内，美国每个家庭的居住面积和消费者花费在住宅上的费用与总收入之比一直在稳步上升（与欧洲和日本形成鲜明对比）。随着家庭的规模和构成发生彻底变化，现在这种趋势已经戛然而止了吗？

自第二次世界大战以来，消费者花费在娱乐性电子产品（收音机、电视机、盒式录音带、录像带等）上的可支配性收入的比重在稳步上升，而日本人就认识到和利用了这种趋势。它保持稳定了吗？一个世纪以来，消费者花费在电信方面的可支配性收入的比重一直在上升。它可能随时准备爆发。

根据经济领域的至理名言，老人不存钱。这种观点仍旧正确吗？共同基金的发展大概可以提出反面观点。在发达国家的人口中，50岁或55岁以上的人是增加最快的人群，对于金融机构及其产品、服务和市场营销来说，他们的可支配性收入在分配上出现的这种变化意味着什么呢？

这些不是特别不可思议的事情。大多数管理者知道答案或知道如何获得答案。问题恰好在于他们很少提出这些问题。

"哪些将创造未来的已经发生了？"这一问题的答案决定了公司或行业在机会面前的潜力。要将这种潜力转化为现实，公司的实力和能力需要与机会相匹配。要将潜力转化为现实，公司需要对"核心能力"进行分析。我最初在1964年出版的《为成果而管理》（Managing for Results）中称核心能力为"实力分析"。在普拉哈拉德教授（C. K. Prahalad）和加里·哈默尔（Gary Hamel）教授的努力下，实力分析演变为众所周知的核心能力分析。

这家公司善于做什么？它在什么方面做得好？换句话说，哪些实力使公司具有竞争优势？这些实力应用在什么方面？实力分析还会显示出公司需要在哪些方面改进或提升现有实力和需要获得哪些方面的新实力。它指出公司可以做和应该做的事情。实际上，只有公司的实力与已经发生的变革相互匹配，公司才能提出行动的计划。这样，企业才能将意想不到的事情转化为优势。不确定性不再是威胁,而成为机会。

然而,这种情况存在一个前提条件:企业要创造出适当的知识资源与人力资源,当机会出现时,这些资源能够帮助企业采取应对措施。这意味着制定一套单独的、面向未来的预算。

无论经营好坏,在企业制定的永久预算中,创造和保持有助于企业迈向未来的资源(在研究与技术、市场地位与服务、员工及其发展等方面)所需的费用每年必须占 10%～12%。即使会计和税务局认为这些费用是营业费用,但是它们却属于投资。它们使企业能够创造自己的未来,而且归根结底,这就是不确定性计划的内涵。

(1992 年)

第 3 章 | CHAPTER 3

五种致命的经营失误

过去几年，通用汽车、西尔斯和IBM等昔日独领风骚的企业相继走向没落。但是，造成每一个走向没落的主要原因都至少包括以下五种致命的经营失误中的一种——本可以避免的失误也会危害到最强大的企业。

第一个失误是对高利润率和"溢价"顶礼膜拜，这无疑也是最常见的失误。20世纪70年代几乎垮台的施乐公司就能最好地说明这种失误的后果。在发明复印机（在工业史上能在短期内取得巨大成功的产品可谓凤毛麟角）后不久，施乐就开始给复印机增加一个又一个功能，每一个功能都会带来最大的利润率，都会抬高复印机的价格。施乐的利润节节攀升，股票价格也居高不下。但是绝大多数的消费者只需要一台功能简单的复印机，他们越来越多地准备购买施乐的竞争对手的产品。当日本的佳能（Canon）公司生产出这种复印机时，它立即占据了美国市场。施乐仅能勉强度日。

通用汽车的问题和美国的整个汽车业的问题在很大程度上也是盯住利润率不放的结果。到了1970年，大众甲壳虫汽车（Volkswagen Beetle）几乎夺取了10%的美国市场，说明美国人也需要小型节能汽车。几年后，在经历了第一次"石油危机"后，这个市场已经初具规模，而且发展得非常快。然而，由于小型汽车的利润率似乎比大型汽车低很多，因此美国的汽车制造企业多年以来对日本人占据这个市场一直泰然处之。

它们很快就发现这是一种错觉，而且人们通常都是这样的。通用汽车、克莱斯勒和福特越来越多地向购买它们的大型汽车的顾客提供折扣、返款和现金补贴。最后，这三大巨头提供的补贴可能都够它们开发一款具有竞争力（和有利可图）的小型汽车了。

教训：对溢价的顶礼膜拜为竞争对手开辟出一个市场。高利润率不等于利润的最大化。总利润等于利润率乘销售额。只有利润率能带来最大的利润流量总额，企业才能实现利润的最大化，而且最理想的市场地位通常是由这样的利润率决定的。

与第一个失误密切相关的是第二个失误：*给新产品确定错误的价格，即按"市场能够承受的价格"销售新产品。*这也会为竞争对手创造毫无风险的机会。即使产品受到专利权的保护，这也是错误的策略。如果有足够的吸引力，潜在的竞争对手会想方设法绕过保护措施最严密的专利。

美国人发明和开发了传真机，第一台传真机也是美国人生产出来的，由于他们按市场的承受能力定价，即他们能得到的最高价格，因此，今天的世界传真机市场却被日本人所占据。然而，经过两三年的学习，日本人促使传真机在美国的价格下降了40%。他们实际上在一夜间占据了市场；美国只有一家生产特种传真机的小企业在夹缝中得以生存，而且产量微乎其微。

反观杜邦（DuPont）公司，它之所以仍旧是世界上最大的合成纤维制造企业，是因为在20世纪40年代中期，该公司的新型专利产品尼龙在世界市场上销售的价格使它在此后5年内在尼龙的供应上遭遇不到竞争对手。这个价格比杜邦当时出售给生产女式袜子和女式内衣的企业的价格大约低2/5。

杜邦的举措将竞争推迟了五六年。但是，它也立即创造了一个公司内部的任何人都没有想到的尼龙市场（例如汽车轮胎市场），而且这个市场的规模很快超过了女式内衣市场的规模，并且比后者更有利可图。因此，这种策略给杜邦带来的利润总额比按当时允许的情况定价的策略可能带来的利润高得多。五六年后，当竞争对手真的出现时，杜邦在这个市场已经站稳了脚跟。

第三个致命的失误是成本推动型定价策略。唯一起作用的是价格推动型成本计算模式。大多数美国公司和实际上所有的欧洲公司在定价时都以成本为基础，然后乘以一个利润率。在它们推出产品之后，它们不得不开始降价，不得不投入巨资重新设计产品，不得不承担损失，而且它们常常因为定价错误而不得不放弃一个非常好的产品。它们的根据是什么？"我们必须收回成本，必须赚钱。"

这是正确的，但毫不相干：顾客没有责任保证制造企业赚钱。唯一合理的定价方式是，首先考虑市场愿意支付的价格，因此必须考虑竞争对手的价格，并根据具体的价格要求设计产品。

正是成本推动型定价方式导致了美国不再拥有自己的电子消费品工业。美国人曾经拥有技术和产品，但是，他们的经营建立在以成本为导向的定价模式上，而日本人采用的是以价格为导向的成本计算模式。以成本为导向的定价模式还几乎让美国的机床工业遭受灭顶之灾，而让采用以价格为导向的成本计算模式的日本人在世界市场上取得了领先优势。直到美国工业界最终放弃了以成本为导向的定价模式，转而采用以价格为导向的成本计算模式，他们才在最近恢复了元气（尽管势头不是很强劲）。

如果说丰田（Toyota）和日产（Nissan）公司成功地把德国的豪华汽车生产企业逐出美国市场，这正是它们采用了以价格为导向的成本计算模式的结果。当然，首先考虑价格、然后减去成本的工作量在一开始比较大。但是，到最后，它比一开始就选择错误，然后背着亏损的包袱用数年的时间才把成本降到合理的范围内这一做法更轻松，而代价则比拱手让出市场更小。

第四个致命的失误是在昨天的成绩的基础上错失明天的良机。正是这个失误让 IBM 陷入困境。IBM 的失败也是由于它的独一无二的成功造成的，这显得自相矛盾：当苹果公司在 20 世纪 70 年代中期生产出第一台个人计算机时，IBM 几乎在一夜之间赶了上来。这个壮举实际上与现在的每一个人对该公司的所有看法都显得风马牛不相及，他们认为 IBM "保守"并具有"官僚作风"。但是，在当时，当 IBM 在新兴的个人计算机市场取得领先地位时，它让这个新兴的和保持增长的业务从属于老的摇钱树——大型计算机。

最高管理层几乎禁止个人计算机部门的人员向可能购买大型计算机的客户推销产品。这对大型计算机业务没有帮助，也从未有过帮助。但是，这项措施阻碍了个人计算机业务的发展。它的所有后果就是为 IBM 的"克隆机"创造了销售机会，从而使得 IBM 肯定不会收获成功的果实。

这实际上是 IBM 第二次犯这种错误。40 年前，当 IBM 第一次拥有计算机时，最高管理层下令在可能妨碍穿孔卡片销售的领域不得销售计算机，而在当时，前者是该公司的摇钱树。后来，在司法部为了防止 IBM 垄断穿孔卡片市场而通过了反垄断诉讼案后，该公司得以保全下来。该反垄断诉讼案迫使管理层放弃穿孔卡片，同时也挽救了羽翼未丰的计算机。然而，IBM 并没有得到上帝的第二次眷顾。

第五个致命的失误是创造问题滋生的土壤，扼杀机会生存的环境。多年以来，我一直希望新的客户告诉我谁是他们表现最优异的员工。然后，我问："他们的任务是什么？"表现好的人几乎无一例外地接受处理问题的任务，如经营业绩下滑的速度超乎想象的老企业；被竞争对手的新产品淘汰的老产品；过时的技术，如市场已经被数字交换机占领的模拟交换机。随后，我问：

"那么谁处理机会？"人们几乎总是对机会不管不问，任其自生自灭。

通过"解决问题"，我们最多是减少损失。只有机会才能产生成效和实现发展。实际上，机会与问题完全一样，都是困难的和棘手的。首先要列出企业面临的机会，确保有足够的人手处理每一个机会（并提供适当的支持）。只有这样，你才能列出问题，并考虑配备适当的人手。

我猜测，最近这些年西尔斯在零售业务上是在反其道而行之——扼杀机会生存的环境，创造问题滋生的土壤。我猜测在世界市场上逐步丧失优势的欧洲大公司（如德国的西门子）也是这么做的。通用电气（GE）在做正确的事情上做出了非常好的示范，它的政策是，任何业务，即使是有利可图的业务，只要不能让公司实现长期发展目标并使公司有机会成为世界上数一数二的企业，都是剔除的对象。因而，通用电气让表现最好的人管理带来机会的业务，给他们加油再加油。

我在本文中阐述的一切观点早已是代代相传的。所有观点都经过了几十年实践经验的检验。因此，管理层没有理由一而再再而三地犯这五种致命的失误。它们是必须抵制的诱惑。

（1993 年）

CHAPTER 4 | 第 4 章

管理家族企业

　　世界各地的大多数企业都是由家族控制和管理的企业,包括美国和所有其他发达国家。家族式管理绝不限于中小企业——一些世界上最大的公司都是由家族管理的。例如,Levi's 自一个半世纪前创立以来一直都是由家族控制和管理的。杜邦公司由家族成员控制和管理了 170 年(从 1802 年创立起,到 20 世纪 70 年代中期由职业管理者管理为止),成为世界上最大的化学制品公司。两个世纪以前,一个默默无闻的硬币商人开始让他的儿子们到欧洲的商业中心组建银行,两个世纪后,以洛希尔(Rothschild)命名,并由其家族经营的金融机构现在仍旧是世界上首屈一指的私人银行。

　　然而,管理书籍和管理课程研究的几乎完全是公众持股和管理的公司,它们很少对家族管理的企业予以同样的重视。当然,在所有职能工作(研究、市场营销或会计)上,职业管理者管理的企业与家族管理的企业没有任何不同。但是,在管理上,家族式企业要求有自己的和与众不同的准则。这些规则必须得以严格遵守,否则,家族管理的企业就无法生存,更不用说兴旺发达了。

第一条准则是家族成员不得在企业中任职，除非他们至少要与非家族成员一样能干，工作上也一样努力。为了不让懒惰的侄子去上班而给他钱花比让他在企业中工作划算得多。在一个家族管理的公司中，无论家族成员的正式工作或职务是什么，他们总是"最高管理层"的成员。这是因为在星期六晚上，他们都会坐在老板的餐桌旁，"爸爸"长、"舅舅"短地叫个不停。因此，如果被允许在家族管理的企业中工作的家族成员是平庸之辈，或更糟糕的是，表现得非常懒散，他们肯定会成为不是家族成员的同事发泄怨气的对象。他们冒犯了这些同事的自尊心。如果平庸或懒惰的家族成员继续在企业中工作，全体员工对最高管理层和对企业的尊敬很快就会化为乌有。企业留不住精明强干的、不是家族成员的人。留下的人很快就成为阿谀奉承、溜须拍马之辈。

大多数在家族企业工作的 CEO 当然知道这些。但是，仍旧有许多人试图"耍小聪明"。例如，一个平庸或懒惰的家族成员成为"研究部主任"。同时，企业高薪聘请一个非常能干、不是家族成员的专业人员担任"研究部副主任"，CEO 告诉他说："我的堂兄弟吉姆的职位只是个形式，只是想让他的母亲不再找我们的麻烦，她毕竟是我们的第二大股东。其他人，包括吉姆，都知道你主管研究。你直接与我配合就行了，不需要理吉姆。"但是这只能令事情变得更糟糕。由于平庸的吉姆是实际负责的人，公司的研究成果仍旧可能是平庸的。充满深深的怨恨和忌妒心非常强的吉姆拥有职务上的权力，但不承担实际的责任，同时，一个同样怨声载道和完全愤世嫉俗的外人承担实际的责任，但没有实权，这家公司也就根本没有心思搞研究。公司得到的只有阴谋和政治活动。

作为一个家族式企业，由于杜邦公司能够勇敢地面对这个问题，因此它不仅生存了下来，而且业务蒸蒸日上。杜邦家族的所有男性都要从公司的最底层做起。在杜邦家族的一个成员开始工作了五六年后，家族的四五个长辈都要认真地考核他的绩效。如果考核的结果说明这个年轻的家族成员在10年后不可能是担任高级管理职位的材料，他就会被体面地免去职务。

第二条准则同样非常简单：无论在公司的管理层中有多少家族成员，无论他们多么能干，总是有一个高级职位要由不是家族成员的外人来担任。一般来说，这个职位不是财务总监，就是研究主管，这两个职位最看重技术资格。但是，我还知道有的成功的家族企业选择外人担任市场营销总监或人事总监。Levi's 的 CEO 就是家族成员，而且是公司创始人的后代，而公司的董事长和首席运营官（COO）是职业管理者，而非家族成员。

据我所知，出现第一个这种"内部的局外人"几乎是在 60 年前，当时他在英国的一家非常大和完全由家族管理的企业中担任首席财务官。虽然他与他的同事是最好的朋友，这些同事也是家族成员，但是他从未参加过家族聚会或出席家族的婚礼。他甚至没有在这些家族成员打球的高尔夫球俱乐部打过球。他曾经对我说："我唯一参加过的家庭活动是葬礼。但是我每个月都要主持最高管理层会议。"

换句话说，家族式企业需要一个资格较老和德高望重的人，他不是家族成员，也从不把企业与家族混为一谈。

意大利的黑手党是世界上历史最悠久的"家族式企业"，它在西西里岛和美国都忠实地贯彻着这条准则。任何看过《教父》（*Godfather*）这部电影或读过《教父》这本书的人都知道，在黑手党的家族中，那个顾问，也是律师，是权力最大的第二号人物，他甚至可能都不是西西里人。

第三条准则是，除了最小的家族式企业外，家族管理的企业越来越需要在关键岗位上使用不是家族成员的专业人士。制造、市场营销、财务、研究和人力资源管理等工作对所需的知识和专业技能提出了非常高的要求，即使是最能干的家族成员，无论他的出发点多么好，他也不足以胜任。因而，这些不是家族成员的专业人士就需要受到平等的对待。他们在企业中必须拥有家族成员拥有的全部权力与地位。否则，企业是留不住他们的。

洛希尔家族是这些著名的家族企业中第一个认识到一些外来人需要拥有家族成员应拥有的全部权力与地位的。在所有创办企业的家族中，洛希尔是最紧凑的家族。在第二次世界大战前，他们只允许家族成员参股他们的银行。在19世纪和20世纪初，如果总管理者不是家族成员，在他快50岁时，他就会收到一大笔解雇费，有一次是100万美元，这样他可以创办自己的银行。然而，自第二次世界大战后，不是家族成员的人可以参股洛希尔的银行，最著名的是蓬皮杜（Georges Pompidou），他后来接替戴高乐（Charles de Gaulle）成为法国总统。

忠实地遵守上述三条准则的、由家族管理的企业在管理层交接班的过程中甚至往往也会陷入困境，而且经常闹得四分五裂。这是企业的需要与家族的希望发生冲突的结果。有两个兄弟创办了一家成功的制造企业。现在，他们都快退休了，他们每个人都力主自己的儿子成为下一任CEO。因此，虽然他们在一起和谐共处了20年，但是他们还是反目成仇，最终他们没有选择妥协，而是分道扬镳。有一个寡妇是一家公司的创始人之一，为了挽救女儿濒临破碎的婚姻，她争取让她能力平平的女婿担任下一任CEO并接替她老迈的姐夫。一个具有相当规模的高科技公司的创始人迫使他的儿子不情愿地放弃在大学从事科学研究的事业，让他接管企业的管理工作。但是他没有想到，在他去世后6个月内，他的儿子就将公司卖给一家大型联合企业。任何曾经在家族式企业工作的人都会有这样的体会。

我们只有一个解决办法：让局外人决定接班人问题，他既不是家族的成员，也不在企业中工作。

19世纪80年代，著名的英国保守党首相本杰明·迪斯雷利（Benjamin Disraeli）就为洛希尔家族扮演过这样的角色。当时，"堂兄弟们"，即家族的第三代，开始相继去世。他说服整个家族让下一代中最年轻但最能干的维内斯·利奥波德（Viennese Leopold）实际领导洛希尔家族的所有三家银行（分别在伦敦、巴黎和维也纳）。我曾经亲眼看到过一位注册会计师（CPA）在规模更小的企业中成功地扮演了这一角色。他是一家中等规模的食品零售商的外部审计师，自公司成立起，他为这家公司工作了20年。一位大学教授10年以来一直是一家具有相当规模的高科技公司的科技顾问，他说服两个兄弟、两个堂兄弟及他们的妻子接受其中一个堂兄弟的女儿担任公司的CEO，而这个女儿是下一代中年纪最轻、最能干的一个。他也因此挽救了这家高科技公司及其母公司。

但是，在挑选接班人的问题成为严重问题时才求助于局外人通常是太迟了。到那时，家族成员不是倾向于这个候选人，就是倾向于那个候选人。此外，家族式企业在考虑挑选接班人的计划时需要同时考虑财务与税收计划，使它们融为一个整体，而这种融合是无法在一夜之间完成的。因此现在，在必须做出决策前，或在理想的情况下，在家族成员就接班人的问题上开始出现分歧前，越来越多的家族管理的企业都试图提前很长时间找到合适的局外人，由他做出裁决。

李维斯、杜邦和洛希尔等家族企业延续了六七代，像它们这样的企业寥寥无几。仍旧由家族管理的企业能延续到第四代实属罕见，更不用说超过四代了。意大利的菲亚特（Fiat）公司是今天最大的由家族管理的企业，是由阿内利斯（Agnellis）家族的第三代管理的，他们现在已经六七十岁了。有人告诉我，这家公司里希望菲亚特今后20年仍旧由家族管理的人几乎没有。通常，一个拥有成功的企业的家族的第四代在生活上衣食无忧，他们中最能干的人不愿意把一切奉献给家族企业，他们希望按自己的兴趣做事和追求自己的事业。同样，到第四代时，家族企业的所有权被许许多多的成员所瓜分。对于第四代的成员来说，他们在公司中的股份因此不再是"所有权"，而是"投资"。他们希望投资多样化,而不是把他们的所有鸡蛋都放在家族企业的篮子中,因此他们希望出售企业或让企业上市。但是,对于第二代和第三代来说,让家族企业继续存在可能是最有利的。由于企业还没有大到可以出售或上市的地步,因此这通常是唯一的办法。同时,公众当然也对接班人是否是家族成员感兴趣。中型企业正在迅速地取代特大型企业成为推动经济发展的动力,而且这些中型企业往往都是由所有者控制和管理的。因此,鼓励创业精神,就是鼓励家族管理的企业保持连续性。然而,迄今为止,在创始人去世后仍旧保持生命力的、由家族管理的企业不是必然规律,而实属例外,更不用说在第三代的家族成员的管理下仍然蒸蒸日上的企业了。承认上述四条管理准则和一条基本规则的家族管理的企业及其所有者简直如凤毛麟角。这条基本规则是:只有家族服务于企业,企业与家族才能生存和有美好的前程。这条规则是上述所有管理准则的基础。如果企业是为家族服务的,那么谁都不会好过。在"由家族管理的企业"这个词组中,决定性的词是"企业",而不是"家族"。

(1994年)

CHAPTER 5 | 第 5 章

总统六准则

比尔·克林顿的前任美国总统们具有多样化的能力、个性、价值观、风格和成就，任何在这些方面比他们更具多样性的群体都是难以想象的。但是，在他们之中，即使是弱点最多的，只要他们遵守六条管理准则，他们就可以取得相当大的成效。即使是实力最强大的，如果他们违反了这些准则，他们也不会取得成绩。

需要做什么？这是总统必须问的第一件事情。他不得固执地做他想做的事情，即使是他竞选时的重点。

哈里·杜鲁门（Harry Truman）在 1945 年 4 月成为美国总统后，大多数美国人都认为，随着第二次世界大战即将结束，这个国家可能，而且应该把注意力再次放到国内问题上。他满怀激情地致力于新政（罗斯福在 20 世纪 30 年代实施的内政纲领）的复兴。在几个星期内，他认识到，无论他喜欢与否（他的确不喜欢），他都不得不优先考虑处理国际事务。正是他的这种认识，使他成为卓有成效的总统。美国政坛似乎有一条规律，即世界总是在选举日与总统就职日之间变来变去。拒绝接受这条规律不是"原则性强",吉米·卡特(Jimmy Carter)就试图拒绝这条规律。这是否认现实和注定要失败的。

集中精力、不要分心是第二条准则。"需要做什么?"的正确答案通常有好几个。然而,除非总统冒着风险做出了唯一一个引起广泛争议的抉择,否则他会一事无成。

富兰克林·罗斯福(Franklin Roosevelt)在他任职的前5年中待在办公室中对外部世界置之不理,尽管希特勒在欧洲横冲直撞和日本侵略中国。到1938年年初,美国仍旧处于经济的最萧条期,而且整个国家在情感上处于孤立状态。但是,罗斯福几乎在一夜之间将重点转向国际事务,差不多忽略了国内问题。30年以后,林登·约翰逊(Lyndon Johnson)企图同时与越南和贫困作战。美国一场战争都没有打赢。

总统应优先考虑的事情必须是真正需要做的事情。如果不能引起广泛争议,它很可能是错误的选择。它必须是做得到的,而且是可以相当快地做到的,这意味着它必须是有限的目标。但是,如果能成功地实施,它必须是重要的事情,能产生不同凡响的效果。

罗纳德·里根(Ronald Reagan)在1981年决定以制止通货膨胀为他优先考虑的事情,他极大地提高利率,从而制止了通货膨胀。当时,他就运用了这些准则。任何主修经济学的二年级学生都会告诉里根先生,这会引发大规模的衰退,而且实际上,失业率在几个月内从已经居高不下的7.5%急升到10%,自经济危机以来就没有出现过这样高的失业率。然而,制止通货膨胀无疑是需要做的事情。它很快就成功了,而且产生了不同凡响的效果。

里根先生的措施为后来增加就业机会奠定了基础,他创造了美国历史上最多的就业机会。里根总统也因此赢得了公众的信任,直至任期结束。如果克林顿先生能够优先考虑为3700万没有医疗保险的美国公民提供保险,他可能也会取得类似的成功。相反，他害怕引发政治斗争，最后这个有限（和做得到）的目标陷入全面医疗保健改革的沼泽中。

第三条准则是不要在有把握的事情上孤注一掷。否则，失败是不可避免的。如果说在乔治·华盛顿（George Washington）之后有哪位总统能够得到选民的广泛支持的话，那就是1937年第二次当选的罗斯福总统，他以美国历史上最大的优势再次当选总统，并全面控制了国会。

罗斯福总统有充分的理由相信，他"解散"最高法院，并因此消除新政改革最后一个障碍的计划是板上钉钉的事。在宣布这项计划前，他甚至没有试着推行计划。它立即引起了轩然大波，以至于他再没有重新夺得对国会的控制权。克林顿先生也必定认为撤销军中同性恋的禁令是十拿九稳的，在宣布前他也未曾试验一下。它立即让克林顿的支持率直线下降，这是所有新任总统在支持率上遭遇到的最大降幅。

美国大众认为解散最高法院不是推行非常受欢迎的新政的方式，而是对美国的奠基人所建立的国家的颠覆。人们认为克林顿总统的提案对同性恋的权利不会有什么影响，反而会影响军队的战斗力。回想起来，我们总是能够发现这种在认识上的差异是"显而易见的"，但我们也只能做事后诸葛亮。因此，一个卓有成效的总统知道没有风险的政治纲领是不存在的。

第四条准则是卓有成效的总统不能事无巨细。美国总统必须亲自执行的任务，即使是条理性几乎最强和精力几乎最充沛的人也无法完成的。因此，总统不需要做的，他就一定不能做。

总统不能亲临现场，对其他人的依赖性十分强，其他人都可以选择把或不把实情告诉他们。而且，他们工作繁忙，因此他们无法研究字里行间的意思，也就无法成功地做到事无巨细，而且在政府工作中，"事无巨细就是上帝"。林登·约翰逊和吉米·卡特证明，对于总统来说，自己成为自己的首席运营官是使自己名誉扫地的最快的办法。

然而，在美国的制度中，总统是唯一对政府的工作绩效承担最终责任的人。一个卓有成效的总统必须抵制住事无巨细的诱惑，但要确保有人处理所有的工作。总统需要纪律性非常强的人组成一个小组，每一个人都要具体负责某一方面的工作。

罗斯福总统的内阁就是典范。他的内阁由10人构成，其中9人都是我们现在所谓的技术官员（国务卿几乎也是），即在某一方面精明能干的专家。罗斯福曾经说："我做决策，然后将这项工作交给一位内阁成员，把他单独留下来。"这个营运小组的工作绩效简直就是不同凡响，例如没有出现一例财务丑闻，尽管政府的支出史无前例地高，但是这个事实在很大程度上是罗斯福自己史无前例地将权力牢牢地握在手中和稳如泰山的主要原因。

罗斯福之后的总统试图取得同样的效率，他们配备参谋长和首席运营官各一名，但收效甚微。但是，其他方法只是将政府变成一个永久性的群众性集会，如克林顿先生选择的办法，他配备了许多国务卿、副国务卿、助理国务卿、特别助理等。

第五条准则是总统在政府中没有朋友，这也是林肯的座右铭。任何漠视这条准则的总统都会后悔一辈子。

任何人都不会信任"总统的朋友"。他们为谁工作？他们代表谁讲话？他们实际上向谁汇报？说得好，他们被怀疑绕过他们在工作上的上级，直接与他们的密友交流；说得不好，他们被公认为总统的间谍。更重要的是，他们总是想借助作为总统朋友的地位滥用他们所拥有的权力。如果他们收受贿赂或在其他方面让自己或家庭获得好处，因此而爆出的"财务丑闻"就会成为报纸的头版头条。与财务无关的滥用行为（如为这个或那个利益集团获取特殊的待遇）通常是不为人知的。然而，这种滥用行为对总统的绩效、政策和声望的打击比财务上的违法行为更严重。

总统也是人，在工作上他们是孤独的。作为政治家，他们往往是渴望伙伴、友谊和同情，喜欢交际的人。这恰好说明总统很容易让朋友进入自己的政府，而且他们通常也非常不愿意舍弃已经被证明不胜任工作或辜负了他们的信任的朋友。但是，卓有成效的总统应仿效曾经入主白宫、最喜欢交际的总统：泰迪·罗斯福（Teddy Roosevelt）。在他担任总统时，他的社交生活甚至是丰富多彩的，但是他并没有让他的几个"挚友"到他的政府里工作。

许多第一夫人都是总统的主要顾问和红粉知己，贝丝·杜鲁门（Bess Truman）就是最好的例子。但是，在希拉里·罗德哈姆·克林顿（Hillary Rodham Clinton）之前，第一夫人从未在任何一届政府中任职。

那么，第六条准则是什么？它就是哈里·杜鲁门给新当选的总统约翰·肯尼迪（John F. Kennedy）的忠告："你一旦当选，你就要停止竞选。"

（1993年）

第 6 章 | CHAPTER 6

网络社会的管理

一百多年以来，所有发达国家都逐步进入以组织的雇员为主的社会。现在，这种趋势自己发生了倒退。以美国为首的发达国家在组织与为组织工作的个人二者之间的关系上和在不同组织之间的关系上正在迅速地进入网络社会。要在这种新型的网络社会中进行管理，我们需要不同的行为、技巧和态度。

当然，在1860年和1870年之前，各国都有大量受别人雇用的人。当时，大企业与大型行政机构成为第一批现代组织。有在农场劳作的佣人和帮工；有在小商店工作的店员；有在手艺人的作坊里工作的熟练工和学徒。但是这些人都不是为"组织"工作的：他们是为"主人"或"女主人"工作的。1913年，即第一次世界大战前一年，在全部劳动力中，"雇员"的比例不足1/5，他们主要是在工厂工作的蓝领工人。其中，大多数人仍旧在家族式的小企业中做工，而不是在大企业中工作。40年以后，即20世纪50年代，在大型组织中工作的雇员成为每一个发达国家的主要风景线，如在工厂工作的蓝领工人和管理者；在庞大的政府机构中任职的公务员；在迅猛发展的医院中工作的护士以及在发展得更快的大学中教书的老师。当时的畅销书是有关"组织人"的悲惨故事，故事的主人公全部穿着灰色套装，在办公室中埋头苦干，对组织的忠诚高于一切。那时大多数人都认为，到1990年几乎所有参加工作的人都会是组织的雇员，可能还是大型组织的雇员。

现在在美国，参加工作的成年人的比例比三四十年前高得多。他们中的大多数，特别是绝大多数受过教育的人的确是为组织工作。但是，越来越多的人不是组织的雇员。他们是承包人、兼职工作者和临时雇员。最近，我主持了一个有大约300人参加的三日研讨会，他们都已年近四十或四十出头，都是最成功的人士，而且他们都毕业于同一所商学院，该商学院是美国培养研究生的主流商学院之一。实际上，他们中每一个人都是为组织工作的，但几乎一半的人都不是组织的雇员。仍旧希望作为组织的雇员度过整个职业生涯的人几乎没有。一位参加研讨会的学员是45岁的冶金学家，5年前他还是一家财富500强企业的管理者。现在他独自创业，而且有5家公司同时聘用他，他以前还在其中的一家公司工作过。他说："对我来说，在原来的公司没有足够的事情让我做。公司每年在冶金工艺上只发生三四次严重的问题。其他时间我只是写备忘录。现在，当那家公司在冶金工艺上遇到问题时，我会立即赶过去，我不是顾问，而是一个团队的全职成员，是团队的领导。我会一直待在那里，直到我们解决问题。我也采用同样的方式为其他4个客户工作。"另外，有一位38岁的信息专家，他同样是作为"永久性的临时雇员"为中西部地区的许多政府部门工作。一个"外包"公司的女管理者说她自己是20家大医院的流动高层管理人员，她的公司负责这些医院的记账、总务管理和维护工作。在学员中还有一位工程师，他的薪水是由一家"临时帮助"公司支付的。有些大公司在建设新厂房和新厂房试运转时，他就会为这些公司管理工厂，通常签订一份为期3年的合同；有一位女医生同样作为临时雇员负责为许多医院组建急诊部门；一位以前担任过学院院长的学员作为"全职的临时雇员"为中小学院策划和管理筹资活动。

临时工作和兼职工作是大约35年前出现的，目的是弥补打字员、接待员和超市收款员等职位的空缺，这些人掌握的技能相对较低。起初，每当正式雇员生病或休假时，临时雇员就可以填补空缺。后来，临时雇员越来越多地从事要求复杂技能和地位很高的工作。同时，临时雇员为同一个组织工作的时间越来越长。在美国，1989～1994年的5年间，提供临时就业机会的中介机构从3500个增加到7000个，简直翻了一番。在所增加的中介机构中，有许多中介机构提供的不是技能较低的人员或填补初级职位的人员，而是专业人员，乃至高级管理者，这样的中介机构可能至少占50%。

组织之间的关系和组织与为组织工作的人之间的关系恰好变化得一样快。最显而易见的例子是"外包"，即公司、医院或政府机构将某项业务的全部工作交给专门从事该业务的、独立的公司负责。许多年以前，医院就开始让外包公司负责他们的维护和记账工作。美国是这股潮流的发源地，现在，日本也越来越多地采取这种方式；他们现在越来越多地将数据处理和企业管理外包出去。对于企业、政府机构、大学和医院来说，信息系统的外包已经成为家常便饭。仅仅在最近（1995年3月13日），两家这样的外包公司就宣告成立。美国最大的医院公司哥伦比亚/HCA医疗保健公司（Columbia/HCA Healthcare）宣布，将其旗下300家医院的所有诊断仪器的采购与维护工作，外包给世界上最大的诊断仪器制造企业通用电气公司的医疗电子集团。然而，这些诊断仪器是现代医院的核心，是医院最大的投资，仅在哥伦比亚/HCA医疗保健公司就高达数十亿美元，它们同时也是医院最大的收入来源，又是决定医院医疗质量的关键。在同一天，现在仍旧是世界上最大的计算机制造企业的IBM公司宣布成立一家新公司（称网络站管理），负责采购、维护和管理大公司使用的数千台个人计算机（PC），而在美国典型的大公司中，个人计算机是迄今为止最大的一笔办公投资，而且在其中的一些大公司中，计算机上的投资甚至超过了制造工厂中所使用机器的投资。

再过10～15年，组织可能将所有属于"支持性"的工作和不能在事业上有助于雇员提升到高级管理职位的所有工作外包出去，只留下创造收入的业务。这将意味着在许多组织中，大多数的工作人员可能不是这些组织的雇员，而是承包商的雇员。

以联盟作为企业发展手段的趋势可能是更重要的。精简、资产剥离（divestment）、并购等占据了头版头条。但是，在公司结构上或企业经营方式上发生的最大变化却鲜为人知，即企业之间的关系不再以所有权为基础，而是以伙伴关系为基础，如合资企业、以联合市场推广或联合研发为目的的少数股权投资以及各种各样的半正式的联盟。为了获取软件技术，日本的计算机制造企业购买了硅谷的高科技企业的少数股权。为了开展遗传学、医疗电子学和生物技术等新兴学科的研究，美国和欧洲的大型制药公司同样购买了研究这些新兴学科的创业企业的少数股权，或与大学的研究实验室结成伙伴关系。为了进入新兴的投资市场，银行与独立的小型资产管理公司结成伙伴关系，这时投不投资都不重要。我们还发现了许多不太正式的联盟，大多数都未见诸报端，如英特尔（Intel）与夏普（Sharp）结成的联盟，前者是世界上首屈一指的微芯片设计企业，而后者是日本主要的制造企业。英特尔将负责研究与设计，夏普负责制造。然后，每一家公司单独推广研制出的新产品，显然，任何公司都没有在另一家公司中投资一分钱。电信行业有国际财团（consortia），其中包括三家或更多大型和颇有实力的电话公司，例如一家在美国，一家在欧洲，一家在瑞典，其联合起来的目的是获得在全世界经营移动电话业务的执照，或获得经营有线电视业务的执照，或共同进入原来被政府垄断的、即将私有化的系统。与外包一样，发展成这种联盟的趋势呈加速之势，在这种联盟中谁都不具有控制权，即发展成伙伴关系的趋势。原因之一是任何一家公司，甚至是电话业巨头，都没有足够的钱独自达成交易。更重要的原因是，任何一家公司都不能独自掌握所需的技术。在世界的许多地方，特别是在中国的沿海地区或马来西亚等"新兴国家"，不通过合资企业或与本地合作伙伴结成联盟，生意是无法做成的。一家大型制药公司的CEO说："今天，在我们拥有 100% 股权的工厂中生产的产品是通过我们完全控股的子公司销售的，我们 80% 的销售额和利润都来源于这些产品。在 10 年内，在我们销售的全部产品中，半数以上的产品将出自合资企业、特许经营企业、联盟和其他公司，而我们在后者中不投资一分钱或只拥有少数股权，但我们双方是研究和／或市场营销合作伙伴。在这期间，我们计划将这样的产品增加一倍。虽然我们的研究水平在世界上名列前茅，但是对于我们来说，在所有新兴的领域拥有足够的科技力量是完全不可能的。虽然我们以我们的市场营销机构引以为荣，但是在世界各地的医疗保健系统重新设计自己的流程时，我们同样不可能帮助所有新发展的、销售医疗保健产品的渠道。"

差不多 30 年前，即 1967 年，世界上最畅销的经管书籍是法国新闻记者让－雅克·塞尔旺－施赖贝尔（Jean-Jacques Servan-Schreiber）的《美国的挑战》（*Le Défi Américain*）。它预测到 1985 年或 1990 年，世界经济将成为美国的少数十几个巨型跨国公司的囊中之物，它们生产的产品大约占世界的 90%。在此之前的 1955 年，通过财富 500 强企业，人们认为大型化是评判企业成功的标准。越大越好，企业、政府、医院或大学都是如此。在这些大型组织（即塞尔旺·施赖贝尔的巨型美国跨国公司）中，最高管理层控制和管理着所有的一切。为这样的大型公司工作或与之合作的每一个人都是公司的全职雇员。到塞尔旺·施赖贝尔的著作出版时，世界经济潮流已经转变了风向。欧洲人和日本人与美国人展开了激烈的竞争。几年以后，推动美国经济发展的开始转向中等规模的公司，随后不久，欧洲经济也步其后尘。但是，在组织和就业的基本结构上，一个世纪以来似乎仍旧没有任何变化。现在，这两个方面都在迅速发生变化。

今后20年，即使大多数管理人员和专业人员仍旧是他们所在组织的雇员，但是劳动大军的心理，特别是知识工作者的心理，将在很大程度上受到不受组织雇用的人的影响，后者虽属少数，但数量庞大，他们是外包企业的雇员，或合作伙伴的雇员，或半独立承包商的雇员。对于组织及其最高管理层来说，这意味着他们最好停止讨论"忠诚度"。他们必须赢得为他们工作的人的信任，无论其是否是他们自己的雇员。即使是不打算离开公司的专业人员或管理者，他们也会知道外面的机会非常多，即使在日本，这些人也已经对此心知肚明。宁愿留在他们现在所在的公司的专业人员或管理者甚至也会知道，"终身雇佣制"这种东西已经一去不复返了。仅仅在几年前，美国或欧洲的大公司还在采用这种制度，而且日本的大公司，这种制度仍旧是司空见惯的（虽然受到广泛质疑）。甚至在终身任期制实行了一个多世纪的政府部门中，对整个机构实行彻底的精简、私有化和关闭肯定会在所有发达（和大多数新兴）国家中成为现实。相反，专业人员和管理者个人将必须认识到，他们必须承担起确定自己在组织内部和外部的位置的责任。这意味着他们首先必须了解自己的优势。我每天都会收到几封我以前的学生发给我的简历，其中的大多数罗列了他们曾经从事过的工作。写明他们希望从事的工作的简历只有几封。提到他们在哪些方面曾经做得非常好和可以做得非常出色的简历甚至就更少了。说明他们可以和应该为将来雇用他们的企业带来什么利益的简历更是寥寥无几。换句话说，大多数人仍旧认为自己不是待价而沽的"产品"。

伙伴关系与联盟在企业及其关系的管理上提出的要求同样令人感到新鲜。管理者习惯于发号施令。他们习惯于从他们希望的角度进行思考，然后让下属接受。甚至在日本的"共识式管理"中，无论上级决定应该做什么事情，组织都应接受。大肆吹捧的"参与式管理"也是如此。但是，在伙伴关系中，无论是与承包商、合资企业的合作伙伴还是向对方出售少数股权的公司结成合作伙伴，我们都不能发号施令。我们只能获得信任。这明确地意味着我们不能先问下面这个问题："我们想做什么？"正确的问题是："他们想做什么？他们的目标是什么？他们的价值观如何？他们做事的方式如何？"再一次：这些是推销关系，在推销的过程中，我们要以客户为出发点，而不应以自己的产品为出发点。

  我问参加几个月以前举办的那次校友研讨会的人，这种新型组织和社会应该叫什么名字。起初，他们说："叫它自由形态。"但是后来，他们在重新考虑后说："叫它网络社会吧。"

2

第二部分

以信息为基础的组织

MANAGING IN A TIME
OF GREAT CHANGE

第 7 章
组织的新社会

第 8 章
三种团队

第 9 章
零售业的信息革命

第 10 章
不做数据的文盲；掌握该掌握的内容

第 11 章
我们需要的是衡量手段，而非计算

第 12 章
管理者今天需要的信息

第 7 章 | CHAPTER 7

组织的新社会

在整个历史长河中,西方社会每几百年就要经历一次剧变。在几十年的时间里,整个社会就会经历一次重组,包括社会的世界观、基本价值观、社会和政治结构、艺术和关键制度等。50年后,一个全新的世界诞生了。在这个世界出生的人们无法想象他们的爷爷奶奶生活在什么样的世界,也无法想象他们的父母出生在什么样的世界。

我们身处于一个转变的时代。只有在这个时代,这种转变不局限于西方社会和西方历史。实际上,根本性变革之一是我们不再有"西方"历史或"西方"文明之分。现在只有世界历史和世界文明。

无论这种转变是以非西方国家和经济强国——日本的崛起为标志,还是以第一台计算机,即信息为标志,实际上都不重要。我个人认为引发这种转变的是《退伍军人权利法案》(GI Bill of Rights),该法案决定向每一个参加第二次世界大战后返乡的美国士兵发放上大学的资金,而仅仅在30年前,即第一次世界大战结束时,这种做法绝对没有任何意义。《退伍军人权利法案》以及美国老兵对该法案产生的热烈反响标志着知识社会的到来。

在这种社会中，知识是个人和整个经济的主要资源。土地、劳动力与资本等经济学家认定的传统生产要素并没有消失，而是成为次要要素。如果掌握专门的知识，人们就可以获得，而且可以轻而易举地获得这些生产要素。然而同时，专门的知识本身生产不出任何东西。只有在与某项任务结合在一起时，它才具有生产力。同时，这就是知识社会为什么也是组织社会的原因：每一个组织，包括企业和非营利机构，它们的目的和功能就是在共同的任务中注入专门的知识。

如果历史是引路人，那么这种转变在2010年或2020年前是不会结束的。因此，企图预测正在形成的世界的每一个细节是非常危险的。但是，我认为，我们已经可以发现哪些新问题将会冒出来和主要问题在哪里，而且可能性相当高。

我们尤其已经认识到困扰组织社会的主要紧张关系和问题：因社区需要稳定与组织需要打破稳定而引起的紧张关系；个人与组织之间的关系和彼此对对方肩负的责任；因组织需要自主权与社会谋求共同利益而引起的紧张关系；对肩负起社会责任的组织的迫切需要；掌握专门知识的专家与需要这些专家组成一个团队工作的组织之间的紧张关系。未来几年，所有这些问题都将成为主要问题，特别是在发达国家。它们是无法通过法令、哲学或立法解决的。它们将在它们的发源地得到解决，即在独立的组织中和在管理者的办公室中。

社会、社区和家庭都具有保护意识。它们试图保持稳定，防止变革或至少减缓变革的速度。但是现代组织是要打破稳定的。组织建立的目的必须是创新，正如奥地利裔美国人、伟大的经济学家约瑟夫·熊彼特（Joseph Schumpeter）所说的，创新是"创造性的破坏"。组织建立的目的必须是有系统地放弃任何已确定的、合乎惯例的、熟悉的和令人感到舒服的东西，无论是产品、服务或流程,一套技术,人际和社会关系,还是组织本身。简而言之,组织建立的目的必须是不断的变革。组织的功能是让知识工作,作用于工具、产品和流程;作用于工作的设计;作用于知识本身。知识变化得非常快,而且今天的必然到明天始终是荒唐可笑的,这就是知识的本质。

技术的变化是缓慢的,而且是偶然的。如果古希腊的石匠能复活,并重返石料场工作,唯一重大的变化就是要求他刻在墓碑上的图案。他使用的工具都是相同的,只是现在在工具的把手上安装了电池。在整个历史中,在经历5~7年的学徒生活后掌握一门手艺的工匠到十八九岁时就已经掌握了他一生可能会使用到的一切技能。然而,在组织社会,任何掌握任何知识的人每四五年就必须掌握新知识,否则就会跟不上时代的发展。这是毋庸置疑的。

这具有双重的重要性,这是因为对知识体系产生最深远影响的变革通常都不是来源于知识所在的领域。自首次使用活字以后,印刷工艺在400年的时间里实际上没有发生任何变化,直至蒸汽机的出现。铁路遭遇到的最大挑战不是来源于铁路运输领域发生的变革,而是来自汽车、卡车和飞机。今天的制药行业因遗传学和微生物学的知识而发生了深远的变革,而在40年前,生物学家几乎对这些学科闻所未闻。

创造出新知识和让旧知识落伍的绝不只是科学或技术。社会创新是同样重要的,而且常常比科技创新更重要。实际上,现在在商业银行这个19世纪发明的、最令人自豪的机构中引发席卷全世界的危机的,不是计算机或任何其他技术变革。这场危机之所以发生,是因为非银行机构发现商业票据(一种老式的金融工具,如今似乎有点过时了)可以被用来为企业融资,并因此使银行丧失了商业贷款业务(银行垄断了200年,大部分收入都来源于这项业务)。在过去的40年中,在技术上或在社会上有目的的创新本身就已经成为一门有组织的学科,是一门既可教又可学的学科,这可能就是最大的变革。

许多人仍旧认为，迅速发生的、以知识为基础的变革不止发生在企业。自第二次世界大战以来的50年间，美国军队是变化最大的组织。军服没有发生变化。军衔丝毫未变。但是，武器完全改头换面；在军队奉行的原则与概念，陆、海、空三军的组织结构、指挥结构、关系和责任上发生的变革则更为彻底。

同样，我们可以有把握地预言，今后50年，学校和大学将发生更为彻底的变革，到那时，学校与大学的形式将与其现在的形式大为不同，而现在的形式他们已经沿用了300多年，当时他们的重组行为是以印刷版书籍为中心的。促使这些变革的原因有三：一是新技术，如计算机、电视和通过卫星传送的电视广播节目；二是以知识为基础的社会的需求，在这个社会中，有组织地学习必须成为知识工作者的毕生追求；三是有关人们如何学习的新理论。

对于管理者来说，知识的发展提出了一个显而易见的迫切要求：每一个组织必须在组织结构中建立变革管理的机制。

一方面，这意味着每一个组织必须准备放弃组织做的每一件事。管理者必须学会每隔几年针对每一个流程、每一种产品、每一套程序和每一项政策提出以下问题："如果我们先前没有做这个事情，我们现在会考虑它吗？我们会知道我们现在知道的情况吗？"如果答案是否定的，组织就必须问："那么，我们现在做什么？"而且，组织必须有所行动，而不是说："让我们再研究研究。"实际上，组织越来越需要有计划地放弃，而不是试图延长一个成功的产品、政策或习惯的寿命——迄今为止只有日本的几家大企业能够勇敢地面对这个问题。

在另一方面，每一个组织必须致力于创新。每一个组织尤其必须养成三个系统化的习惯。首先是不断地改进组织做的每一件事，日本人称之为"持续改善"（kaizen）。历史上每一位艺术家都具有有组织地和持续地自我改进的习惯。但是，可能由于日本人继承了禅宗（Zen）传统，因此，迄今为止，只有日本人在他们日常生活和商业组织的工作中做到了"持续改善"（虽然他们没有在他们独一无二的、反对变革的大学中保持这一习惯）。"持续改善"的目的是改进某项产品或服务，使之在两三年内成为真正与众不同的产品或服务。

其次，每一个组织必须学会充分利用组织掌握的知识，即在成功的基础上开发下一代的应用。到目前为止，日本企业在这方面又是做得最好的，它们的消费类电子产品制造企业在美国人发明的磁带录音机的基础上成功地开发出一个又一个新产品的事实就证明了这一点。但是，成功地利用组织取得的成就也是在美国迅速发展的乡村教会的优势之一。

最后，每一个组织必须学会创新，而且通过统筹安排，创新现在可以成为，而且必须成为一种系统化的过程。然后，我们当然就回到放弃，整个过程从头开始。除非这个步骤完成了，否则以知识为基础的组织将很快跟不上时代的发展，从而丧失发挥作用的能力，进而丧失吸引和留住技术好和知识渊博的人的能力，而这些人就是组织发挥作用的依靠。

要做好应对变革的组织协调工作，组织需要高度的分权管理。这是因为组织必须具有便于迅速决策的结构。这些决策必须接近绩效，接近市场，接近技术，接近社会、环境、人口状况和知识等方面发生的所有变革，如果我们能发现并利用这些变革，它们就能给我们带来创新的机会。

然而，所有这些都暗示了后资本主义社会的组织必须不断地破坏社区的秩序、给社区带来混乱和破坏社区的稳定。组织必须改变对技能和知识的需求：恰恰在每一所理工科大学开足马力培养物理学人才时，组织需要的却是遗传学家。恰恰在银行的雇员最精通信用分析时，他们却需要成为投资顾问。企业还必须能够自由地关闭为当地社区带来就业机会的工厂，或用只有25岁、掌握计算机模拟技术的年轻人取代白发苍苍、用了许多年才学会手艺的模具工人。

同样，医院必须能够将帮助孕妇分娩婴儿的服务交给独立的生育中心，在这方面，产科的基本知识和技术都发生了变化。当床位不足200张的医院因医疗知识、技术和方法等方面发生的变革而创造不出经济价值和无法提供第一流的护理服务时，我们必须能够完全关闭这样的医院。对于医院、学校或任何其他社区型组织来说，如果人口状况、技术或知识等方面的变革给绩效提出新的前提条件，要卸下这些组织社会功能，我们就必须有能力将它们关闭，无论它们与社区的关系多么密切，无论人们多么热爱这些组织。

但是，在这些变革中，每一次变革都会让社区陷入混乱、破坏社区的秩序和让社区失去连续性。每一次变革都是"不公平的"。每一次变革都会破坏社区的稳定。

组织生活的另一个事实同样具有破坏性：现代组织必须在社区中存在，但不能从属于社区。组织的成员居住在特定的地点、说当地的语言、把他们的孩子送到社区的学校上学、投票、纳税和需要有家一般的感觉。然而，组织不能被社区所淹没或以社区的目标为转移。组织的"文化"必须超越社区的范畴。

决定组织的文化是任务的本质，而不是执行任务时所在的社区。美国的公务员，虽然从未出过国，但是当有人告诉他在其他国家发生的官僚事件时，他就能立即明白是怎么一回事。但是，如果他准备出席当地的食品杂货连锁店管理者下周参加的广告促销讨论会，那么即使在他自己所在的华盛顿特区，他也会感到一头雾水。

组织要完成自己的任务，其组织方式和管理方式必须与同类型的其他组织相同。例如，我们听到许多人议论日本企业与美国企业在管理上的差异。但是，日本的大公司与美国的大公司在功能上是非常相似的；它们在功能上与德国或英国的大公司非常相似。同样，无论医院所处的位置在哪里，没有人会怀疑医生是在医院里工作的。同样的道理也适用于学校和大学、工会和研究实验室、博物馆和歌剧院、天文台和大公司。

另外，每一个组织都有一套由其任务决定的价值体系。在世界上的每一所医院，人们都认为医疗保健是最终目标。在世界上的每一所学校，人们都认为学习是最终目标。在世界上的每一家企业，人们都认为商品或服务的生产和流通是最终目标。组织要高标准地完成任务，组织的成员必须相信组织正在做的事情归根结底是奉献给社区和社会的、所有其他人可以依靠的事情。

因此，在组织的文化中，组织始终要超越社区的范畴。如果组织的文化与所在社区的价值观发生冲突，组织必须占据上风，否则组织不会为社会做出应有的贡献。俗话说："知识无国界。"自从750多年前第一所大学创办之日起，"当地居民与大学师生"的矛盾就从来没有中断过。但是，在组织社会中，这种矛盾包括组织为了完成任务而需要的自主权与社区的要求之间的矛盾，包括组织的价值观与社区的价值观之间的矛盾，包括组织面临的决策与社区的利益之间的矛盾，它们是与生俱来的。

在组织社会中，社会责任问题也是与生俱来的。现代组织拥有和必须拥有社会权力，而且是大量的社会权力。它需要有关人的决策权：聘用谁、解雇谁、提升谁。它需要制定创造出成绩所要求的规定和纪律的权力。例如，工作和任务的分配与工作时间的确定，它需要决定在哪里建哪些工厂和关闭哪些工厂的权力，它需要定价的权力，等等。

非商业性的组织拥有的社会权力是最大的，实际上远远比商业企业拥有的社会权力大得多。现在的大学所拥有的权力在历史上几乎没有任何组织能望其项背。拒绝某个学生入学或授予某个学生毕业证书相当于妨碍他在事业上有所成就和抓住机会。同样，美国医院有权拒绝给予医生住院特许权，就相当于医院有权拒绝该医生行医。工会拥有巨大的社会权力，它有权准许工人进入"只雇用工会成员的工厂"当学徒或有权控制工人进入这种工厂就业。

组织的权力会受到政治权力的约束。组织权力的获得要符合法律上正当的程序和法庭裁决。但是，行使组织权力的必须是组织这个个体，而不是政治当局。这就是为什么在后资本主义社会有这么多人议论组织社会责任的原因。

美国经济学家和诺贝尔经济学奖得主米尔顿·弗里德曼（Milton Friedman）认为企业只有一个责任，即经济表现。在这方面争论不休是徒劳无益的。经济表现是企业的第一个责任。实际上，如果企业的利润不能至少与资本成本持平，那么企业就是不负责任的；它浪费了社会资源。经济表现是基础，没有这个基础，企业就不能履行任何其他责任，不能成为一个好雇员、好公民、好邻居。但是，经济表现不是企业的唯一责任，同样，教育绩效也不是学校的唯一责任，医疗保健也不是医院的唯一责任。

除非权力与责任是对等的，否则权力就会成为暴君。此外，没有责任，权力总是会变质，成为不履行责任的行为，然而，组织必须履行责任。因此，对承担起社会责任的组织的需求将不会消失；相反，这种需求将有增无减。

幸运的是，我们还知道如何解决社会责任的问题，虽然只是大概了解而已。每一个组织必须对组织影响到的雇员、环境、客户，以及对它影响到的、与之接触的任何人和事承担起全部责任。这就是组织的社会责任。但是，我们也知道组织将越来越多地寄希望于主要的组织（包括营利和非营利）解决重大的社会问题。在这方面，由于好心并不总是对社会负责的，因此我们最好保持警惕。如果组织承担的责任可能会妨碍其完成其应该完成的主要任务和使命，或在其不胜任的领域发挥作用，那么组织就是不负责任的，更不用说寻求这样的责任了。

组织已经深入我们的日常生活。当别人说"在我们的组织中，顾客至上"或"在这个组织中，他们从不忽视错误"时，每一个人都明白是什么意思。在每一个发达国家中，大多数社会任务都是在这样或那样的组织中完成的，并且是由这些组织完成的。然而，在第二次世界大战结束前，在美国或任何其他地方都没有人谈到过"组织"。在1950年版的《简明牛津词典》(*The Concise Oxford Dictionary*）中，这个词的含义与今天的含义是不同的。只有在第二次世界大战后，随着管理学的出现，即我所称的"管理革命"，我们才发现组织独立于社会的其他机构，并且与它们截然不同。

组织与社区、社会和家庭不同，组织是被有目的地设计出来的，而且始终是专业化的。社区与社会的范围是由将其成员集合在一起的纽带决定的，无论这种纽带是语言、文化、历史，还是地点。组织是由其任务决定的。交响乐团不会尝试去治病，它负责演奏。医院负责照顾病人，但不会尝试演奏贝多芬的乐曲。

实际上，组织只有将注意力集中在某项任务上，它才能发挥出效率。任务的多样性会摧毁组织发挥其作用的能力，无论组织是企业，还是工会、学校、医院、社区服务机构或教堂。社会和社区必须是多元的，它们是环境。组织是一种工具。与任何其他工具一样，组织越专业化，组织执行特定任务的能力就越强。

由于现代组织是由专家组成的，每一个专家的专业领域是有限的，因此组织的使命必须是一清二楚的。组织必须一心一意，否则组织的成员就会感到困惑。他们宁愿从事自己的专业工作，也不愿意在执行组织的共同任务的同时发挥自己的专长。他们每个人都按他们自己的专业来定义"成果"，并将自己专业的价值观强加给组织。组织只有在有侧重点和共同的使命的指导下，才能团结在一起，才能发挥作用。如果没有这样的使命，组织很快就会丧失信誉，并因此丧失吸引组织完成任务所需人才的能力。

对于管理者来说，忘记他们始终是自愿加入组织的这一事实实在是太容易了。事实上，他们可能没有多少选择。但是，即使在强迫人们成为组织成员的地方，人们总是小心翼翼地坚持根本不存在的自愿选择。

同样，离开组织可能是非常困难的，例如在黑手党或日本的大公司中。但是，离开组织始终是可能做到的。组织越具有知识工作者的组织的特性，人们离开组织到别的地方去就越容易。因此，与组织竞争的总是组织最迫切需要的资源，即合格的、掌握知识的人。

所有组织现在经常把"人是我们最重要的资产"这句话挂在嘴边。然而，说到做到的组织非常之少，真的这么认为的组织就更少了。大多数组织的观点仍旧与 19 世纪的雇主的观点一样，虽然他们可能不是有意识的。他们认为：与其说我们需要雇员，不如说雇员需要我们。事实上，组织必须重视推销成员资格，就如同他们推销产品和服务一样，而且对前者的重视程度可能要超过后者。他们必须吸引人、留住人、认可和奖励人、激励人、为人服务并满足人的需求。

知识工作者与组织的关系显然是一个新现象，我们还没有一个合适的词来形容它。例如，雇员的定义是因工作而获得报酬的人。然而，在美国有数百万人每周为这个或那个非营利组织无偿工作几个小时，他们是人数最多的一类"雇员"。他们无疑是"工作人员"，而且他们也是这么认为的，但是他们是不领薪水的志愿者。许多作为"雇员"工作的人由于不是为其他人工作的，因此他们不具有任何法律意义上的被雇佣关系。50 或 60 年前，我们称这些人（许多都是受过教育的专业人员）是独立的人；现在，我们认为他们是"自由职业者"。

这些差异几乎存在于每一种语言中，并让我们认识到我们为什么需要新的词语来描述新的现实。但是在这种词语出现前，对后资本主义社会的雇员的最佳定义可能是：需要通过与组织接触才有能力做出贡献的人。

这个新定义对居于从属地位和从事低层次工作的雇员来说意义不大，包括在超市工作的售货员、在医院工作的清洁女工和货车司机等。实际上，他们的地位可能与工薪阶层或以前的"工人"的地位没有什么不同，他们是由后者直接演变过来的。事实上，这正好是现代社会面临的主要社会问题之一。

但是，知识工作者在所有雇员中的比例已经至少达到1/3，而且更有可能达到2/5，组织与他们的关系就像组织与志愿者的关系一样都是根本不同的关系。因为有了组织，他们才能发挥作用，因此他们也是依赖于组织的。但同时，他们拥有"生产资料"，即他们拥有知识。在这个方面，他们并不依赖于组织而且流动性非常强。

知识工作者仍旧需要生产工具。事实上，在掌握知识的雇员使用的工具上的资本投资，可能已经超过了以往在制造工人使用的工具上的资本投资（而且，社会投资也是如此，例如知识工作者的教育投资是体力劳动者的许多倍）。但是，除非知识工作者利用他们掌握的且不能被剥夺的知识收回这种资本投资，否则这种投资是没有效果的。对于在工厂操作机器的工人，别人告诉他们怎么做，他们就怎么做。知识不仅决定做什么，而且还决定怎么做。掌握知识的雇员可能非常需要一台机器，无论是计算机、超声波分析仪，还是望远镜。但是，机器无法告诉知识工作者做什么，更不用说怎么做了。没有这种被雇员掌握的知识，机器是没法工作的。

此外，操作机器的工人与历史上的所有工人一样，他们按照别人吩咐的工作内容、方法和进度干活。知识工作者是无法有效地监督管理的。除非他们比组织中的任何其他人更了解他们的专长，否则他们基本上是没有用处的。市场营销管理者可能会告诉市场调研人员，在新产品的设计及其所处的细分市场等方面，公司需要掌握什么样的信息。但是，市场调研人员的职责却是让公司的董事长知道公司需要什么样的市场调研、如何设计市场调研和调研结果具有什么样的意义。

20世纪80年代，美国企业在经历了重组后伤痕累累，数以千计的、掌握知识的雇员失业下岗。他们的公司被收购、合并、分割或清算。然而在几个月内，大多数人都找到了新的工作，他们在工作中也能利用所掌握的知识。过渡期是痛苦的，而且大约有一半的人在新的岗位上的工资不及原来的工作，可能也没有以前那样舒服。但是，下岗的技术人员、专业人员和管理者发现他们掌握"资本"，即知识，他们拥有生产资料。别人，即组织，拥有生产工具。双方是相互需要的。

这种新的关系的结果是，工资再也不能换来雇员对企业的忠心，这也是现代社会的另一种新的紧张关系。要赢得掌握知识的雇员的忠心，组织必须向他们证明，组织可以向他们提供不同寻常的机会，使他们能够学以致用。不久之前，我们谈论的是"劳动力"。我们现在谈论越来越多的是"人力资源"。这种变革使我们认识到，在很大程度上决定我们能为组织做出什么样的贡献，以及我们所掌握的知识将产生出多大效益的是个人，特别是掌握技术和知识的雇员。

由于现代组织是由掌握知识的专家构成的，因此组织必须是平等的组织，是由同事和伙伴组成的组织。在知识上不存在级别高低的问题；对每一个人的评价都是以对共同任务的贡献大小为基础，而不是以任何内在的上下级为基础。因此，现代组织不能是由老板和下属构成的组织。它必须成为一个有机的团队。

团队的形式只有3种。一种是网球双打型团队。这种团队必须是小型团队。在团队中，每一个成员必须适应其他成员的个性、技能和优缺点。另一种团队是足球队型团队。每一个成员都有固定的位置；但是整个团队要共同行动，同时每一个成员要保持位置相对不变。最后是棒球型团队或乐团型团队，其中所有成员的位置固定不变。

在任何特定的时候，组织只能参与一种游戏。它只能采用一种团队执行任何特定的任务。在组织存在的期限内，选择要采用的团队或要参与的游戏是危险最大的决策之一。在组织中，从一种团队转变成另一种团队是最困难的，其他任务几乎都不能与之相提并论。

过去，美国工业都采用棒球队型团队生产新产品或新款式。研究部门负责研究，然后交给工程部门。工程部门负责工程设计，然后交给制造部门。制造部门负责制造，然后交给市场营销部门。会计部门通常在制造阶段参与进来。人事部门通常只在出现真正的危机时才参与进来，而且即使有真正的危机，他们常常也不会介入。

后来，日本人将他们开发新产品的模式改造成足球队型团队。在这种团队中，每一个职能部门各司其职，但从一开始，他们就相互配合。他们随任务的变化而移动，也就是像足球队员随着球的移动而移动一样。日本企业至少用了 15 年的时间才学会如何发挥这种团队的优势。但是，一旦他们掌握了这种新概念，他们就将开发的时间缩短了 2/3。过去他们开发出一款新车型需要 5 年，现在丰田、日产和本田（Honda）只需要 18 个月就可以了。这种团队与他们的质量控制方法一样，帮助日本企业横扫美国和欧洲的汽车市场。

美国的一些制造企业通过对比日本模式，费了九牛二虎之力才了解了自己的开发工作。例如，福特汽车公司从 20 世纪 80 年代初开始改进自己的开发工作。10 年以后，即 20 世纪 90 年代初，福特取得了相当大的进步，但仍不足以赶上日本企业。改变一个团队需要抛弃，这可能是最困难的学习过程。它要求我们放弃通过艰辛努力才掌握的技能、一生的习惯、在技术和职业道德上十分珍惜的价值标准，它要求我们放弃原有的和宝贵的人际关系，这可能是最困难的。这意味着放弃人们一直以来对"我们的社区"或"我们的家庭"的认识。

但是，如果组织要执行任务，组织就必须成为一个有机的团队。当现代组织在19世纪末首次出现时，军队是唯一的模型。对于1870年的世界来说，普鲁士（Prussian）军队简直就是一个奇迹般的组织，而对于1920年的世界来说，亨利·福特（Henry Ford）的生产流水线同样也是一个奇迹般的组织。在1870年的军队中，每一个成员所做的差不多是相同的事情，掌握任何知识的人在数量上接近于零。军队实行的是命令与控制的组织机制，商业企业与大多数其他机构复制了这个模式。现在，这种模式正在迅速发生变化。由于越来越多的组织是以信息为基础的，因此他们正在转变为足球队或网球双打型团队，即以责任为基础的组织，其中每一个成员必须成为负责任的决策者。换句话说，所有成员必须认为自己是"管理者"。

即便如此，组织也必须有人管理。一种管理方式是间断的和例行公事的管理，例如美国郊区学校的家长老师协会的管理方式。或者，另一种管理方式是由相当多的一群人负责管理，他们做的是全职工作，而且做起来一点也不轻松，如军队、商业企业、工会和大学的管理方式。但是，组织必须有人负责决策，否则一事无成。组织必须有人对组织的使命、精神、绩效和成果负责。社会、社区和家庭可能有"领导"，但是只有组织拥有"管理人员"。虽然这个管理人员必须拥有相当大的权力，但在现代组织中，他的工作不是发号施令，而是激励。

在人类历史上，组织社会是史无前例的。由于作为社会的组成部分的组织是高度专业化的、为完成某一种特定任务而设计出的工具，而且每一个组织都以知识的有机构成和运用为基础，因此在发挥作用的能力上，这个社会是史无前例的。在社会的结构上，它是史无前例的。但是，在紧张关系和问题上，它也是史无前例的。并不是所有的紧张关系和问题都那么严重。事实上，我们已经知道如何解决其中的一些问题，如社会责任问题。但是，在其他领域，我们还没有找到正确的答案，我们甚至可能还没有提出正确的问题。

例如，在社区保持连续性和稳定性的需要与组织进行创新和破坏稳定的需要之间存在着紧张对立关系。"知识分子"与"管理者"分道扬镳。他们都是不可或缺的：前者创造知识，后者利用知识，并使之发挥出生产力。但是，前者侧重于文字和思想，后者侧重于人、工作和绩效。组织社会的真正基础是知识库，它正在受到威胁，这种威胁来源于不断增强的专业化，来源于由单一的知识转化为多样化的知识的过程。但是，最大和最困难的挑战来源于组织社会最新出现的多元化现象。

600多年以来，任何社会都不像我们现在生活的社会那样存在许多权力中心。中世纪的确存在多元化。社会是由数百个相互竞争和拥有自治权的权力中心构成的：封建贵族和爵士、被免除职位的主教、拥有自治权的修道院、"独立的"城市。在有些地方，如奥地利的蒂罗尔（Tyrol）甚至有"自由"的农民，除了国王以外，他们不属于任何人。还有独立的同业工会和跨国的贸易联盟，如汉萨商人同盟（Hanseatic Merchant）和佛罗伦萨的商业银行家，有收费和收税的官员，有拥有立法权和收税权的地方"议会"，有可供雇用的私人军队，如此等等，不胜枚举。

欧洲的近现代史与日本的近现代史一样，都是一个中央权力机构征服所有相互竞争的权力中心的历史，这个中央权力机构一开始称为"君主"，后来称作"国家"。到了19世纪中期，每一个发达国家都采取了一元化的国家体制，但美国不在此列，它的宗教与教育组织仍旧实行的是实实在在的多元化体制。实际上，近600年以来，废除多元化体制一直是"进步"的事业。

但是，恰恰是在一元化的国家体制似乎取得十拿九稳的胜利时，第一个新型的组织崛起了，即大型商业企业（当然，这种事情总是在人们宣布"告别过去"时冒了出来）。此后，新型组织一个接一个地涌现出来。像大学这样早已存在的组织再一次拥有了自主权，而此前在欧洲，中央政府似乎一直牢牢地控制着大学。颇具讽刺意味的是，20世纪的极权主义，试图最后一次孤注一掷地挽回古老、进步的信念，他们认为社会只存在一个权力中心和一种组织，而不是由相互竞争和独立的组织构成的多元化社会。

众所周知，这种尝试以失败告终。但是，中央集权论的失败没有在本质上和自然而然地解决多元化社会带来的问题。为了说明这个问题，说一个许多人都听说过的故事，更准确地说，是道听途说的故事。

在查尔斯·威尔逊（Charles E. Wilson）的一生中，他是美国的风云人物，先是担任通用汽车公司的董事长和首席执行官，该公司是当时世界上最大和最成功的制造企业。后来，在艾森豪威尔（Eisenhower）担任总统期间，他出任国防部长。但是，如果说今天的人能完全记住威尔逊的话，这要归功于他从未说过的话："对通用汽车有利的，也对美国有利。"1953年，威尔逊在国防部工作调查听证会上实际说的是："对美国有利的，也对通用汽车有利。"

威尔逊试图在他的余生中扭转他的话被错误引用的局面。但是，没有人听他的。每一个人都反驳说："如果他没有这么说过，他肯定也是这么认为的，事实上他应该这么认为。"前面已经说过，无论是企业、大学、医院，还是童子军，组织的管理者必须坚信组织的使命与任务就是社会最重要的使命与任务，以及所有其他事情的基础。如果他们不是这么认为的，他们的组织很快就会对自己失去信心，并丧失自信、自尊和发挥作用的能力。

由于我们自工业革命后，特别是在最近50年中发展出来的组织具有专业化和任务单一的特点，因此只有多样性成为发达社会的典型特性，并为社会提供强大的支持力量，这样的多样性才是可以接受的。但是，组织之所以能够发挥自己的作用，是因为每一个组织都是独立的，都是专业化的，其拥有的信息只是由自己有限的使命、视野和价值观决定的，而不是由社会和社区考虑的任何因素决定的，这就是这个社会的特点。

因此，我们回到了多元化社会的那个从未解决过的老问题：谁对共同利益负责？谁负责定义共同利益？谁负责平衡社会机构持有的不同且常常发生冲突的目标与价值观？谁负责做出折中的决策？这种决策应该以什么为基础？

  中世纪的封建制度之所以被一元化的主权国家所取代，恰恰是因为它不能回答这些问题。但是现在，由于一元化的主权国家既不能满足社会的需要，又不能执行社区必需的任务，因此它本身已经被新的多元化社会所取代，后者是职能上的多元化，而不是政治权力上的多元化。我们现在面临的挑战是，促使由独立的和以知识为基础的组织构成的多元化社会，朝着有利于经济表现和政治与社会凝聚力的方向发展。

（1992年）

CHAPTER 8 | 第 8 章

三种团队

"团队建设"已经成为美国企业界的时髦词汇,但效果不太明显。

福特汽车公司在10年前组建了设计新车型的团队。它现在面临"严重的问题",而且福特与日本竞争对手在开发时间上的差距几乎没有缩小。通用汽车生产土星(Saturn)牌汽车的部门准备在其"面向未来的工厂"中用团队式的协作替代传统的生产线。但是,这个工厂出现了倒退迹象,底特律式的生产线又死灰复燃。几年前,宝洁公司(Procter and Gamble)大吹大擂地启动了团队建设项目。现在,在新产品的开发和销售上,宝洁公司又回到了个人负责制。

这些企业的管理者几乎都坚信团队的类型只有一种,这种信念就是导致这些企业几乎失败的原因之一,可能也是主要原因。实际上,团队的类型有3种,每一种团队在结构上,团队要求其成员表现出的行为上,团队的优势、缺点、局限性和要求上都是不同的,最重要的是,每一种团队在可以做的事情上和应具有的用途上都是不同的。

第一种团队是棒球队型团队。做心脏手术的外科手术小组和亨利·福特的生产线都是棒球队型团队。底特律的汽车制造企业过去用来设计新款汽车的团队也是棒球队型团队。

棒球选手参加球队的比赛；他们不是作为一个团队比赛的。他们有固定的位置，他们从不离开这个位置。二垒手从不跑过去支援投手，就像麻醉师从不帮助外科护士一样。按棒球界的老话说："轮到你击球时，你完全是孤独的。"在传统的底特律式设计团队中，市场营销人员很少去找设计师，从来不向他们咨询。设计师完成设计后，将设计交给开发工程师；开发工程师完成开发后，将开发的结果交给制造部门；制造部门生产出产品后，将产品交给市场营销部门。

第二种团队是足球队型团队。医院的医疗部门集合在一起抢救一名早上3点钟陷入休克的病人，他们是足球队型团队。日本汽车制造企业的设计团队也是足球队型团队。足球队中的队员与棒球队的队员一样都有固定的位置。但是，在足球队中，队员是作为一个团队来踢球的。日本汽车制造企业的设计团队就是足球队型团队，而底特律的汽车制造企业与宝洁公司匆忙效仿的正是日本人的模式。按工程师的话说，设计、工程、制造和市场营销等部门的人在工作关系上是"平行的"。底特律的汽车制造企业采取的传统团队在工作关系上是"按顺序排列的"。

第三种团队是网球双打型团队，通用汽车生产土星牌汽车的部门的管理层，就希望用这种团队替代传统的生产线。这种团队也是小型爵士乐队采取的团队，也是大公司采取的团队形式，其中的成员包括高级管理者，他们是"总裁办公室"的成员，或者，这种团队也最有可能创造出名副其实的创新成果，如15年前的个人计算机。

在网球双打型团队中，成员有主要工作，但位置不是固定的。人们希望他们能"弥补"队友的"漏洞"，根据队友的优缺点和不断变化的"比赛"

需要进行调整。

近来,企业的管理者和管理书籍在理论上或在实践上很吝啬他们对棒球队型团队的好评。人们甚至无法认识到这种团队竟然也是团队。但是,这种团队具有巨大的优势。每一个成员都是可以单独评估的,每一个成员都可以拥有清晰和具体的目标,都可以各司其职,都可以有考察的标准——就像一个真正的棒球迷可以如数家珍地说出棒球历史上每一位棒球选手的统计数字一样。每一个成员都可以根据个人的最大优势选择培训和发展的方式。由于团队的成员不必根据团队中的任何其他人调整自己,因此每一个位置上的人选都可以是"明星",无论他们每一个人多么容易冲动,嫉妒心有多么强,多么想成为焦点人物。

但是,棒球队型团队不具有灵活性。如果团队打了许多场比赛,而且每一个人都完全了解行动的顺序,那么这种团队就能发挥出很好的作用。这就是这种团队为什么适合过去的底特律汽车制造企业的原因。

20年前,需要或希望在汽车的设计上做到快速和灵活成为底特律的汽车制造企业的奢望。传统的大规模生产模式要求大批量生产,同时将变化的程度控制在最低限度内。由于"车况良好的二手车"(出厂不足3年的汽车)的转手价格是吸引客户购买新车的关键性因素,因此推出新设计的车型(会使旧车贬值)的时间间隔超过5年就成为他们的严重失误。销售额和市场份额几度急剧下滑,而此时,克莱斯勒公司却过早地推出了一款新设计的、性能优异的车型。

日本人并没有发明"灵活的大规模生产"模式。IBM可能是第一个采用这种方式的企业,时间大约是1960年。但是,当日本的汽车工业采用它时,这种生产模式令日本的企业在保留已经取得成功的旧车型的同时,可以并行地推出新车型。在当时,棒球队型团队实际上已经不是底特律的汽车制造企业和采用大规模生产方式的整个汽车工业的正确选择。设计流程因而需要重组为足球队型团队。

足球队型团队的确具有底特律的汽车制造企业现在所需的灵活性。但是，这种团队的要求比棒球队型团队的要求严格得多。它需要"得分"，例如场上的队员按照教练的手势做动作。日本企业在开始设计新车型或新的消费类电子产品时使用的技术规范，在款式、技术、性能、重量和价格等方面比底特律的汽车制造企业习惯采用的技术规范严格得多，详细得多。在严格遵守这些技术规范方面，他们做得要好得多。

在传统的"棒球队型"设计团队中，包括工程、制造和市场营销在内的每一个位置都是按自己的方式工作的。足球队就不存在这样的随意性。教练的话是必须遵守的。队员只能寄希望于这一个老板给他们发号施令、颁发奖金、评定分数和得到晋升机会。

参与日本设计团队的工程师个人隶属于公司工程部门。但是，他也是设计团队的一员，他之所以加入设计团队，不是因为总工程师派他去的，而是设计团队的领导要求他参与设计的。他可以与工程部协商和征求工程部的意见。但是，给他下命令的是设计团队的领导，后者也要考核他的绩效。如果这些团队中有明星人物，只有在团队的领导委托他们"演奏独奏曲"时，他们才能体现出明星的特征。否则，他们要服从团队的命令。

网球双打型团队的要求甚至更为严格——通用汽车生产土星牌汽车的部门就希望在其采用"灵活制造模式"的工厂中运用这种团队，而且一个灵活的工厂的确需要这种团队。这种团队的规模必须非常小，最多只能有5～7个成员。团队的成员在完全发挥出团队的作用前，他们必须利用一段时间共同培训和共同工作。整个团队必须有一个明确的目标，但在成员个人的工作和绩效上需要体现出相当大的灵活性。在这种团队中，"成绩"只属于团队；成员个人负责"奉献"。

这3种团队都是真正的团队。但是，由于它们在各自所要求的行为上、在各自最擅长做的事情上和在各自根本就做不到的事情上存在着差异，因此并不能混在一起使用。一种团队只能有一种工作方式。从一种团队转变为另一种团队是非常困难的。

渐进式的变革不起作用。即使可能会造成破坏，我们也必须彻底与过去决裂。这意味着人们不能既受原来的老板的领导，又受新的教练或团队领导的管理。他们的奖金、工资、考核和晋升都要取决于他们在新的团队中以新的角色创造出的绩效。但是，这种做法不太受欢迎，以至于人们总是非常容易妥协。

例如，在福特公司，财务人员受财务部门管理，并向财务部门汇报，而不是向新成立的设计团队汇报。通用汽车生产土星牌汽车的部门试图保留传统领导的权力，如一线主管和车间主任，没有将决策权交给工作小组。然而，这就像与同一个人在同一个场地上同时打棒球和网球双打比赛。最后的结果只能是以失败告终。宝洁公司似乎也遭遇到了类似的混乱局面。

换句话说，团队是工具。因此，每一个团队组合都有自己的用途、特点、要求和局限性。没有"令人满意"的团队合作，也没有"理想"的团队协作，这是事实。无论人们在什么地方一起工作或一起比赛，他们都是作为一个团队来工作或比赛的。选择哪一种团队做什么事情是一项关键性的、困难的和危险的决策，改变这种决策甚至更困难。然而，管理层必须学会如何做出这种决策。

（1992 年）

第 9 章 | CHAPTER 9
零售业的信息革命

1993 年我去了一次欧洲,所到之处(英国、法国、德国、意大利、比利时、奥地利和瑞士),同样的悲观之声不绝于耳:在制造和金融领域,欧洲经济的统一进程停滞不前。但是在零售业,经济的统一进程在整个欧洲疾速推进,这是任何人都没有预料到的。

10 年前,廉价食品零售商阿尔迪公司(Aldi)的经营范围仍旧只限于德国境内;现在,它拥有 3300 家商店,遍布欧洲 7 个国家。德国、法国和丹麦的其他廉价食品零售商也在以类似的速度把经营范围扩张到整个欧洲,从南部的西班牙到北部的挪威。瑞典的宜家公司(Ikea)现在牢牢控制住西欧的家具业务,并正在向东欧进军。意大利的贝纳通(Benetton,妇女时尚服装)和英国的美体小铺(Body Shop,化妆品)在一个又一个的欧洲国家先后占据市场领先地位。

零售业的国际化绝不是欧洲的专利。日本的零售企业,包括食品和非食品零售商,正在迅速地在中国扩展业务。宜家和贝纳通在美国的市场渗透率与它们在欧洲的市场渗透率几乎一样。美国的沃尔玛（Wal-Mart）准备靠旗下的山姆会员店（Sam's Clubs）进入墨西哥，而反斗城（Toys"R"Us）也正在大张旗鼓地打入日本市场。

大多数早期的零售商在进入其他国家的市场时，他们都是在"东道国"零售商的成功经验的基础上稍加改进。其中包括西尔斯公司或德国的廷格尔曼（Tengelmann）和荷兰的阿霍德（Ahold），前者于20世纪50年代在拉丁美洲按照西尔斯的传统方式开设商店，后两者于20世纪70年代和80年代初在美国收购了具有一定规模的连锁超市。但是，新型跨国公司都是革命派，它们拒绝接受大多数零售商仍旧视为金科玉律的假设。

在过去半个世纪中，"购物中心"几乎成为"成功的零售模式"的同义词。而且，越大越好。但是，新型零售商回避了购物中心。他们筹建独立的商店或发展只拥有少量店铺的"迷你型商场"。一家廉价商品零售商是欧洲发展最快的零售商之一，它的一位高级管理者对我说："购物中心就像一个无名无姓的停车场，个性化的商店都被其埋没。"而且，新型零售商的目标直指鲜明的个性和明确的市场真空地带。

新型零售商很少提到"流程的重新设计"，对于它们来说，这个词听起来过多地体现出制造业的特点。但是它们却不断地重新设计经营方式。实际上，许多零售商都在重新认识整个业务。

例如，沃尔玛的成功在很大程度上要归功于其对零售业务的重新认识，沃尔玛认为零售不是销售活动的移动，而是商品的流动。这种认识促使沃尔玛在有关客户购买行为的"实时"信息的基础上，整合整个业务流程——从制造企业的生产机器一直到销售网点。沃尔玛因而把传统零售业需要的仓库数量减少了3层，成本整整降低了1/3。但是，沃尔玛的商品种类仍旧琳琅满目，似乎并未减少。

阿尔迪公司也是按照同样的方式重新设计经营方式。但是，它却将商品种类减少到 600 种，该公司在调查研究后发现，这些商品都是每户家庭经常购买的品种。每一件商品都是阿尔迪亲自设计的，在生产过程中要符合它的规格要求，并贴上它的商标销售。因此，按每平方英尺⊖的货架面积计算，它的销售额翻了一番或两番，而每平方英尺的货架面积是反映出零售商的资金和成本的基本指标。

德国的另一个提供超低折扣商品的零售商斯帕公司（Spar）走得更远。它准备只销售 200 种每户家庭每周都要购买的商品。欧洲另一个发展迅速的零售商将按照不同的方式运用同样的原则。它的超低折扣"会员制俱乐部"将只出售 200 种特殊场合需要使用的商品，如生日聚会、婚礼、周年纪念等，它绝对不销售人们定期或经常购买的商品。

由于宜家认识到，在家具成品的成本中，最后的组装就占了一半。如果零配件在设计上能做到细致入微，说明书做到一清二楚，那么甚至对机械一窍不通的人也能完成最后的组装。

零售业的每一个人都认为"服务"是成功的关键，对于生存来说不一定非常重要。新型零售商也是这么认为的。但是他们的想法是不同的。

对于传统零售商来说，服务意味着由销售人员亲自照顾每一位顾客。但是，新型零售商雇用的销售人员非常少。对于他们来说，服务意味着顾客不需要销售人员，不必花时间寻找销售人员，不必询问也不必等待。它意味着当顾客进入商店时，他们知道商品的位置、商品的颜色、尺寸和价格。它意味着提供信息。

但是，对于新型零售商来说，服务还意味着一旦顾客购买完商品，他们能尽快离开商店。欧洲的一个提供超低折扣商品的零售商正在研究一种取消收款台的技术。当顾客决定购买某种商品时，她就会把信用卡插入货架上的插口，她要购买多少同样的商品，她就需要插多少次卡。商店不提供购物

⊖　1 平方英尺＝0.093 平方米。

车。在她准备离开时，她购买的商品都已包装完毕，就等她取了。她需要做的只是查验商品和在预先准备好的信用卡凭单上签字。

麦当劳（McDonald's）是新型零售商的鼻祖，也是最成功和最国际化的新型零售商。它的创始人雷·克洛克（Ray Kroc）有一句话说得好："一个有两个小孩的母亲到我们店里来不是因为我们的汉堡是美味佳肴。她来是因为我们有干净的卫生间。"人们经常认为这种想法纯粹属于异想天开。但是，它应该反映出一种全新的"购物"理念。顾客或至少许多顾客想要的并非享受型购物，而是无痛苦的购物。

零售店是在17世纪末出现的，首先是日本，然后是西欧。从一开始，零售店就是以三条假设为基础的：购物让顾客，特别是让家庭妇女可能唯一有机会有一点选择、做出一点决策、可以说一点话和有一点权力。其次，它让家庭妇女唯一有机会从单调乏味的日常琐事中解脱出来，德国人称这些日常琐事为3K（孩子、教堂和厨房）。最后，零售店让人们能够接触到外界社会，否则她们只能站在后院的篱笆墙边或在集体缝纫活动中通过与别人闲扯才能获得信息。

在过去的300年中，零售店当然也历经了数次变革。但是，传统的零售商，包括百货公司、购物中心、五金商店、超市和鞋店等，基本上仍旧秉承传统的假设，虽然只是在潜意识上。

然而，新型零售商拒绝接受这些假设。他们的典型顾客都从事有收入的工作，虽然未必以此为终生的事业。她有许多选择和决定的机会，其中的大多数决定都比晚饭做什么吃的更有趣。即使她从不走出家门，她也可以通过电话和电视屏幕有无限的机会来了解外部世界。对她来说，购物不再有满足感。购物是烦琐的事情。

在20世纪初取得成功的百货公司，如今在世界各地都每况愈下。在过去半个世纪取得成功的购物中心和超市最多也是坚守自己的地盘。新型零售商在迅速扩展。尽管如此，有迹象表明它们的成功也可能只是昙花一现。

零售商现在正在讨论通过交互式电视实现的"无店铺式购物"。他们讨论的还有"虚拟现实"，即坐在自家客厅里的顾客通过计算机屏幕"逛"模拟的购物中心，"试穿"一件罩衫，并通过按几个按钮订购商品。

实现所有这些活动的技术已经诞生，而且价格越来越便宜。相当多的迹象表明，大量顾客已经能够接受这种购物方式。在所有发达国家，通过邮购目录实现的销售额大幅攀升，这种销售方式是一种没有店铺和"没有技术含量"的购物方式。例如，美国已经通过有线电视实现的直销方式成功地销售人造珠宝；在一些富裕的城市近郊，交互式电视还被用于销售加热即可食用的"美味佳肴"。在越来越多的美容院，女士们通过电视监视器"尝试"和"改变"不同的发型，决定哪种发型最适合她们。

无店铺式的购物因此不再是科学幻想。但是，它仍旧是一项冒险性事业（而且存在许多骗局）。但是，即使没有任何新技术出现，零售业也已经发生了变革。这种变革对广告、生活消费品的制造企业和经济结构的影响是深远的。应该立刻有所行动的不是制造业或金融业，而是零售业。

（1993 年）

CHAPTER 10 | 第10章

不做数据的文盲；掌握该掌握的内容

管理者已经能熟练使用计算机。特别是比较年轻的管理者，他们对计算机的工作方式的认识超过了对汽车或电话结构的了解。但是，许多管理者还是信息盲。他们知道如何获得数据。但是，大多数人仍旧需要学会如何利用数据。

管理者几乎还不知道如何问以下问题："我在工作时需要什么样的信息？我什么时候需要？以什么形式？我应该向谁要这些信息？"问以下问题的人就更少了："在获得所有这些数据后，我可以处理哪些新任务？我应该放弃哪些旧任务？我应该采用不同的方式执行哪些任务？"实际上没有人问以下问题："我应该有义务提供哪些信息？向谁提供？什么时候？以什么样的方式？"

无论"数据库"在内容上有多么丰富，它都不是信息。它只是富含信息的矿石。要让原材料转变成信息，我们必须针对某项任务对它进行整理，让它直接服务于特定绩效的实现，并在决策过程中加以运用。原材料无法自己做到。信息专家也无法做到。它们可以吸引它们的客户，即使用数据的人。他们可以提供建议、证明它们的正确性并传授知识。但是，它们不能为用户管理数据，就像人事部门不能越俎代庖地管理与管理者共事的人一样。

信息专家是工具的制造者。无论是管理者，还是专业人员，他们都是使用数据的人，他们决定要使用什么样的信息、信息的用途和使用的方式。他们必须让自己掌握信息。在管理者精通计算机后，这就是信息用户面临的第一个挑战。

但是，组织也必须掌握信息，也需要学会问以下问题："我们在这家公司中需要什么样的信息？我们什么时候需要？以什么形式？我们到哪里获得这些信息？"迄今为止，问这些问题的主要是军队中的人士，而且甚至在军队中，这些问题都涉及战术性的日常决定。在企业界，问这些问题的只是少数跨国公司［其中主要是英国与荷兰合资的联合利华（Unilever）］、几家石油公司［如壳牌（Shell）］和日本的大型贸易公司。

这些问题一经提出，就说明企业即使能完全获得其最依赖的信息，这些信息也只是简单而杂乱无章的。企业在决策时，特别是在做出战略决策时，它们最需要的数据来源于企业外部。成果、机会和威胁只存在于企业外部。

迄今为止，在大多数公司的信息系统和决策程序中利用的、唯一来自外部的数据是日常的市场数据：现有顾客购买的产品、地点和方式。对于非顾客，试图获得这方面信息的企业几乎没有，更不用说在数据库中加入这种信息的企业了。然而，无论企业在本行业或自己的市场中有多强大，非顾客在数量上几乎总是超过顾客的数量。

美国的百货公司拥有众多的顾客，可能占中产阶级市场的30%，而且它们对其顾客的了解远远胜于任何其他行业。然而，它们没有注意到占70%的非顾客，这在很大程度上是它们今天陷入重重危机的原因。这些非顾客越来越多的包括年轻、富裕和夫妇双方都有工作收入的家庭，这些家庭是20

世纪 80 年代保持增长势头的市场。

商业银行的所有大量的统计数字都与它们的顾客有关，直到最近以前，它们同样没有认识到越来越多的潜在顾客已经不是它们的顾客。许多潜在顾客选择商业票据为自己筹措资金，他们不再选择向银行借款。

至于非市场信息，包括人口状况、实际和潜在竞争对手的行为和计划、技术、经济情况、预示着外汇波动即将来临的变化和资本的流动等，企业根本就得不到这些方面的数据，抑或得到的只是最广义的一般性数据。很少有人尝试着仔细思考这种信息对企业决策的影响。如何获得这些数据、如何检验它们的正确性、如何让它们融入现有的信息系统，使之在企业的决策过程中发挥有效的作用是信息用户今天面临的第二大挑战。

我们需要立刻解决这个问题。今天，企业的决策要么依赖于内部数据，例如成本，要么依靠未经检验的、有关外部的假设。在上述任何一种情况下，它们都是企图一条腿走路。

最后，在新出现的挑战中，最困难的是：我们必须把企业现在同时运行的两套信息系统合并在一起，它们是基于计算机的数据处理和会计系统。我们至少必须让这两套系统能够和谐共处。

人们通常认为会计属于"财务"上的事情。但是，这只说对了一部分，700 年前，会计处理的是资产、负债和现金流量；这些只是现代会计的一小部分。会计的大多数工作涉及经营活动，而不是财务活动，而且对于经营会计来说，金钱只是反映非货币事件的符号和语言。实际上，在将财务会计转变为经营会计的改革浪潮中，会计的根基被彻底地动摇了。

在会计学领域出现了新的"事务"会计，它试图显示出经营活动与预期的经营成果之间的关系。人们还试图用未来预期回报的预测值取代历史成本来反映资产的价值。在管理领域，会计已经成为最大的智力挑战和最难以驾驭的挑战。所有这些新的会计理论，其目的都是将会计数据转化为信息，供管理层决策使用。换句话说，它们与基于计算机的数据处理系统拥有共同的目标。

今天，这两套信息系统在操作上处于各自为政的状态。通常，它们甚至都不会发生冲突。在商学院，我们分别开设会计系和计算机科学系，分别授予不同的学位。

从事这些工作的人拥有不同的背景、不同的价值观和不同的职业发展道路。他们在不同的部门工作，受不同的上司管理。负责计算机数据处理业务的是"首席信息官"，通常具有计算机技术背景。管理会计事务的一般是"首席财务官"，他们常常具有为企业融资和理财的背景。换句话说，任何上司通常都不重视信息。

这两套系统日趋交织在一起。它们就同一事件提供的数据还越来越显得相互矛盾或至少互不相容，这是因为它们从不同的角度处理同一个事件。迄今为止，这种状况并没有造成太大的混乱。公司往往重会计数据，轻信息系统数据，至少在最高管理层决策的过程中是这样的。但是，随着熟练使用计算机的管理者进入决策岗位，这种重会计轻信息系统的局面正在发生变化。

我认为可能性非常高的一个发展趋势是：理财，即我们现在所谓的"财务工作"，将从会计工作（即会计的信息部分）中脱离出来，并将拥有不同的机构、人员和管理方式。我们很容易掌握如何以不同的方式管理这两套信息系统。但是，我们可以预测，在今后10年中，我们将把这两套系统整合在一起，或者至少解决哪个系统做哪些事情的问题。

计算机方面的人员仍旧关心的是更快的速度和更大的内存。但是，挑战将越来越不是技术领域的；相反，如何把数据转化为实际使用的有用信息将是我们面临的挑战。

（1992年）

CHAPTER 11 | 第 11 章

我们需要的是衡量手段，而非计算

在过去的 50 年里，定量分析法受到了企业界和经济界的狂热追捧。会计师数量的增加速度与律师数量的增加速度可谓旗鼓相当。然而，我们还没有掌握我们所需的衡量手段。

我们的概念或我们的工具不足以控制经营活动或在管理层面上实施控制行为。同时，我们迄今为止没有掌握控制经营状况的概念或工具，即经济决策的概念或工具。然而，在过去的几年中，我们日益认识到我们需要这种衡量手段。在一个方面，即在操作层面上对制造活动的控制上，人们实际上已经做了一些需要做的工作。

已有 75 年历史的传统成本会计法不记录非生产性活动的成本，如次品的成本、发生故障的机器的成本或需要但手头没有的零配件的成本。然而，在一些工厂中，这些没有记录和没有受到控制的成本与传统会计方法所记录的成本一样高。反观过去的 10 年中出现的一种新的成本会计法，我们称之为"作业成本"的核算方法，它能够记录所有成本。同时，它可以显示出这些成本与增加值的关系，这是传统的成本会计法做不到的。在今后的10年中，它应该得到普遍应用。到那时，我们将可以在操作层面上控制制造活动。

但是，这种控制将只限于制造业。我们仍旧无法控制服务业的成本，如学校、银行、政府机构、医院、饭店、零售店、研究实验室、建筑企业等。我们知道某项服务有多少收入，支出了多少成本以及成本分布在什么项目上。但是，我们不知道这些支出与服务组织所做的工作或工作的成果有什么样的关系，这就是我们无法控制医院、大学和邮局的成本的原因之一。然而，在每一个发达国家，服务业的产值、就业机会和成本占总数的2/3～3/4。

几个大型银行刚刚开始利用成本会计法考察服务成本。虽然迄今为止，它们的成效有好有坏，但是我们发现了几件重要的事情。与制造业的成本会计法相比，服务业的成本会计法必须是由上到下的，首先要考虑整个系统在特定时期内的成本。服务工作的组织方式比制造工作的组织方式重要得多。质量和生产率对于制造业的产量成本来说是重要的，对于服务成本来说，它们同样重要。在大多数服务工作中，占用大量成本的不是个人或机器，而是团队。同时，在服务业中，关键的不是"成本"，而是"成本效率"。但是，这些仍只是开始而已。

即使我们掌握我们所需要的、衡量制造业和服务业的手段，我们也仍旧没有真正掌握操作层面上的控制手段。我们仍旧认为组织个体（包括制造企业、银行、医院等）是产生成本的中心。但是，关系重大的成本是整个经济过程的成本，制造企业、医院和银行只是这个经济链中的一个环节。最终顾客（或纳税人）所付出的代价和决定产品、服务、行业或经济体系是否有竞争力的因素就是整个经济过程的成本。在这些成本中，大部分成本都是"空隙成本"——发生在中间的成本，即供应商与制造企业之间的或制造企业与经销商之间的、双方都未记录的成本。

日本人的成本优势在相当大的程度上来源于他们在企业联盟中对这些成本的控制，而企业联盟是供应商与经销商围绕着一家制造企业而组成的"家庭"。他们通过将企业联盟看作一个成本流，创造了一些管理概念，如零配件的"准时"（JIT）交货。这种方法还有助于企业联盟选择他们能取得最大成本效率的经营活动。

分步成本计算模式涵盖从供应商工厂的机器到商店的收款台的整个过程，它也是沃尔玛异军突起的基础。最后的结果是，沃尔玛以前需要的大量仓库全都变得无用武之地，而且堆积如山的文件也消失得无影无踪，从而成本削减了1/3。但是，分步成本计算模式要求企业重新设计关系并改变习惯和行为。它要求使用相容的会计系统，而组织现在正对拥有自己独特的会计方法而感到自鸣得意。它要求选择的产品或服务必须是划算的，而不是最便宜的。它要求整个经济链共同确定谁负责做什么事情。

同样，在管理层面上实施有效的控制所需的变革也是彻底的。资产负债表的目的是告诉我们，如果企业今天被清算，企业大概值多少钱。预算的作用是保证钱只花在经过批准的地方。然而，管理层需要的资产负债表应能够显示出企业目前的经营状况与未来创造财富的能力之间的短期和长期关系。管理层需要的预算不仅能够显示出计划内的支出与未来的成果之间的关系，而且还能够提供追踪信息，即企业是否实际取得了要取得的成果。

迄今为止，我们掌握的只是支离破碎的信息，例如现金流量预测或资本投资计划分析等。然而，美国和欧洲的一些大型跨国公司现在第一次开始在"动态"资产负债表和"动态"预算中加入这些支离破碎的信息。

但是，我们最需要的是帮助我们控制经营状况的衡量手段，这却是完全匮乏的。财务会计、资产负债表、利润表、成本分配等相当于分析企业骨架的 X 光片。但是，像心脏病、癌症和帕金森病等最常致死的疾病，在显示骨架状况的 X 光片中无法原形毕露；市场地位的丧失或创新失败在造成损失前是不会在会计师的数据中反映出来的。

要有效地控制经营状况，我们需要新的衡量手段，即"企业审计"。我们需要衡量公司或行业发展状况，这种衡量手段类似于经济学家在过去半个世纪内提出的、预测经济可能的发展方向和持续时间的"先行指标"及"滞后指标"。包括一些规模非常大的养老基金在内的大型机构的投资者第一次利用这种概念和工具衡量其投资的公司的经营绩效。

这些只是开始。同时，这些领域迄今为止都是各自为政的。实际上，在一个领域工作的人，如养老基金，甚至可能不了解其他领域的工作。

我们可能需要许多年或几十年才能掌握我们在这些领域所需的衡量手段。但是，我们现在至少知道我们需要新的衡量手段，而且我们知道它们必须是什么样的衡量手段。我们正在从计算迈向衡量，尽管步伐比较缓慢，而且仍旧是摸着石头过河。

（1993 年）

CHAPTER 12 | 第 12 章

管理者今天需要的信息

新型数据处理工具是在三四十年前首次出现的,自那时起,企业家们对信息在组织中的重要性不是高估,就是低估。我们(包括我自己在内)都高估了计算机生成的"商业模型"的可能性,我们认为这种模型可以做决策,甚至可以管理企业的许多事情。同时,我们也完全低估了新的工具;我们认为它们是改进管理者在管理组织的过程中所做工作的手段。

人们不再谈论能够做经济决策的商业模型。我们的数据处理能力迄今为止做出的最大贡献甚至与管理无关。经营活动是最大的受益者,具体的形式包括计算机辅助设计或不可思议的软件,建筑师现在可以利用这些产品解决他们设计的建筑物存在的结构问题。

然而,恰恰在我们高估和低估新型工具的时候,我们没有认识到它们会彻底地改变我们要处理的任务。历史反复地告诉我们,概念和工具是相互依赖而又相互作用的。它们互相改变。我们称之为企业的概念与称之为信息的工具现在就是互相改变的。新工具使我们能够,实际上可能迫使我们,从不同的角度看待我们的企业，认为企业是：
- 资源的创造者，即可以将成本转化为收益的组织。
- 经济链中的一个环节，为了控制企业的成本，管理者需要把经济链看作一个整体。
- 创造财富的社会器官。
- 物质环境的创造者和被创造者，而物质环境位于组织的外部，组织的机会就来源于此，组织的成果又在此体现，同时物质环境还是威胁到每一家企业的成功与生存的因素的发源地。

本文探讨的是管理者为生成所需信息而要求使用的工具。它同时研究的概念是这些工具的基础。其中一些工具都已经存在很长时间了，但是它们很少关注企业管理这项任务。有些工具必须改头换面；如果保持现在的形式，它们将不再行之有效。对于一些有可能在将来发挥重要作用的工具来说，我们迄今为止只提出了最简单的要求。这些工具本身仍旧需要设计。

即使我们刚刚开始知道如何在使用的过程中让信息成为工具，我们也可以十有八九地说出管理者管理企业所需信息系统的主要组成部分。反过来，我们也可以开始了解有关概念，这些概念很可能成为管理者明天需要管理的企业（即经过重新设计的公司）的基础。

从成本会计到产出控制

在重新设计企业与会计信息方面，我们的研究可能是最深入的。而在我们的信息系统中，会计是最传统的信息系统。事实上，许多企业已经从传统的成本会计法过渡到作业成本法。作业成本法在业务流程上代表着不同的概念，它也是不同的衡量方法，对于制造企业来说，它尤其是不同的概念。

传统的成本会计法是70年前首先由通用汽车提出的，它认为制造活动的总成本是各项工作的成本之和。然而，影响到竞争力和盈利能力的成本是整个流程的成本，而新的作业成本法记录的就是这个成本，并帮助我们能够管理整个成本。它的基本前提是：制造活动是一个一体化的流程，当物资、材料和零配件到达工厂的装卸平台时，这个流程就开始了，而且甚至在最终用户拿到成品后，这个流程也不会因此停下来。即使顾客自己付钱获得服务，服务仍旧是产品的一项成本，安装也是如此。

传统的成本会计法衡量的是工作的成本，如切割螺纹。作业成本法还记录了非工作的成本，例如机器停机的成本、等待所需的零配件或工具的成本、等待装运的存货的成本和重新加工或拆掉存在缺陷的零配件的成本。非工作的成本常常相当于，而且有时甚至超过工作的成本，而传统的成本会计法不记录也无法记录这些成本。因此，作业成本法不仅可以更好地控制成本，而且它还越来越能够控制成果。

传统的成本会计法认为，如果必须做某项工作，如热处理，我们必须在现在做这项工作的地方做这项工作。作业成本法提出："我们必须做这项工作吗？如果必须做，在哪做最好？"作业成本法融多项分析功能于一身，如价值分析、流程分析、质量管理和成本计算，而以前，这些分析活动均是分开进行的。

通过采用这种方法，作业成本法可以大幅度地降低制造成本，降幅在某些情况下能够达到1/3或更多。然而，受其影响最大的可能是服务业。在大多数制造公司中，成本会计法是不够的。但是，银行、零售店、医院、学校、报纸、广播电台和电视台等服务行业实际上根本就没有成本信息。

作业成本法告诉我们为什么传统的成本会计法不适用于服务公司。原因不是服务业采用了错误的技术，而是传统的成本会计法提出了错误的假设。服务公司不能像制造公司一样采用传统的成本会计法先计算各项工作的成本。它们必须首先考虑这样的假设，即服务业的成本只有一项：整个系统的成本。在任何特定时期内，这项成本都是固定的。固定成本与可变成本之间的区别是众所周知的，而且是传统的成本会计法的基础，但这种区别在服务业毫无意义。传统的成本会计法还认为资本可以取代劳动力，这条基本的假设对服务业也没有什么意义。事实上，特别是在基于知识的工作中，追加资本投资后，企业不是需要减少劳动力，而很可能需要增加劳动力。例如，在购买了一台新的诊断仪器后，医院可能必须增加四五个操作人员。其他基于知识的组织必须吸取同样的教训。但是，作业成本法的出发点恰好是以下假设：在特定时期内，所有成本都是固定不变的，而且资源是不可以相互替代的，因此必须计算整个工作的成本。在考虑到服务业的这些假设后，我们第一次开始获得成本信息和控制产出。

例如，银行几十年来一直在试图用传统的成本会计法评估其业务，即计算出各项工作的成本，但收效甚微。现在，他们开始问："哪一项活动产生的成本最多而且创造的成效最大？"答案是：为顾客服务。在任何主要银行业务中，每位顾客的成本都是固定不变的。因此，决定成本和盈利能力的就是每位顾客的产出，即一位顾客享受到的服务量和服务组合。廉价商品零售商，特别是西欧的零售商，掌握这个道理已经有段时间了。他们认为，在占据一个单位面积的货架被摆放好以后，成本就是固定不变的，而且管理工作包括在特定的时间段内最大限度地提高货架的产出。由于他们侧重于对产出的控制，因此尽管他们的价格低廉，利润微薄，他们仍旧能够提高盈利能力。

服务业仍旧是刚刚开始采用新的成本计算概念。在某些领域，如研究实验室，我们几乎不可能衡量它们的生产率，我们可能总是需要依靠评估和判断，而不是衡量手段。但是，对于大多数基于知识的工作和服务工作来说，我们应在10～15年内发展出可靠的工具，以便衡量和管理成本，并显示出这些成本与成果的关系。

如果我们能更清楚地思考服务成本计算的问题，我们就能重新认识各种各样的企业为吸引和留住客户需要付出的成本。如果通用汽车、福特和克莱斯勒采用作业成本法，它们就能早点认识到它们在过去几年推出的闪电式竞争措施，即向购买新车的顾客提供大幅折扣和大量现金奖励的措施是竹篮打水一场空。这些促销措施实际上让三大汽车制造企业耗费了巨额资金，更糟糕的是，它们因此失去的潜在顾客不计其数。事实上，其市场地位也一落千丈。但是，按传统的成本会计法统计的会计报表不会列出特殊交易的成本或负收益，因此管理层也就根本看不到损失。传统的成本会计法只是单独地显示出各项制造工作的成本，而这些成本是不受在市场上实施的折扣和退款活动影响的。传统的成本会计法也不显示定价决策对市场份额等信息的影响。作业成本法显示，或至少试图显示每一项活动的成本和收益的变化对整个企业的经营成果的影响。如果采用这种方法，它就会很快显示出大幅折扣造成的损失。事实上，由于日本企业已经采用某种形式的作业成本法（尽管仍旧相当原始），因此丰田、日产和本田知道，要与美国的汽车制造企业竞争，最好不要采取大幅折扣的手段，同时也因此保住了其市场份额和利润。

从虚构的法律现实到经济现实

然而，只了解经营的成本还不够。要在竞争日益激烈的全球市场中立于不败之地，企业必须了解其所在的整个经济链的成本，并与经济链的其他成员一起控制成本和最大限度地提高收益。因此，企业开始放弃只计算组织内部活动的成本的做法，转而计算整个经济流程的成本，而最大的公司甚至只是其中的一个环节而已。

对于股东、债权人、雇员和税务局来说，公司是一个法律上的实体，是客观存在的。但在经济层面上，它是虚构的。30年前，可口可乐公司（Coca-

Cola）是一个特许经营企业。独立的瓶装厂负责生产可乐产品。现在，该公司控制着其在美国的大部分瓶装业务。但是，喝可口可乐的人，甚至那些绝无仅有的几个知道这一事实的人都对此满不在乎。在市场上发挥重要作用的是经济现实，即整个流程的成本，无论谁拥有什么。

一个不知道从什么地方冒出来的无名小卒在短短的几年内不费吹灰之力就击败了公认的强者，在商业历史上，这种例子层出不穷。归其原因，人们总认为是绝妙的策略、先进的技术、有效的市场营销手段或精益制造模式的结果。但是，在每一个这样的例子中，初来乍到的人总是拥有巨大的成本优势，通常在30%左右。原因始终是相同的：新成立的公司不仅对自己的成本了如指掌，而且还掌握和控制了整个经济链的成本。

丰田公司掌握和控制了供应商和经销商的成本，在这方面，它是最引人注目的；当然，这些供应商和经销商都是丰田企业联盟的成员。通过这个网络，丰田控制了汽车制造、销售和维修的总成本，使得这些成本合并到一个成本流中，谁的成本最低、效益最高，丰田公司就选择谁。

然而，对经济成本流的管理并不是日本人发明的，而是美国人发明的。它源自通用汽车的设计者和创建者威廉·杜兰特（William Durant）。大约在1908年，杜兰特开始收购经营得很成功的小型汽车公司，包括别克、奥兹莫比尔（Oldsmobile）、凯迪拉克和雪佛兰等，并把它们并入他新创办的通用汽车公司。1916年，为了收购经营得非常成功的小型零配件公司，他成立了一家独立的子公司，称作联合汽车公司（United Motors）。他第一批收购的企业包括德尔科（Delco），该公司拥有查尔斯·凯特林（Charles Kettering）的汽车自动点火装置专利。

杜兰特最后共收购了大约20家供应零配件的公司；在1919年，即他被通用汽车解除CEO职务的前一年，费希博德公司成为他最后收购的公司。经过深思熟虑，杜兰特让这些零配件制造企业从一开始就参与新车的设计。

这样，他可以将汽车成品的总成本纳入一个成本流中进行管理。事实上，杜兰特发明了企业联盟。

然而，1950~1960年，随着通用汽车的零配件制造企业普遍成立工会，他们的劳动力成本超过了独立竞争对手的劳动力成本，杜兰特的企业联盟因此变成戴在公司脖子上的沉重枷锁。这些零配件制造企业拥有一些外部客户，它们都是独立的汽车公司，如帕卡德（Packard）和斯蒂贝克（Studebaker）等公司，它们从通用汽车的零配件企业购买的产品占这些企业的产量的50%。随着这些汽车公司一个接一个地消失，通用汽车对其主要供应商的成本和质量的控制也随之消失。但是，四十多年以来，通用汽车的系统成本计算方式使其具有无与伦比的优势，效率最高的竞争对手甚至也无法望其项背，而在这期间，斯蒂贝克在大部分时间内作为通用汽车的竞争对手在效率上是最高的。

西尔斯·罗巴克百货公司率先复制了杜兰特的系统。在20世纪20年代，它与供应商签订了长期供货合同，并购买了这些供应商的少数股权。于是，在供应商设计产品时，西尔斯能够与他们磋商，并掌握和控制整个成本流。该公司也因此在几十年里拥有难以逾越的成本优势。

20世纪30年代初，伦敦的马莎百货复制了西尔斯的模式，并取得相同的成效。20年后，以丰田为首的日本企业研究和复制了西尔斯和马莎百货的模式。随后在20世纪80年代，沃尔玛调整了这种模式，允许供应商直接在商店的货架上存放产品，从而使得仓库中的存货消失得无影无踪，而这些存货几乎占传统零售业成本的1/3。

但是这些公司仍旧属于凤毛麟角。19世纪90年代末，阿尔弗雷德·马歇尔（Alfred Marshall）在文章中提出计算整个经济链成本的重要性，从此，经济学家们也认识到它的重要性。但是，大多数企业家仍旧认为它只是理论上的抽象概念。然而，企业越来越需要管理经济成本链。实际上，管理者不仅需要组织和管理成本链,而且还要管理其他事务,特别是企业策略和产品规划,无论经济链中的各家公司在法律上属于哪个国家管辖,管理人员都需要让所有这些任务都融入一个经济整体中。

企业将开始抛弃以成本为导向的定价模式,转而采用以价格为导向的成本计算模式,这种趋势将成为其开始计算经济链成本的强大动力。西方企业的传统做法是,先计算出成本,然后加上适当的利润,最后得出价格。它们采用的是以成本为导向的定价模式。西尔斯和马莎百货很久以前就开始采用以价格为导向的成本计算模式,其中,顾客愿意支付的价格促使企业从设计阶段开始考虑他们能够接受的成本。前一阶段,采用这种模式的企业简直是凤毛麟角。现在,企业对以价格为导向的成本计算模式已经习以为常。日本企业率先在出口产品上实施这种定价模式。现在,沃尔玛以及美国、日本和欧洲的所有廉价商品零售商都采用以价格为导向的成本计算模式。在此基础上,克莱斯勒靠最近推出的车型取得了成功,通用汽车的土星牌汽车也走向了辉煌。然而,只有企业掌握和控制了整个经济链的成本,企业才可以采用以价格为导向的成本计算模式。

相同的观点适用于外包、联盟和合资企业,实际上也适用于以合作关系为基础,而不是以控制与被控制为基础的任何企业结构。这种实体将取代母公司控制全资子公司的传统模式,特别是在经济全球化的环境中,日益成为成长的模式。

对于大多数企业来说,选择经济链成本计算模式将是非常痛苦的。要做到这一点,整个经济链中的所有企业都需要有相同的或至少是相容的会计系统。然而,每一家企业都按自己的方式组织自己的会计系统,每一家企业都认为自己的会计系统是唯一可行的会计系统。此外,经济链成本计算模式要求各个企业共享信息;然而,即使在同一家企业中,人们也往往拒绝信息共享。尽管存在这些挑战,企业现在仍可以想方设法地实施经济链成本计算模式，宝洁公司就是很好的证明。宝洁公司以沃尔玛与供应商建立密切关系的方式为模板，在300家大型零售店推广信息共享和经济链管理模式，而这些零售店在全世界分销宝洁的大部分产品。

无论存在什么样的障碍，经济链成本计算模式都是大势所趋。否则，即使是效率最高的企业，成本优势也会逐渐变成成本劣势。

创造财富的信息

企业的目标是创造财富，而不是控制成本。但是，这个显而易见的事实却没有在传统的计算方法中反映出来。会计专业的一年级学生通过学习，了解到资产负债表描述的是企业的清算价值，向债权人提供情况最糟糕时的信息。但是，企业正常经营的目的不是为了清算。企业管理的目的应该是保持经营的连续性，即创造财富。要创造财富，企业需要能帮助管理者做出明智判断的信息。企业需要四套诊断工具：基础信息、生产率信息、能力信息和稀缺资源分配信息。这些工具共同构成管理者在管理当前的企业时所需的工具箱。

基础信息

历史最悠久和最广泛采用的一套诊断性管理工具是现金流量和流动性预测，以及各种标准的测量手段，包括：经销商存货量与新车销售量比率，支付债券利息后的收益额；账龄超过6个月的应付款项的比率；应付款项总额和销售额的比率。这些类似于医生在进行例行检查时使用的测量手段，如体重、脉搏、温度、血压和尿液分析。如果测量结果正常，除此之外，我们不会得到更多的信息。如果结果异常，说明我们需要找出和解决问题。这些测量手段可以称作基础信息。

生产率信息

第二套诊断工具涉及关键性资源的生产率。历史最悠久的当数第二次世界大战时期出现的、计算体力劳动者的生产率的工具。我们现在正在缓慢地发展计算知识工作和服务工作的生产率的测量手段,尽管这些手段仍旧是比较原始的测量手段。然而,仅仅计算工作者(包括蓝领和白领)的生产率,我们再也不能获得足够的生产率信息。我们需要综合要素生产率数据。

这也是人们越来越多地采用经济增加值分析法(EVA)的原因。很早以前我们就对它的基础一清二楚,即我们通常认为留给服务企业分配的资金就是利润,而它根本就不是利润。㊀在企业获得的利润大于资金成本前,企业始终处于亏损状态。企业上缴利税,似乎说明企业真正盈利了。实际并非如此,可能企业对经济的回报仍旧小于对资源的索取。除非利润超过资金的成本,否则企业就无法收回全部成本。在收回成本之前,企业不是在创造财富,而是在破坏财富。如果偶尔以这个标准衡量的话,第二次世界大战以后,美国几乎没有盈利的企业。

通过计算所有成本的增加值,包括资金成本,EVA 实际上计算的是生产过程中所有要素的生产率。这一方法本身并不能告诉我们,为什么某种产品或服务没有带来增加值或针对这种情况采取什么措施。但是,它让我们知道,我们需要发现什么问题,而且我们是否需要采取补救措施。我们还可以利用 EVA 找出有效的措施。它的确可以告诉我们,哪些产品、服务、工作或活动的生产率和增加值出奇的高。然后,我们可以问自己:"我们可以从这些成功经历中学到什么呢?"

㊀ 在 1964 年出版的《成果管理》中,我用了大量的篇幅讨论 EVA,但是英国的阿尔弗雷德·马歇尔和奥地利的尤金·庞-巴卫克(Eugen Böhm-Bawerk)等最后一批古典经济学家在 19 世纪 90 年代末就已经涉足该领域了。

标杆是获取生产率信息的最新工具，这种方法使得企业可以将自己的绩效与业内最佳的或世界上最佳的绩效放在一起进行比较。这一方法暗含的假设是，一个组织能做的事情，任何其他组织都可以做到。这种假设是正确的。该方法还认为具有竞争力的前提条件是至少与领先者做得一样好，这同样是正确的。EVA 和标杆共同组成一套计算和管理综合要素生产率的诊断工具。

能力信息

第三套工具是关于能力的。自从普拉哈拉德和加里·哈默尔发表了具有开路先锋作用的文章"公司的核心能力"[⊖]后，我们就知道，要傲视群雄，企业需要有常人所不及的能力或拥有别人照猫画虎都很难达到的能力。要傲视群雄，核心能力是关键，通过这种能力，生产企业或供应商会发现自己所具有的特殊能力能够满足市场或客户的特殊需要。

例如，日本人能够将电子元器件的尺寸压缩到非常小的程度，他们的这种能力源自他们的艺术传统——印笼（inro）和挂件（netsuke），它们都有 300 年的历史，前者是一种非常小的光亮的盒子，人们可以在上面画上风景画，后者是一种更小的纽扣，上面绘有各种各样的动物，通过这种挂件，人们可以将印笼系在腰带上。通用汽车在过去 80 年里独具慧眼，成功收购了一家又一家企业；马莎百货也有独到之处，它们为中产阶级设计出事先包装好的和无须加工即可食用的美食。但是，我们怎样才能发现我们已经具有的核心能力与企业要取得和保持领先地位所需的核心能力呢？我们如何知道我们的核心能力是增强了，还是削弱了？或者，我们的核心能力是否仍旧是我们所需要的核心能力？核心能力需要发生哪些变化？

⊖ "The Core Competence of the Corporation"，*Harvard Business Review*，May-June 1990.

迄今为止，关于核心能力的讨论基本没有详细的记载。但是，许多高度专业化的中型企业正在提出一整套衡量和管理核心能力的方法，包括瑞典的一家医药制造企业和美国的一家专业工具生产企业。第一步是密切关注本企业和竞争对手的绩效，特别要留意意想不到的成功和在本应做得好的领域却意外出现的低于标准的绩效。成功说明企业找对了市场的切入点，并将有所回报。成功昭示了企业拥有领先优势的领域。不成功则在第一时间表明市场发生了变化，或者企业的能力在削弱。

通过这样的分析，企业可以提前发现机会。例如，通过密切关注意想不到的成功，美国的一家机床制造企业发现日本许多小型机械修理店也购买它生产的昂贵的高科技机床，而在设计过程中，它并未考虑到日本人的需求，甚至也没有拜访过这些日本企业。这使得该公司认识到新的核心能力：尽管它的产品在技术上非常复杂，但是这些产品具有易于维护和易于维修的特点。后来在设计产品的过程中，该公司就考虑到这个问题，从而占据了美国和西欧的小型工厂及机械修理店市场，而从前，该公司实际上根本就没有考虑到这些市场。

不同的组织有不同的核心能力，好似各组织的个性。但是，每个组织（不仅仅是企业）都需要一个共同的核心能力：创新。而且，每个组织都需要有办法记录和评估创新的绩效。在对创新的绩效进行记录和评估的企业中（包括第一流的医药制造企业），其出发点不是企业自己的绩效，而是要在特定的时期内详细记录整个领域的创新活动。在这些创新活动中，哪些是真正成功的创新？我们的创新有多少？我们的绩效符合我们的目标吗？符合市场的发展方向吗？符合我们的市场地位吗？与我们在研究方面的投入相称吗？我们取得成功的创新活动是发展最快、机会最多的领域吗？有多少真正重要的创新机会我们没有抓住？为什么没有抓住？是因为我们没有发现这些机会吗？还是因为我们发现了这些机会，但没有利用这些机会？还是因为我们工作做得不够好？在将创新转化为商业化生产的产品上，我们做得怎么样？无可否认，其中许多问题都是对核心能力的评估，而不是测量核心能力。这种评估不是在回答问题，而是在提出问题，提出的是正确的问题。

稀缺资源分配信息

在管理当前的企业、实现创造财富这一目标的过程中，我们需要的最后一个诊断信息是稀缺资源的分配，而这种稀缺资源就是资本和利用资本的人。这两种资源将管理层在管理企业的过程中所拥有的任何信息转化为行动，是企业经营成败的决定因素。

大约 70 年前，通用汽车提出了第一套资本拨款流程。现在，几乎所有企业都采用了资本拨款流程，但是正确使用这个流程的企业并不多见。企业一般只根据以下一两个标准估算其资本拨款需求：投资回报率、偿还期、现金流量或折扣后的现值。但是，我们很早就知道（自 20 世纪 30 年代初起），在这些方法中，没有一个是正确的。要了解计划投资的数额，企业需要全面地考察上述四个标准。在 60 年前，处理这些数据需要漫长的时间。现在，计算机在几分钟内就可以完成这个任务。60 年前，我们就知道，管理者不应孤立地审查一个资本拨款项目，而应选择机会最好、风险最小的项目。这样，企业需要制定一个资本拨款预算，列出所有选择。同样，能这么做的企业简直太少了。然而，最严重的问题是，大多数资本拨款流程都没有包括以下两类重要的信息：

- 每 5 个投资项目中有 3 个可能不会取得预期的结果。如果企业计划投资的项目真的不能取得预期的结果，企业面临的情况将会如何呢？企业会受到重创，还是无关痛痒？
- 如果投资项目取得成功，特别是成功得出乎我们的意料，我们应采取何种对策呢？

通用汽车的工作人员似乎没有思考过，公司在土星牌汽车成功后需要肩负什么样的责任。结果，由于通用汽车无法向这个项目提供资金，因此可能会扼杀自己取得的成功。

另外，企业需要为资本拨款项目设定具体的期限：我们什么时候可以看到什么样的结果？然后，有关人员需要汇报和分析项目的结果，包括成功、接近成功、接近失败和失败。要提高组织的绩效，最好的办法是对比资本拨款的效果与承诺和期望取得的效果，而组织就是根据承诺和期望取得的效果批准投资项目的。在过去 50 年中，如果我们能采用这种办法定期提供有关政府项目的反馈信息，美国今天的日子应该好过得多。

然而，资本只是组织的一个重要资源，而且绝不是最稀缺的资源。任何组织中最稀缺的资源是执行任务的人。第二次世界大战以后，美国军方已经知道如何检验人事任命决定的正确性。现在，在任命高级军官担任重要的指挥职务前，军方都会思考他们要求这些高级军官能取得什么样的成绩。然后，他们根据这些要求评估军官的绩效。同时，军方会不断地根据其任命的成败评估自己选择高级指挥官的流程。迄今为止，任何组织在这方面做得都没有美国军方好。反观企业，它们在人事任命上实际上还不了解如何就被任命者的工作业绩提出具体的要求和系统化地评估他们的工作成果。为了创造财富，管理者需要有意识且仔细地分配人力资源，对人和对资本都要一视同仁。他们应当仔细地记录和研究这些决策的结果。

效益的源泉

上述四类信息只是让我们了解了企业的现状。在战术上，它们提供的是信息和指导。在策略上，我们需要有关我们所处环境的有效信息。在制定策略时，我们需要以各种信息为基础，包括市场、顾客和顾客以外的人；本行业和其他行业的技术；全球金融业以及千变万化的世界经济。这些信息就是效益的源泉。在组织中只有成本中心。其支票没有被银行退回的顾客才是唯一的利润中心。

重大的变革也是先在组织外部发生的。零售商可能非常了解在其店内购物的顾客。但是，无论零售商做得多么成功，其所拥有的市场份额和顾客仍旧只是沧海一粟；绝大多数人都不是它的顾客。基本变革总是由顾客以外的人引发的，而且正是因为这些人的原因，这种变革总是会愈演愈烈。在过去的 50 年里，在改变某个行业的面貌的重大新技术中，至少有一半的新技术都不是本行业的技术。彻底改变美国金融业的商业票据就不是银行自己的产物。分子生物学和遗传工程学也不是源自制药业。虽然绝大多数企业将继续只在当地或本地区经营，它们都将面临，至少有可能面临来自全球不同地方的竞争，有些地方它们甚至就没有听说过。

当然，我们不可能获得全部所需的、有关外部的信息。而且，即使信息是唾手可得的，许多企业也对此置若罔闻。20 世纪 60 年代，许多美国公司在不了解当地劳动法规的情况下贸然进入欧洲市场。在没有掌握足够信息的情况下，欧洲公司也盲目地到美国投资办厂。20 世纪 90 年代，日本人在加利福尼亚州的房地产投资遭受意想不到的失败，主要原因是他们对美国的分区制度和税收制度的基本情况知之甚少。

我们普遍存在这样的观点，即我们认为税收、社会法规、市场取向、销售渠道、知识产权等方面是什么样的状况，或者至少应该是什么样的状况，它们就必须是什么样的状况，这种观点往往就是企业经营失败的重要原因。一个恰当的信息系统需要包括帮助管理人员对上述观点提出质疑的信息。这个系统不仅要向他们提供他们需要的信息，还必须引导他们提出正确的问题。它首先假设管理人员知道需要什么样的信息。然后，它要求管理人员定期获取他们所需的信息。最后，这个系统要求管理人员系统化地将这些信息融入决策过程当中。

联合利华、可口可乐、雀巢（Nestlé）、日本的一些贸易公司以及几家大型建筑公司等跨国公司，已经开始努力建立收集和组织外部信息的系统。但是，大多数企业尚未开始启动这项工作。

大公司甚至在很大程度上必须聘用外部的人员帮他们做事。在信息高度专业化的领域颇有研究的人可以帮助企业思考它们需要的是什么。除了专家以外，任何人面对无穷无尽的信息都会感到无从下手。信息的来源是完全多样化的。企业可以自己创造出一些信息，如有关顾客和顾客以外的人的信息、有关本行业技术的信息。但是，企业需要了解的、有关外部环境的大多数信息都是可以通过外部渠道获得的，如各种各样的资料库和数据服务、用许多语言出版的刊物、同业公会、政府出版物、世界银行的报告和科学论文以及专业调研报告。

为了质疑和挑战企业的战略，我们必须整理信息，这就是企业需要外部帮助的另一个原因。仅提供数据是不够的。数据必须与战略融为一体，必须检验企业的假设，必须挑战企业现有的观点。这样的话，我们就可能需要一种新型的软件，面向特定的团体提供特定的信息，如医院或保险公司。莱克西斯（Lexis）法律数据库就向律师提供这种信息，但是它只能提供答案，不能提出问题。我们需要的是有关的服务，即就如何利用信息提出具体的建议，就用户的业务和经营方法提出具体的问题，并交互式地磋商。或者，我们可以将外部信息系统外包出去。独立的顾问将可能是提供外部信息系统的最流行的方式，他们也被称作"内部的局外人"，尤其适用于规模较小的企业。

无论我们采取哪一种方式满足这种需要，我们对外部环境信息的渴望将变得越来越迫切，而我们可能面临的主要威胁和机会都来源于外部环境。

有人认为，这些信息需求几乎都是司空见惯的。他们在很大程度上说得一点也没有错。许多年以来，许多地方就新的衡量手段的讨论一直停留在概念上。让人感到新鲜的是数据处理的技术能力。在它的帮助下，我们获得信息的速度既快，成本又低。然而，仅仅在几年以前，我们费了九牛二虎之力才能获得信息，而且成本很高。70年前，有关企业运作效率的时间与动作分析使传统的成本会计法的实施成为可能。现在，计算机又使得作业成本法的推广成为可能；没有计算机，作业成本法实际上是不可能实现的。

但是，上述观点没有抓住问题的实质。重要的不是工具，而是工具背后的概念。这些概念将孤立地使用且具有不同用途的方法转变成一个完整的信息系统，而人们过去总是认为这些方法是毫不相干的。这种系统因而使得业务分析、企业战略和企业决策成为可能。这是从一个全新和完全不同的角度考察信息的内涵和用途，即信息是一种衡量的手段，是未来行动的基础，而不是事后对已发生的事情的检讨和记录。

在19世纪70年代才出现的命令与控制式组织，可能就像一个靠外壳维持整体结构的生物体。现在脱颖而出的公司是围绕着骨架发展的，这个骨架就是信息，是把公司整合在一起的新系统和公司的关节。

即使我们采用先进的数学方法和令人费解的社会学术语，但是在我们的传统思维倾向上，我们总是莫名其妙地认为企业就是要低买高卖。新的方法认为企业是增加价值和创造财富的组织。

（1995年）

3

第三部分

经　　济

MANAGING IN A TIME
OF GREAT CHANGE

第 13 章
世界经济在贸易方面的教训

第 14 章
美国经济力量的转移

第 15 章
寻找新兴市场

第 16 章
环太平洋地区与世界经济

第 17 章
日本有限公司走到尽头了吗

第 18 章
疲软的美元反倒让日本如虎添翼

第 19 章
新兴的超级力量：海外华人

第 13 章 | CHAPTER 13

世界经济在贸易方面的教训

人们对国际贸易政策,特别是对美国的国际贸易政策的看法可谓众说纷纭。他们在争论这些问题时充满了激情,但很少能拿出足够的证据。世界经济在过去 40 年中的发展速度实际上达到了 18 世纪的"商业革命"(在此过程中出现了第一批现代经济体和经济规律)以来的顶峰。在过去几年中,虽然所有发达国家的经济出现了停滞和衰退,但是世界经济仍旧保持了迅猛的扩张速度。但是没有人问:事实情况是什么?这些事实让我们学到了什么?最重要的是,在国内经济政策上,我们得到了哪些教训?

我们得到 4 个方面的重要教训:世界经济的结构;贸易和投资的含义发生了变化;世界经济与国内经济的关系以及贸易政策。每一个方面的教训都与每一个人(包括自由贸易主义者、贸易控制主义者或保护主义者)的实际想法和观点有相当大的出入。

20 年前,没人提到过"世界经济"。当时的术语是"国际贸易"。现在,每一个人都在谈论世界经济。术语的变化反映出经济现状的深刻变化。

20～30年前，一个国家边界以外的经济体，特别是中等国家或大国边界线以外的经济体仍旧可以被视为不同的和独立的经济体，是在处理国内经济时和在国内经济政策中可以安全地忽略的经济体。在证据面前，随着云开雾散，我们发现上述想法纯属错觉，但是这种想法仍旧是经济学家、政治家和全体大众的基本立场，在美国，情况尤其如此。

"国际经济"传统上分为两个部分：对外贸易和国外投资。世界经济也分为两个部分，但它们不同于国际贸易的内涵。第一部分包括资金和信息的流动；第二部分是迅速融为一体的贸易与投资。它们实际上只是同一现象的两个不同方面，即世界经济中新兴的和一体化的经济力量——跨境联盟。虽然这两个部分都保持很快的增长率，但是资金和信息的流动是增长最快的。我们应首先讨论它们。

伦敦银行同业市场（London Interbank Market）是世界资金流动的中心，由国际贸易和国际投资构成的"真正的经济体"在几个月里或可能在一年中所需的资金都不及它一天处理的资金量多。同样，伦敦、纽约、苏黎世和东京等主要货币市场一天的交易额超过了真正的经济体的国际交易额几个数量级。

信息的流动量，包括会议、会谈和研讨会，靠电话、远程电信会议、传真、电子邮件实现的电信业务，计算机传输，软件，杂志和图书，电影和电视，靠新技术（主要包括电子技术）实现的许多其他通信方式，可能已经超过了以信息所产生的费用、版税和利润为表现形式的资金的流量。信息流动的发展速度还可能超过了以前在经济史上产生的任何交易类别的发展速度。

跨国资金的流动可以说是银行家所谓的"有价证券投资"的接班人，而后者是追逐红利或利息等（通常为短期的）财务收益的投资资金。但是，今天的资金流动不仅在数量上是庞大的，超过了以往有价证券投资的投资额，而且它们几乎完全是自发的，是任何国家机构或任何国家政策所无法控制的。最重要的是，它们产生的经济影响也是不同的。传统有价证券投资的资金流动可以起到稳定国际经济的作用。它们从短期回报率低的国家（利率低，股票或货币价值就被高估，回报率也就低）流向短期回报率高的国家，从而恢复平衡。它们根据一个国家的金融政策或经济状况采取相应的行动。今天的世界资金流动已经成了不稳定因素。它们迫使一个国家启动"应急"程序，如大幅度提高利率，从而扼杀商业活动，或者在一夜之间使货币贬值，使货币的价值低于该国的贸易平价或购买力平价，从而产生通货膨胀压力。今天的资金流动基本上不是以获取更大收益为目的的，而是以立即获取投机利润为导向的。它们是一种病态，说明固定汇率和浮动汇率实际上都不起作用，尽管这两种汇率制度是我们迄今为止唯一了解的两种体制。由于资金的流动属于一种症状，因此政府采取限制措施是徒劳无益的，如征收资金流动利润税；这样，它们就会跑其他地方去。它们自然是一种狂热；但它们不是病。我们可以做的就是在经济中建立防范资金流动影响的机制，而且在有效贸易政策的具体细则中需要加入这种机制。

与资金流动相比，信息流动对经济的影响是良性的。事实上，能够像迅猛发展的信息，无论是电信、计算机数据、计算机网络，还是娱乐媒体提供的、了解外部世界的手段（尽管被滥用）这样刺激经济发展的事物还真不好找。在美国，信息的流动和传送信息所需的商品已经成为美国最大的一笔外汇收入来源。但是，信息的流动与中世纪的教会一样都主要是社会现象，后者虽然在几个世纪中，在欧洲一直是仅次于农业的最大经济活动，而且是最大的民用用人组织，我们都认为它不是经济现象。信息流动的影响主要体现在文化和社会上。高成本等经济因素不是刺激信息的流动，而是抑制信息的流动。然而，信息的流动日益成为世界经济的决定性因素。

因此，世界经济的第一个教训是，两个最重要的现象（资金的流动与信息的流动）与我们现有的任何理论或政策都格格不入。它们甚至不是"跨国的"；它们完全是外部的，"不属于任何一个国家"。

实际上对于所有人来说，国际贸易就是商品贸易，即工业品、农产品和石油、铁矿石、铜和木材等原材料的进出口。报纸天天报道的就是商品贸易。但是，国际贸易越来越多地指服务贸易，而媒体对此几乎只字未提，人们多半也不会注意到这种贸易形式。但是，即使是商品贸易，它也不再是所有人实际上认为的商品贸易，包括经济学家和政策的制定者。它不再是销售或购买某件商品的"交易"行为。它逐渐成为一种"关系"，即结构性贸易或机构性贸易，其中，一笔交易只是一次"发货行为"，在会计上只是一个条目。同时，服务贸易与关系贸易的表现形式与交易商品贸易截然不同。

众所周知，美国的贸易逆差数额巨大，而且处理起来非常棘手。然而，实际上，美国的贸易额差不多是平衡的，可能还有小额的顺差。令我们的报纸、商人和经济学家、政府官员以及政治家每天捶胸顿足的贸易逆差是商品贸易的逆差（产生逆差的主要原因是：我们浪费的石油简直骇人听闻；美国农产品的产量和在世界市场上的价格稳步下降）。然而，美国在服务贸易上存在巨额顺差。这种顺差来源于：金融服务和零售业；高等教育和好莱坞；旅游业；医院；图书、软件和电视节目的版税；咨询公司；技术费用和专利费以及许多其他行业和职业。官方的统计数字显示，美国的服务贸易顺差占商品贸易逆差的 2/3，而这种统计数字仅每 3 个月公布一次，而且发布这种数字的载体是人们很少看的政府公报。但是，即使收集这些数字的政府统计学家认识到这个情况，媒体对美国服务贸易的出口额的报道力度也是不够的。实际的数字比官方的统计数字高出 50 多个百分点，而且服务贸易的出口额仍旧保持较快的增长势头。

美国在世界服务贸易中的份额是最大的，其次是英国，而在发达国家中，日本的份额是最小的。但是，在每一个发达国家，服务贸易的增长速度已经能与商品贸易并驾齐驱了，并且可能远远超过了商品贸易的增长速度。在 10 年内，至少对于高度发达的国家来说，服务贸易额可能会与商品贸易额平起平坐。

在服务贸易中，根据贸易理论和贸易政策调控国际贸易的"因素"只能完全影响到其中的一种服务项目，即旅游业。外汇行情一有波动，对它的影响就会立即显现出来，而劳动力成本的变化对它的影响则不能马上体现。其余 2/3 甚至更多的服务就不会受到这种变化的影响。大多数服务贸易都需要用到进出口知识。

然而，越来越多的商品贸易也开始不受传统经济因素的短期（甚至长期）变化所左右了。在结构性贸易中，企业在最初设计产品时就已经决定了要在什么地方进行生产。对于一款新型汽车，发动机、变速箱、电子装置和车身等主要零部件将由各家工厂生产，有的是汽车制造企业自己的工厂，更多的是供应商的工厂，这些工厂分布在许多不同的国家，如美国、墨西哥、加拿大、比利时、日本和德国。总装配也将在位于四五个国家的工厂中完成。除非在 10 年内对这款车型进行重新设计，否则在最初的设计中指定的工厂和国家就"锁定"了这些业务。只有在大难临头时才会有变化，如遭遇战争或火灾，使得工厂遭受灭顶之灾。

瑞士的一家医药公司在爱尔兰的大工厂同样也不"销售产品"。它将化学中间体运到该公司的各个成品工厂，而这些工厂分布于 19 个国家，分别位于大西洋两岸。它按"内部调拨价格"收取费用，而这种价格纯粹属于会计上的处理方法，与税和生产成本有很大的关系。在有关结构性贸易的决策中，市场和知识是非常重要的；劳动力成本、资金成本和外汇汇率是限制因素，而不是决定因素。

但是，还有一种贸易是"机构性"贸易。当制造企业兴建新的工厂时，或当廉价商品零售商开设新的大型超级市场时，它十有八九会使用它在现有设施中一直使用的、熟悉的和知道它可以依赖的机器、工具、设备和耗材。它将在为其现有的工厂或商店供货的公司购买这些产品。无论新的工厂或商店是否与这家公司在同一个国家，情况都是如此。无论是美国的制造企业在西班牙兴建工厂，还是德国的零售商在美国开设超级市场，抑或是日本的企业收购中国上海的工厂，并为这家工厂提供新的装备，情况也是如此。传统的"生产要素"与机构性贸易在很大程度上毫不相干，在这一点上机构性贸易与结构性贸易没有任何差别。

机构性贸易与结构性贸易的表现形式与公认的规律格格不入。但是，这个事实并不重要，重要的是，除了在法律意义上之外，它们都不是"对外贸易"，即使当它们跨越国家的边境线时。对于企业来说，无论这些物资是来自自己国的，还是来自法律意义上的外国的工厂或供应商，这两者绝对没有什么差别。同样的道理越来越适用于外部供应商发运的货物与公司内部提供的货物。对于企业来说，如汽车制造企业、医药公司和廉价商品零售商，这些属于他们自己"系统"内的交易行为。

在过去30年，随着越来越多的企业成为跨国公司，结构性贸易与机构性贸易的增长势头极为迅猛。我们没有可靠的数字。我们估计它们占美国全部商品贸易额的1/3（保守的估计）～2/3（这个数字几乎肯定是太高了）。每当我能够获得有关的数字时，我都发现机构性贸易额与结构性贸易额会占公司的全部进出口额的40%～50%，大公司和中等规模的公司都是如此。我敢肯定地说，传统的交易商品贸易额仍旧保持在比较高的水平。但是，关系贸易发展的速度更快一些。现在，传统的交易商品贸易额可能不超过发达国家贸易额的1/3。其余2/3是服务贸易或基于关系的商品贸易，后两者的表现形式完全不同。

同样，"投资"现在也发生了一些明显的变化，而它属于传统国际经济模式的另一个方面。上文讨论过的有价证券投资已经演变成资金的流动，后者根本就不是投资行为。但是现在，"直接投资"（即在海外组建新的企业或收购现有企业的投资行为）也开始迅速地发生变化。在第二次世界大战后的很长一段时间内，直接投资似乎不易发生变化。20世纪70年代的跨国公司相当于直接投资的载体，与1913年的跨国公司看上去没有明显的差别（1913年的跨国公司与现在的跨国公司都控制着世界上大部分的制造资源，而且现在的跨国公司控制的银行和保险资源比当时的跨国公司多得多）。传统的直接投资仍旧保持增长；事实上，自从20世纪80年代中期以来，欧洲、日本、加拿大和墨西哥等国在美国的直接投资一直保持爆炸性增长。但是，投资的行为迅速转变为"联盟"：合资企业、合作关系、知识转让协议和"外包"。在联盟中，如果有投资的话，投资也是次要的。例如，美国引领科技潮流的微芯片设计企业英特尔公司最近与日本的主要电子产品制造企业夏普公司结成联盟。英特尔公司将与这家日本企业共享一款非常先进的微芯片的设计方案；日本企业反过来将负责制造芯片，并与英特尔公司分享产品的利润。一个贡献技术能力，另一个贡献生产能力。许多大学的研究实验室与企业（医药公司、电子公司、工程公司、计算机公司和食品加工企业等）也纷纷结成联盟。许多组织也与外部企业结成联盟，将它们的支持性工作外包给这些企业：美国的许多医院现在让外部的、独立的供应商做维护、总务管理、计费、收款和数据处理工作，并且越来越多地让它们管理实验室、理疗和诊断中心。英国和日本的医院也越来越多地采取这样的做法。计算机制造企业现在将数据处理业务外包给电子数据系统公司，即罗斯·佩罗创办并卖给通用汽车的公司这样的承包商，从而可以专心做自己的业务。像这样与小型而独立的软件设计公司结成联盟的计算机制造企业比比皆是。商业银行与共同基金的募集者和管理者结成联盟。中小规模的学院互相联合起来，共同处理文件上的工作。

在这些联盟中，有些联盟的资本投资数额相当巨大。同样的情况也发生在20世纪六七十年代，当时日本和美国的公司组建的合资企业在日本生产面向日本市场的、由美国设计的商品。但是，即使在当时，联盟的基础也不是资本，而是互补的知识，即美国人提供的技术和制造知识与日本人提供的市场营销知识和管理。无论任何性质的投资，象征性的意义越来越大于实质性的意义，即投资方都拥有对方企业的少数股份，象征着合作伙伴之间建立的纽带关系。在越来越多的联盟中，各个合作伙伴在财务上根本就不存在任何关系，例如，英特尔和夏普在财务上明显不存在任何关系。在现存的、历史最长和最成功的联盟中也不存在任何投资关系，如英国的零售商马莎百货在20世纪30年代初缔造的联盟，其中包括大量纺织品、服装和鞋类制造企业（后来又增加了特色食品的生产企业），在1950年以后，日本模仿联盟的运营方式发展出自己的企业联盟。在这些联盟中，马莎百货与制造企业共同开发产品，而制造企业承诺只为马莎百货生产这些产品，马莎百货承诺只向该制造企业购买这些产品。

没有人知道现在有多少这样的联盟。在某些情况下，它们的存在不是靠一纸文书维系的，而是属于非正式的联盟。然而，在世界经济中，联盟日益成为经济一体化的主要形式。一些大公司，如日本的电子产品巨头东芝公司或世界首屈一指的高科技玻璃制造企业康宁玻璃公司（Corning Glass），各自在全世界可能拥有一百多个联盟企业。欧盟一体化进程对联盟的依赖程度比对并购活动的依赖程度高得多，特别是主导大多数欧洲国家经济的由中等规模企业组成的联盟。与结构性和机构性贸易一样，企业在各自的联盟中不分国内和国外合作伙伴。联盟产生了系统关系，即家庭关系，其中的合作伙伴分别讲日语、英语、德语或芬兰语，但这无关紧要。虽然联盟带来越来越多的贸易和投资机会，但是联盟存在的基础既不是贸易，也不是投资。联盟是知识的蓄水池。

经济理论和经济政策表明发展中国家的经济在很大程度上取决于它们与

世界经济的关系。经济学家挂在嘴边的是"出口拉动型的发展方式"和"外国投资拉动型的发展方式"。但是，发达国家，特别是大中型发达国家的经济理论和经济政策认为，唯一重要的是国内经济。国内经济的独立自主及其在政策制定过程中的重要性对于经济学家、政策的制定者和全体民众来说是不言而喻的。

但是，前面讨论的问题应该已清楚地表明，国内经济和国际经济的差别已经不再是经济现实，尽管仍旧属于政治、社会、文化和心理现实。国内经济的发展和繁荣越来越多地取决于参与世界经济的程度，这是我们在过去40年中总结出来的一个确凿无疑的教训。1950年后的40年中，一个国家国内经济的表现与其参与世界经济的程度是一一对应的关系。日本和韩国是在世界经济中发展最快的两个主要国家，它们的国内经济也是发展最快的。这种一一对应的关系也适用于联邦德国和瑞典，在过去40年中，它们是在世界经济中做得最出色的两个欧洲国家。在世界经济中出现倒退的国家，它们的国内经济也是一贯地一塌糊涂，英国就是一个显著的例子。美国和法国参与世界经济的程度非常有限，在国内经济的表现上，它们属于泛泛之辈，既非出奇的好，又不像英国那样经常萎靡不振和陷入重重危机。

同样的一一对应关系也适用于发达国家的主要经济部门。例如，在美国，服务业在世界经济中的份额在过去15年内大幅攀升，如金融、高等教育和信息等行业。这些部门在国内经济中也取得了最长足的发展。在制造业，许多行业通过出口、海外投资和企业联盟等方式大幅增加在世界市场中的份额，如电信、制药、软件和电影，其在国内市场中的表现也是最出色的。美国的农业在世界经济中的份额不断萎缩，经常陷入萧条和危机，只是靠不断增加的补贴勉强度日。

国内经济的表现与刺激国内经济的政策反而完全没有任何关系。历史记录表明，有时政府可以轻而易举地破坏国内经济。抬高通货膨胀率是政府的唯一选择，如林登·约翰逊的通货膨胀政策给美国经济带来的破坏（25年后美国经济仍旧没有完全恢复原状）以及始终支持通货膨胀的政策对意大利经济的影响。但是，如果说政府刺激经济的任何政策，包括符合凯恩斯主义、货币主义、供应经济学或新古典主义的政策，能收到非常好的效果，我们还没有找到丝毫的证据。经济学家们40年前曾信誓旦旦地说，经济周期已经不存在了，但事实却截然相反。经济周期的运行方式与过去150年以来的运行方式别无二致。迄今为止，任何国家都无法避开经济周期。但是，在经济的衰退期，当政府刺激经济的政策实际上与周期性的经济复苏不期而遇时（这种情况极为罕见），这纯属巧合。任何政策出现这种巧合的可能性都不会比其他政策的可能性更大。在特定国家实施的某项政策在A衰退期收到很好的效果，但当同一个国家进入B衰退期或C衰退期时再实施这项政策，它就不会产生任何效果。我们不仅发现政府刺激经济的短期政策是无效的，而且有些发现更令人大吃一惊：这些政策在很大程度上是风马牛不相及的。我们清楚地认识到，政府无法控制"经济气候"。

但是，国内经济与参与世界经济之间的一一对应的关系令人信服地说明，是否参与世界经济已经成为主导发达国家的国内经济的因素，而这种参与是长期的，涉及大量不同的现象，包括普遍不同的经济体，这些经济体具有不同的结构，实施不同的财政和税收政策，它们参与世界经济的形式也各不相同。例如，1990～1992年，美国经济没有出现严重的衰退（更不用说名副其实的衰退了），男女成人的失业率没有像第二次世界大战刚刚结束时的失业率一样居高不下（而且根据任何历史标准判断，当时的失业率实际上保持在非常低的水平）。出现这种情况的原因完全是美国的制造业和服务业参与世界经济的程度提高了，而且制造产品的出口急剧增加。同样，从1993年年末到现在，日本没有完全陷入衰退，同时失业率没有达到欧洲的水平，即8%～10%（反而徘徊在3%以下）。原因是显而易见的，即日本的制造业大幅增加对亚洲大陆的出口，特别是集团性出口。

因此，对于每一个发达国家来说，世界经济已经成为发展、繁荣和就业的发动机。每一个发达国家的经济都是由世界经济拉动的。

我们现在可以回答以下问题："在世界经济中，什么政策是有效的而什么政策是无效的？"今天，争论主要分为两派：一派鼓吹日本式的"委托贸易"；另一派提倡传统的自由贸易。但这两派都错了，而且证据显而易见。委托贸易是指政府挑选和扶持"优胜者"。但是，MITI（日本贸易与工业部）挑选的企业最后不会都成为真正的优胜者。MITI 在 20 世纪 60 年代和 70 年代挑选的企业集中在铝业、其他有色金属、飞机和航空航天，但这些企业都铩羽而归。在 20 世纪 70 年代末和 80 年代，MITI 转向高科技，资助生物医学、制药、大型计算机、电信、国际经纪和国际商业银行等行业，这些企业又一次没有在世界市场上取得重大进展。征服全世界的日本企业不是受到 MITI 的强烈反对，如处于早期发展阶段的索尼公司和 20 世纪 70 年代的汽车工业，就是被 MITI 视而不见，这种状况在它们靠自己的努力取得成功后才有所改观。日本组建财团的政策收效甚微，在这种财团中，主要的公司为了开发新技术而联合在一起，如超级计算机或生物遗传学。

原因是显而易见的，至少在后知后觉上的确如此。首先，挑选优胜者就像在算命。MITI 挑选而且必须挑选的是当时在比较先进的国家，特别是美国取得成功的行业。它不会而且也不能挑选在未知的将来可能取得成功的行业。因此，MITI 在 20 世纪 70 年代初扶持的是大型计算机，此时恰巧是个人计算机异军突起的前夕，即大型计算机即将止步不前之际。其次，MITI 挑选的是在其他国家已经取得成功的行业。但这意味着它挑选的是与其他国家的能力相称的行业。它没有挑选，也不能挑选人们最后才知道与日本的能力相称的行业，即超凡的小型化的能力。这种能力的存在是看不见的，甚至日本人自己也不知道它的存在。这是一个原因。在微型芯片出现前，任何人，包括日本国内或国外，都没有认识到它的重要性。这是另一个原因。同样，在1973年和1979年的"石油冲突"前，在美国市场上，日本人缩小美国大型汽车的尺寸并制造出小型节能汽车的能力得不到认可。任何人无法或愿意预见到，引领世界汽车工业的美国汽车巨头在20年的时间里面对日本人的攻势表现得苍白无力。最后，世界经济已经变得极其复杂，任何人都无法猜透或分析透其中的玄机。这也是最重要的原因。我们掌握的数据实在无法显示出重要的发展动态，如服务贸易、结构性和机构性贸易以及联盟的发展。

但是，有人会争论说，日本表现得非常出色（他们说得很对）。这确实不是支持自由贸易的人所鼓吹的，即它不能被解释为传统自由贸易的胜利。我们现在之所以知道这种贸易方式为什么会成功，主要是因为世界银行最近（1993年）发表了一篇题为《东亚奇迹》（*The East Asian Miracle*）的研究报告。㊀

世界银行研究了东亚的8个"超级明星"：日本、韩国、中国香港、中国台湾、新加坡、马来西亚、泰国和印度尼西亚。这8个国家和地区起步的时间各不相同，但是一旦启动，它们的内部经济和国际经济都取得了类似的发展结果。30年前，它们的工业品出口额总共占世界总出口额的9%，现在则占21%（这意味着英国、荷兰和比利时、俄罗斯和拉丁美洲的一些国家共损失了12%）。30年前，在这8个东亚国家和地区，2/5的人口生活在贫困线以下；今天，尽管它们当中的大多数人口激增，但这个数字不足5%。其中的几个国家和地区，如日本、新加坡和中国台湾，现在是世界上最富有的国家和地区之一。然而，它们在文化、历史、政治体制和税收政

㊀ 在世界银行发表研究报告时，我通过自己的研究也得出了几乎相同的结论，但是世界银行的报告比我的任何研究全面得多、透彻得多，权威性也高得多，而且它有充足的理由为这个问题盖棺定论。

策上存在着巨大的差异。这包括实行干涉主义的新加坡和主张国家统治经济的印度尼西亚。

所有 8 个国家和地区的共同点是两套经济政策。首先，它们不试图控制国内（地区内）经济的短期波动。它们不试图控制"经济气候"。事实上，在每一个国家或地区，在它们放弃控制国内（地区内）短期波动的企图前，经济奇迹是不会开始出现的。每一个国家或地区的重点反而是创造恰当的"经济气氛"。它们的通货膨胀率都很低，它们加大对教育和培训的投资，它们奖励储蓄和投资，限制消费，因此鼓励高储蓄率。

创造东亚奇迹的 8 个国家和地区都拥有共同的第二套经济政策，即相对于国内（地区内）经济，它们更重视在世界经济中的表现。在它们的决策中，第一个问题总是："这个决策将对我们的企业的竞争力及其在世界经济中的表现产生怎样的影响？"而不是："这个决策将对国内（地区内）经济和国内（地区内）就业率产生怎样的影响？"但这个问题却是大多数西方国家关注的问题，特别是美国和英国。然后，这 8 个国家和地区为在世界经济中取得成功而采取积极的扶持、鼓励和推进措施。虽然 MITI 没有预料到日本的成功，但是日本的整个体制有利于在世界市场取得成功和与世界市场共进退，它采取的措施包括：向出口企业提供大量税收优惠；国际贸易和国际投资项目很容易获得贷款（而国内贸易项目很难拿到贷款，而且贷款利率高）；在受到保护的国内市场上有意抬高价格和利润，从而获得可供海外投资和打入外国市场的资金（人们普遍认为日本公司的利润率非常"低"，这完全是荒诞的想法）；对在世界经济中表现得特别出色的公司的领导给予特别的表扬，如在日本最高的行业组织日本经济团体联合会（Keidanren）的执行委员会中担任委员，这样的委员是德高望重的，而且许多人都对这个位置垂涎欲滴。在这 8 个创造东亚奇迹的国家和地区中，每一个国家或地区都按照自己与众不同的方式管理经济。但是它们都遵循同样的两个基本政策：首先，通过强调金融稳定、受过教育和培训的劳动力队伍和高储蓄率等基本原则，在内部提供恰当的气氛；其次，将在世界经济中的表现作为经济政策和经营方针的优先考虑。

联邦德国和瑞典这两个西方国家也出现了类似的发展势头，我们从中吸取到了完全一样的教训，然而最近，它们的发展势头发生了变化。这两个国家也实行不同的国内政策。但是，它们首先营造和保持的是一种经济发展的气氛，它们都采用同样的措施：控制通货膨胀；加大在教育和培训的投资；建立在高额消费税及相当低的储蓄和投资税基础上的高储蓄率。在政府和商业决策中，它们系统化地优先考虑世界经济。在这两个国家中，人们首先问的问题总是："这个决策将对我们在世界市场中的地位、竞争力和表现产生怎样的影响？"当他们将这个问题抛到九霄云外时，即几年前，工会置德国的竞争地位于不顾，只考虑工资要求，而瑞典人将企业的竞争地位置于不断增加的福利支出之下，他们的国内经济也因此立即陷入停滞状态。

要让国内经济不受资金流动的影响和顶住冲击，营造恰当的经济气氛是一个办法，而且是唯一的办法，这就是营造恰当的经济气氛的一个重要原因。

在过去的40年里，世界经济在什么是有效的政策方面给我们上了另外一课：海外投资不会"出口"就业机会。它反而创造本国的就业机会。我们应该从美国在20世纪60年代的表现上认识到这一点。当美国的跨国公司在欧洲、南美洲和日本迅速扩大投资的时候，国内经济创造就业机会的速率是非常快的。20世纪80年代，当美国的跨国公司卷土重来时，当它们加大海外投资，特别是在欧洲的投资时，国内的就业率再一次迅速攀升。日本也出现同样的情况，我们在前面已经说过，日本迅速在东亚扩大投资规模，并因此创造了就业机会，而日本国内的就业机会并没有因此而消失，反而保留了大量的就业机会。日本企业在东亚投巨资兴办的是为本国市场生产产品的工厂。这种情况也同样适用于瑞典，在海外投资建厂方面，瑞典是所有工业化国家中步子迈得最大的。

其中的原因当然是这种投资方式带来的机构性贸易。在制造业中，企业在新建工厂的机器、工具和设备上的投资，平均到每个工人，是年产值的3~5倍。许多服务业也是这样，如零售业。因此，机构性贸易带来的、让新建工厂投入生产所需的就业机会在今后几年都会大于新建工厂每年的产值和提供的就业机会。在这种机构性贸易中，大多数的贸易机会都是投资者所在的国家提供的，而且大多数的贸易机会都是由高工资的劳动者创造的。因此实际上，每"出口一个就业机会"，至少在中期内，本国就多出几个就业机会。在墨西哥五六年前向外国投资者敞开大门后，福特汽车公司大张旗鼓地在该国建厂，而该公司之所以能成为一家增加本国就业机会的美国汽车制造公司，原因就是机构性贸易。最近几年，墨西哥的两家分别制造水泥和玻璃的企业积极地在美国建厂和收购工厂，而它们却增加了本国的就业机会，而在墨西哥，这样的大企业屈指可数。它们之所以这样，也是因为机构性贸易。然而，迄今为止似乎只有日本人掌握了其中的玄机。10年前，他们因"人去楼空的企业"而感到惊慌失措，这些企业向亚洲大陆输出劳动密集型工作（如电子消费品），由它们向日本本国市场供应产品。今天，向日本人在亚洲大陆开设的工厂出口的高附加值机械和工具，即机构性贸易，在日本的出口顺差中所占的比例最大，而且为日本的工程和高科技行业带来大量的就业机会。

过去40年的经验教训还包括：保护措施很少起到保护的作用。事实上，我们掌握的证据相当清楚地表明，在许多情况下，保护措施加快了打算保护的行业的衰落。

每一个发达国家都大力保护农业。但是在美国，大豆、水果、牛肉和家禽等农产品根本就没有补贴或补贴的金额大大低于"传统"农作物，如玉米、棉花和小麦。尽管面临激烈的竞争，但是这些保护力度不大的产品在世界市场上的表现比大力保护的产品好得多。自第二次世界大战后，所有发达国家的农业人口急剧减少。但是，在法国和日本这两个保护力度最大和/或给予最多补贴的国家，农业人口急剧减少的幅度是最大的。1980年，美国汽车工业受到大力保护，美国政府迫使日本接受"自愿出口限制"，随后，美国汽车工业在美国市场的份额呈显著加速下降之势，这同样具有启示意义。在亚当·斯密（Adam Smith）提出古典自由市场经济理论之前，人们就已经知道保护主义是自满、低效率和卡特尔的温床。但是，反对的人始终认为保护主义保护的是就业机会。过去40年的证据有力地说明它连就业机会也保护不了。至少，它保护不了任何发达国家在农业领域提供的就业机会。它保护不了美国汽车工业的就业机会，或者在最近几年，它保护不了欧洲汽车工业的就业机会。它同样保护不了美国、欧洲或日本的钢铁工业的就业机会。保护主义不再保护就业机会；它更有可能加快就业机会的转移。

过去40年的经验教训是，自由贸易是不够的。我们必须超出自由贸易的范畴。

世界经济的重要性迫使一个国家必须制定世界经济政策。对贸易的控制属于伟大的幻想。保护主义只会造成伤害。但是，不实施保护主义是不够的。我们需要的是制定一项经过深思熟虑的积极政策，它实际上是一项雄心勃勃的政策，对于外部经济、外部经济的需求、机会和动态与国内政策的需求和问题，这项政策应优先考虑前者。对于美国来说（以及对于像法国这样的国家和大多数拉丁美洲国家来说），这将意味着彻底颠覆几十年以来奉行的传统政策，在很大程度上，它将意味着放弃自1933年以来，当然也是自1945年以来左右美国思想和经济的经济政策。我们仍旧认为世界经济的需求和机会属于"外部事物"。我们通常甚至不会问："这项关于国内经济的决策会破坏美国参与世界经济的能力、美国在世界经济中的竞争力和地位吗？"然而，我们真正需要问的是："这项国内经济措施会提升、增强和促进美国参与世界经济的能力和美国的竞争力吗？"对这个问题的回答于是决定了什么是正确的国内经济政策决策和国内商业决策。最近40年的经验教训告诉我们,这才是唯一有效的经济政策。最近40年的经验教训明确地告诉我们,它还是可以迅速振兴陷入动荡和长期衰退的国内经济的唯一政策。

(1994年)

CHAPTER 14 | 第 14 章

美国经济力量的转移

发达国家的经济力量正在迅速从制造企业转向分销商和零售商。

沃尔玛取得的巨大成功完全归功于该连锁超市对其主要供应商的业务的控制，已故的山姆·沃尔顿（Sam Walton）因此在不到 20 年的时间里就成为世界上最富有的人之一。控制应生产的产品、应提供的产品组合、生产的数量、交货的时间和向哪些连锁店提供产品的是沃尔玛，而不是制造企业，如宝洁。同样，日本的伊藤洋华堂（Ito-Yokado）株式会社控制了产品组合、生产计划和面向旗下的 4300 家 7-11 便利店（7-Eleven）提供可口可乐饮料或啤酒等主要商品的交货行为。

在五金器具方面，实际设计产品（或至少提出产品的规格）、寻找制造企业和规定生产计划和交货时间的是一些大型分销商，其中的许多分销商都持有独立零售店的股份，而这些零售店又需要分销商提供服务。例如，服务之星（Servistar）是一家位于美国宾夕法尼亚州巴特勒市的公司，为全美 4500 家零售店采购商品，同时这些零售店都持有该公司的股份。

在法国和西班牙的食品零售市场占主导地位的连锁巨型超级市场同样控制了产品组合、生产计划和主要供应商的交货计划。在美国办公产品市场的份额不断上升的廉价商品连锁店也是这样。在美国，独立的社区医院不再是卫生保健产品的主要客户。现在，购买卫生保健产品的是连锁式的组织，如胡马纳（Humana）等营利性公司、志愿组织以及包括天主教和路德教在内的教会。它们规定产品的规格、寻找制造企业、协商价格以及确定生产计划和交货方式。

分销变得越来越集中化；制造反而变得越来越分散。30 年前，三大汽车制造企业瓜分了美国市场。今天，市场被 10 家企业所瓜分，包括底特律的 3 家汽车制造企业、日本的 5 家企业和德国的两家企业。但是 30 年前，85% 的汽车销售零售额都是由只有一个经营网点的代理商完成的；有 3 个经营网点的连锁代理商是非常罕见的。今天，大型连锁代理商在数量上虽然非常少，不超过 60 家，但是它们销售的汽车占美国的 2/5。以前的代理商只销售一个牌子的汽车，而今天的连锁店可能各设分店同时销售通用汽车、丰田汽车和宝马汽车。它们很少死抱着任何一家制造企业不放，它们会根据客户需要的变化而变化。

20 世纪 60 年代中期，服务之星公司（当时称"美国五金"）每年采购的商品不到 2000 万美元，拥有 600 家会员商店。今天，该公司为 4500 家商店提供服务，年采购额达 15 亿美元。20 年以前，现在的 7-11 便利店在日本的每一个经营网点都是独立的家庭式商店。这种家庭式商店现在仍旧为顾客提供服务，但它们都成为特许经营商：7-11 便利店负责经营商店、决定要出售的商品和商品的数量、采购和储存商品、做广告、为商店提供资金、完成财务工作和培训员工。

这些大型分销商对制造企业的品牌的依赖度越来越小。30 年前，美国只有两个规模非常大的零售商成功地销售贴有自己的"自有商标"的产品，它们是梅西百货公司（R. H. Macy）和西尔斯·罗巴克百货公司。大西洋与太平洋茶叶公司（Great Atlantic and Pacific Tea Company）是当时美国最大的食品零售商，该公司试图效仿梅西公司和西尔斯·罗巴克公司。大西洋与太平洋茶叶公司的自有商标具有极高的品牌价值。但是，社会大众拒绝购买该公司的产品，该公司也几乎因此遭到毁灭性的打击。而现在自有商标遍地开花。

我家附近的独立文具店只销售全国性品牌。但是，一家廉价文具连锁店最近在本地开张的经营网点唯一销售的几个全国性品牌是需要服务的商品，如计算机和传真机，而且它们在商店的销售额中所占的比例还不到50%。零售连锁店越来越多地采用有线电视推广其自己的品牌；它们不再依靠制造企业通过广播电视网络做广告。

这种转变的基础是信息。沃尔玛从销售开始就围绕着信息运转。当顾客购买商品时，信息就直接、"实时"地被传到制造企业的工厂。它们被自动转换成生产计划和交货指令：装运的时间、方式和地点。按照传统惯例，商品从制造企业的装卸平台到零售商的商店所需的费用占零售价的20%~30%，其中的大部分费用用于在3个仓库（制造企业、批发商和零售商的仓库）储存存货。在沃尔玛的系统中，这些成本大部分都消失得无影无踪，从而使该公司的价格低于本地竞争对手的价格，尽管沃尔玛的劳动力成本普遍比较高。

在日本，当7-11便利店的顾客购买一瓶软饮料或一罐啤酒时，瓶装厂或啤酒酿造厂就直接得到了有关信息。这些信息立即变成生产计划和交货计划，其中包括重新供应商品的时间以及向4300家商店中的哪一家供货。

我们原先不需要计算机做沃尔玛和7-11便利店所做的事情。五十多年前，英国零售连锁企业马莎百货将市场信息与供应商的生产计划结合在一起，创造了第一个按时生产和供货的系统。20世纪60年代中期，美国俄亥俄州马西维勒市生产草、种子、化肥和杀虫剂的 OM 斯科特（O. M. Scott）公司在制造系统中加入了实时市场信息。它们几乎立即在本行业占据领先地位。但是，随着计算机的出现及其可以提供即时的市场信息，这种信息与生产和交货计划融为一体的趋势是不可避免的。

1954 年，在拙著《管理的实践》（*The Practice of Management*）一书中，我首次提出成果只有在市场中才能体现出来。自那以后，人们对这种观点就习以为常了；在生产或移动物品的地方只存在成本。这些天来，每一个人都在谈论"以市场为导向"或"以顾客为导向"的公司。但是，只要我们不掌握市场信息，决策（特别是日常经营决策）就是有关制造的决策。这些决策必须根据工厂生产状况的变化而变化，而且它们必须以我们在制造成本上掌握（或认为我们掌握）的唯一信息为基础。

由于我们掌握有关市场状况的实时信息，因此决策将越来越多地以最终顾客在采购行为上的变化为基础，无论最终顾客是家庭主妇还是医院。控制这些决策的将是掌握信息的人，即零售商和分销商。决策权将越来越多地转移到他们的手中。

这个趋势产生了一个影响，即生产企业将不得不调整工厂的结构，适应"灵活制造"的需要——灵活制造是描述围绕市场信息流组织生产的专门术语，这种生产不再像传统制造模式一样以物料流为中心。我们的自动化程度越高，灵活制造的重要性就越大。通用汽车慷慨地浪费了 300 亿美元实现生产流程的自动化，结果只是让该公司的工厂变得成本更高、更僵化而反应更迟钝。丰田花费的钱只是通用汽车的一个零头（在某种程度上，福特也是如此）。但是，该公司将这笔钱用在围绕市场信息调整生产结构上，即"灵活制造"。

这个趋势产生了另一个重要影响，即在过去的 10～15 年中，当企业开始围绕信息流理顺企业内部的生产流程时，我们现在称之为"再造"，它们立即发现它们不需要很多的管理层次。一些公司的管理层次后来减少了2/3。由于我们开始围绕着外部信息理顺生产流程，因此我们正在认识到经济不需要太多的中间人。我们正在取消批发商。

例如，在美国五金行业，服务之星等新型分销商现在所做的事情就相当于过去3个级别的批发商所做的事情。在日本，7-11便利店已经甩掉了五六个级别的批发商。况且，这种趋势才刚刚开始。

物流也在发生变化。在许多行业，仓库已经变得多余。在其他行业，仓库的功能发生了变化。在一个中等规模的连锁超市，一半的商品不需要任何仓库；商品直接从厂家运到超市。另外的一半仍旧需要仓库这个环节。但是这些商品不存放在仓库；它们会在12小时内被运走，而且这个时间很快就缩短为3小时，按运输行业的术语说，仓库已经不再是"储藏物品的场所"，它已经成为"中转站"。

这还意味着经济对金融业务的需要越来越少，即购买存货的短期贷款，而两个世纪以来，金融业务是银行最安全和最赚钱的收入来源。贷款需求的急剧下降在很大程度上促使发达国家银行的商业贷款业务呈现萎缩之势，甚至在经济的繁荣期也不能扭转这种趋势，同时也促使它们企图墙内损失墙外补，它们一窝蜂地扑向捉摸不定的房地产交易和争相为第三世界的国家提供贷款。

但是，最大的影响是经济正在改变结构。经济的组织方式正在从以物料流和资金流为中心，转向以信息流为中心。

（1992年）

第15章 | CHAPTER 15
寻找新兴市场

  自从20世纪50年代第二次世界大战留下的创伤愈合后，一晃40年过去了，在消费需求的推动下，世界经济经历了史无前例的发展，并在20世纪80年代达到登峰造极的地步，其标志就是在发达国家掀起巨大的购物狂潮。但是，越来越多的证据表明我们正在面临一场深刻的结构性转移，即经济的发展和扩展不再以消费需求为基础。

  这种转移的一个特征就是：自从第一台电视机问世以来，每一款新型电子消费产品都会立即引发一场购物潮流，特别是在日本。然而1991年，当几款在技术上令人非常兴奋的电子消费品在日本市场推出时，人们几乎无动于衷。

  更重要的是，新兴市场既不是消费品的市场，也不是传统的生产资料市场，即机械和工厂的市场（事实上，全世界的制造企业可能会出现生产能力过剩的问题，这个问题在日本和西欧表现得最突出）。相反，在新兴市场中有3个市场是各种"基础设施"的市场，即为生产企业和消费者服务的设施。第四个新兴市场的主体不是任何传统意义上的"产品"或"服务"。

准入门槛最低的新兴市场是通信和信息。第三世界国家对电话业务的需求实际上是无止境的。经济发展的最大障碍就是匮乏的电话业务，同时对经济发展贡献最大的莫过于完善的电话业务。电话系统需要大量资金。但是，随着靠电线线路传输信号的传统电话被靠无线电波传输信号的蜂窝式电话所取代，这些技术可以从根本上降低所需的资金投入。一旦电话业务系统安装调试完毕，如果维护得好，它很快就会开始收回成本。

在发达世界，信息和通信市场的规模甚至可能更大。明天的办公室和学校的建设很可能以信息和通信为中心。我们已经知道明天的工厂的组织方式将以信息为中心（而仅仅在10年前，我们还认为其以自动化为中心）。技术已经投入使用；它只需要恰当地加以包装。

第二个新兴市场是所谓的"环境市场"，它最后提供的机会可能比第一个市场更多。它包括3个独立的部分，所有部分发展得都很快。

1) 水和空气净化设备市场。在美国，水和废水的净化发展得非常迅速。1977年以后，美国制造企业的用水量已经减少了1/3，而且到2000年准备再减少1/3。美国制造企业对空气的污染也呈大幅下降之势。日本甚至可能走在了前面，而欧洲仍旧远远落在后面。但是，制造企业并不是世界上最大的污染大户。例如，在水污染方面，城市污水是最大的罪魁祸首。虽然我们掌握了相关的技术，但是在处理水污染方面，任何国家都是任重道远。

2) 土壤生物产品市场。在这个市场，化学除草剂和杀虫剂将被无污染的产品所取代，其中主要包括生物产品。这些产品中的首批产品刚刚面世。业内专家相信，到2000年，发达国家按商业化运作的农业使用的所有除草剂和杀虫剂都将是生物产品，而不是化学产品。

3) 能源市场。能源市场是环境市场的最大组成部分，在2000年以后，它才会成为一个主要因素。我们越来越需要减少可能造成极大污染的能源，如汽车发动机使用的汽油或发电站使用的煤。太阳能电池和不产生污染的燃煤锅炉是首先实现减少污染能源的技术，它们将不再是科学幻想；10年内，这些产品将成为大众化产品。

第三个新兴市场实际上根本不是新出现的市场。发达国家和发展中国家越来越需要修复、加强和升级客观存在的基础设施，特别是交通系统，如公路、铁路、桥梁、港口和机场。

服役期限低于30年的基础设施在全世界屈指可数，而且在不发达国家，自1929年或第一次世界大战后，基础设施一直得不到重视。在日本，它们仅有的几条高速公路甚至都是20世纪60年代修建的；美国的道路系统曾经令世界叹为观止，但现在已经老态龙钟。欧洲所有国家的铁路系统运输的货物不超过该国总运量的1/10，而且都入不敷出。同样在日本，虽然铁路运输大量旅客，但仍无法以货物承运人的身份为国家经济贡献力量。

反观美国的铁路的发展现状比较合理，至少，其运输的货物几乎占全国总量的2/5，而且保持盈利。但是，美国的运输系统甚至也是超负荷运转，而且年久失修，因此也无法承担更多的运量。海运基本上保持着良好的状态，而在西方发达国家，负责管理海运业务的是私营企业。然而在其他方面，全世界的运输系统可能需要大规模的投资，期限长达10年以上，当可与19世纪中叶掀起的铁路发展高潮相媲美。

第四个新兴市场是由人口引发的。它就是为晚年生活理财的投资"产品"市场。

人寿保险是19世纪的主要投资产品，它当然也应被称作"死亡保险"。它为防止家庭因家庭的顶梁柱英年早逝而陷入经济困境提供经济上的保障。在所有发达国家，保持增长势头的新行业是"生存保险"，即工薪族为在退休后拥有足够的生活费用，通过节省收入而形成的基金。众所周知，养老基金已经成为美国经济中唯一名副其实的"资本家"。在其他发达国家，养老基金也正在迅速成为名副其实的资本家，而且原因也是相同的：越来越多的人在退休后过着富足的生活。在这种发展趋势下，对投资工具的需求也应运而生，这种需求与我们以前注意到的任何需求相比有过之而无不及。

因此，经济增长的潜力是非常大的，这种势头甚至可能再延续40年。我们有需求；我们也有技术和资本资源。但是，这种潜力与传统的假设和美国民主党和英国工党提出的议案是水火不相容的，他们认为政府通过增加支出可以刺激消费。事实上，这种措施更有可能引发通货膨胀。我们需要的不是更多的消费支出，而是长期投资和由此创造的就业机会。

美国共和党和英国保守党为鼓励这种投资而提出的措施是同样不可能达到预期目的的。他们认为投资者都是"富人"，其实今天的投资者实际上几乎没有"大量财产"。每个人每年存入养老基金的金额一般不超过1万美元；而且每个人认购共同基金的金额一般在2500美元左右（共同基金对于储蓄者个人来说是首选的投资工具）。

我们需要的是完全不同的东西：基础设施的私有化。我们应该靠在竞争性市场上经营的、由投资者拥有的和以营利为目的的企业来满足我们在通信、环境和交通上的需求。在这方面，美国开创先河：19世纪下半叶诞生了"公共事业"。这使得美国的铁路、电力和电话公司保持私有化和竞争力，而在其他国家，这些部门是由政府控制的。

在基础设施的私有化方面，我们已经看到了一些进步。德国很久以前在治理该国污染最严重的河流鲁尔河的过程中，允许不向鲁尔河排污的企业分享河流治理带来的利润。在加利福尼亚的森特勒尔瓦利，向农场主分配的水已经成为可买卖的商品，从而鼓励购买水的人节约和净化水资源。

私有化是保证人们对基础设施的需求能够得到满足的一个办法。今天，无论是通过税收的方式，还是通过借款的方式，世界上的任何政府都不能独自解决这个问题。然而，资本是现成的，而且是充足的，同时，有利可图的投资机会也是现成的。

（1992年）

第 16 章 | CHAPTER 16

环太平洋地区与世界经济

今后几年,即从现在到 2000 年,将是亚洲的环太平洋地区如何融入迅速变化的世界经济的关键时期。这个地区中的许多独立的国家和经济体会相互展开激烈的竞争吗?它们会像马来西亚的首相建议的那样,形成许多地区性贸易集团吗?或者,它们会形成一个新的超级集团吗?这个超级集团会成为西方国家现在内部理顺自己的组织结构,在内部实行自由贸易,但对外部实行高度保护主义的超级集团吗?它会是迄今为止规模最大的超级集团吗?无论这些国家走什么样的道路,亚洲,乃至世界经济和世界政治格局都将受到深远的影响。环太平洋地区的亚洲国家面临着外部的发展,即西方的发展,和它们自身的经济发展的双重压力,它们必须做出决策。

欧洲经济共同体的形成促使西方国家迅速转型,它们纷纷成立地区性超级集团,而欧洲经济共同体看起来似乎是 20 世纪 80 年代最重要的经济发展成果。现在,北美洲的国家正在筹划成立类似的超级集团。事实上,加拿大和墨西哥已经与美国经济结成牢固的一体化关系,北美自由贸易协议(即美国、加拿大和墨西哥政府之间的协议）是否成为法律已经不再重要。现在唯一的问题是其他拉丁美洲国家（首先是智利，然后是阿根廷，最后是巴西）是否走以英国为首的所有欧洲国家的道路，像它们被拉入欧洲共同体一样被拉入这个北美超级集团。

通过这些超级集团，西方国家正在理顺自己的经济结构，同时这些超级集团正在创造世界有史以来最大和最富有的自由贸易区。但是同时，欧盟和北美经济集团也正在无情地拒绝与外部世界开展自由贸易，并迈向新的保护主义。它们将积极地增加出口，但同时激烈地保护国内的工业。主要原因不是经济层面的，而是社会层面的，而且更加引人注目。西欧和美国优先考虑的社会问题将是分别为东欧和墨西哥的制造业提供就业机会。由于大量无任何技能或技术水平低下、在输出国无就业机会的移民涌入西欧和美国，因此它们没有选择余地。德国（和洛杉矶）的经历非常清楚地表明，这些移民已经超出了社会和政治的管理范围。但是，在输出这些移民的国家（无论是斯洛伐克、乌克兰，还是墨西哥），可能吸收它们就业的行业只有劳动密集型的传统行业，如纺织、玩具、鞋类、汽车、钢铁、造船和电子消费品等。然而，在环太平洋地区保持发展势头的亚洲国家，恰好必须靠这些行业创造出口的机会，而昨天创造亚洲"奇迹"的国家和地区在早期发展的过程中也同样是靠这些行业发展出口经济，它们包括20世纪六七十年代的日本和后来的"四小龙"。当然，今天保持上升势头的经济体（如中国沿海地区、泰国和印度尼西亚）在很大程度上也是将发展的希望寄托在这些行业上。

中国沿海地区拥有三四亿精明强干和远大抱负的人，到2000年，该地区应该成为世界上主要的经济力量之一。人均产值和人均收入将不会达到"发达"国家的水平，而仍将属于"发展中"国家的水平。但是，在10年内，沿海地区的工业生产总值可能会大幅增加，使之成为争夺世界工业第二把交椅的有力竞争者——现在，日本和德国为这个位置而你争我夺。

与日本和亚洲"四小龙"一样,中国沿海地区的经济发展将是"出口拉动型"。但是,这个地区的产品的主要"出口"市场是国内市场,即8亿居住在辽阔的内陆地区的人口,其中主要是农村人口,他们毕竟在经济上、社会上和文化上与沿海地区的居民存在迥然不同的特点。与40年前的日本一样,中国的沿海地区不像第二次世界大战后等待重建的西欧那样需要大规模的投资。这个地区是世界上储蓄率最高的地区之一(只不过是因为人们几乎没有什么东西可买,而这种情况直到最近才有所改观)。由于决定投资的是投资者个人和市场,因此资本生产率似乎非常高(虽然仍旧低于20世纪六七十年代的日本)。尽管如此,这个地区将需要大量的外汇。我预计在今后几年内,为了满足它们的外汇需求,中国沿海地区需要的出口量将超过位于环太平洋地区的所有其他亚洲国家的出口总量,但其中不包括日本。

但是,谁将负责实现这些出口目标呢?实际上所有出口行业在发达国家都属于产能过剩的行业。位于环太平洋地区的发达的亚洲国家正在迅速从劳动密集型的传统行业中撤出来,其中以新加坡为首。到2000年,日本甚至将停止向西方的发达国家出口汽车,它们反而将在这些国家生产汽车。但是,发展中国家,特别是迅速发展的国家,就别无选择。泰国和印度尼西亚就面临几乎相同的问题。但是,由于中国沿海地区拥有庞大的人口和面临爆炸性的发展,因此它们将不得不正面面对这个问题。实际上,对于克林顿政府来说,消除与中国的贸易逆差已经成为头等大事。欧盟也完全不愿意让中国的产品进来,与一蹶不振的欧洲工业生产的产品竞争。

在这种情况下,我们需要全新的概念,即亚洲国家对贸易政策的领导力。迄今为止,亚洲国家都是被动地遵守发达国家制定的贸易政策。甚至日本的贸易政策到目前为止在很大程度上也是巧妙地利用了美国的贸易政策(或谈不上巧妙利用的问题)。现在,亚洲国家需要采取行动。因为,只有亚洲国家才可以让一个迅速发展的亚洲融入世界经济。但是,这种领导力将源自何处呢?

(1993年)

CHAPTER 17 | 第 17 章

日本有限公司走到尽头了吗

日本有限公司（Japan, Inc.）出现了混乱局面。日本公司在世界市场上一如既往地靠自己的力量竞争。但是，它们不再拥有与众不同的政策，尤其是没有独树一帜的经济政策。针对突如其来的事件做出的短期调整和惊慌失措的反应倒是家常便饭。在西方国家，这些调整和反应不能取代政策，而且取得成效的寥寥无几。部分问题在于，日本可利用的选择方案都不吸引人：这些选择方案都不能让大多数人达成一致意见。它们反而会让这个国家的主要利益集团出现分裂，这些团体包括官僚、政治家、商业领袖、学术界和工会。日本的报纸总是对"软弱的领导者"牢骚满腹。但这只是表面现象。三十多年以来支撑着日本政策的四大支柱已经土崩瓦解或正在摇摇欲坠，这是根本问题。

日本曾经认为它们是对抗苏联的一个十分重要的堡垒，为此，在经济利益与保持东京政府的政治稳定和维持美日战略联盟之间，美国会选择后两者，这就是日本政策的第一个支柱。在20世纪七八十年代，美国大使迈克·曼斯菲尔德（Mike Mansfield）反复重申，在美日政治关系与所有其他事务之间，美国会优先考虑前者。老布什政府也明显存在同样的倾向。日本人认为，无论美国咆哮的声音有多么大，对他们来说也无关痛痒，不会伤筋动骨。他们当时的这种想法也是正确的。

日本现在必须对这种想法提出怀疑。克林顿政府会置美国实际的或感觉到的经济利益于不顾而考虑联盟的政治利益吗？当然，美国宣布，一旦日本受到武力攻击，美国将负责保卫日本。然而，日本现在开始认识到美国将变本加厉地要求日本为这种政治上的支持而在经济上付出高昂的代价，而此时，中国，即日本的重要邻邦，恰好跻身世界强国之列，经济和军事实力不可小视。欧洲国家从未赞成过曼斯菲尔德的观点，它们的烦恼也就比较少。在今后几年内，欧洲不仅要决定允许多少日本造的产品进入欧洲，而且还要决定日本公司在欧洲境内生产的产品是否可以在欧洲市场上自由和大批量销售。

日本人认为日本的企业可以在世界市场上独领风骚，他们可以预测西方国家的发展趋势，西方国家做得慢半拍和心不在焉的，他们都可以做得更好、更快。这就是支撑日本的经济政策的第二个支柱。这种策略接二连三地大获成功，首先是索尼公司在20世纪60年代初在推出晶体管收音机时小试牛刀，然后在几年后，照相机和复印机制造企业争相效仿。它仍旧不失为一项制胜的策略——最近几年，日本企业就是采用这种策略在美国市场上让欧洲的豪华轿车铩羽而归，或手疾眼快地从发明传真机的美国企业手中抢生意。

但是，这些成功不再是理所当然的事情了。在计算机领域，这种策略遭遇了滑铁卢。日本企业预测到了IBM的发展方向，然后试图在灵活性上击败IBM，然而这使得它们与工作站和网络技术等新兴行业失之交臂。在计算机芯片上，日本企业没有把握住行业发展的趋势，它们弃高附加值的专用电路于不顾，反而集中精力开发低附加值的、无特色的产品，结果它们现在受到其他国家的生产企业的猛烈冲击，而这些国家的劳动力成本都很低。在电信方面，日本错失了发展到无线电话传输（蜂窝电话）技术的机会，而这种技术很可能在世界市场取得长足的发展。在电子消费品和高清晰度电视方面，虽然人们还没有笑到最后，但是日本企业再一次采取守势，它们没有打出致命的一拳。

1992年，即使日本对美国的出口顺差在数量上再一次进入上升轨道，但是它们在质量上却出现了退步的迹象。汽车这个在每一个发达国家的市场都出现饱和迹象的成熟行业贡献的出口额现在几乎占3/4。甚至在这个行业，日本企业从美国企业中抢走生意的局面也一去不复返了，它们现在只能与欧洲进口车争夺市场。通用汽车当然仍旧在丧失市场份额，但是现在是输给了福特和克莱斯勒。

日本人认为，日本的国内经济在很大程度上不会受到乱糟糟的外部世界的影响。这是支撑日本的经济实力的第三个传统支柱。这种观念的基础是日本人对进出口的认识，即他们进口的主要是食品和原材料，出口的主要是工业品。在经济不景气的时候，原材料价格滑落的速度和深度都大于工业品，即日本的出口价格。因此，当世界经济走下坡路时，用日本的经济术语表示的贸易额（即相对经济实力）和贸易差额（即绝对经济实力）往往出现好转的迹象。

这个等式仍旧灵验。它在很大程度上说明日本为什么能够在过去几年内一直保持贸易顺差。世界食品和原材料的价格现已连续十几年保持下降趋势，但对于日本经济来说却是一大笔经济补助。相对于工业品的价格，它们现在购买商品和原材料的价格大约只相当于1979年的一半。然而在国内，日本现在陷入衰退已经有两年多了。就业率、产值、利润和投资仍旧呈下滑之势，而且所有这四项似乎都受世界经济趋势的制约，而它们本应对外界的经济趋势具有免疫力的。

第四个支柱是坚持长期政策不放，兼备偶尔破例、满足特殊利益和抓住机会的灵活性。他们定期审查其政策，并在必要时进行修正或修改。这种策略避免了短期的权宜之计，而如果短期的权宜之计无法产生预期的效果，全国舆论就会为之哗然。

1960~1985年的25年中，日本一直坚持长期政策不放。但是，到了1985年，价值高估的美元实行浮动汇率制，美元兑日元的汇率在几个月内一下子跌了50%。在日本出口的产品中，2/5都是出口到美国的，因此它们感到它们的出口受到了威胁，并为此而感到惊慌失措。为了挽回它们损失的出口销售额和利润，进而支撑终身雇佣制和保持社会的稳定，政府仓促间展开了一场疯狂刺激国内消费的运动。

日本的制造企业是否真正需要大剂量的经济强心剂还有待讨论。大多数企业很快都能适应一跌再跌的美元价值和缩水的出口收入。无论是否需要，日本都不应该在经济陷入困境时刺激国内消费。推出这种措施的时候恰逢人们的购买力和生活方式迅速发生转变，当时没有消费能力、战争和战后贫困的阴影仍旧挥之不去的老一代逐渐退出历史舞台，而"雅皮士"和婴儿潮一代逐渐成为社会主流。政府的政策于是掀起了经济历史上最大的消费浪潮。它还刺激房地产和股票价格在投机者的推动下一路飙升。3年后，日本人现在所说的"泡沫经济"达到最高点，东京股票交易所的股票价格是税前利润的50~60倍（即税后收益不足1%）。在东京比较好的办公地段，房地产的抵押价格是每年出租收入的50倍。

1990年年初，泡沫经济崩溃了，股票市场的市值仅仅在几个月内就缩水一半。如果储蓄银行、商业银行和保险公司被迫按实际的价值减计它们持有的股票和房地产贷款的账面价值，它们的金融体系将遭遇灭顶之灾。日本没有像美国通过商业银行和非银行储贷机构处理拉丁美洲的贷款和房地产贷款一样，它们没有采取管理和调控手段，没有选择放弃，反而假装什么损失也没有。1993年春季，政府大规模买入的股票和债券占东京股票交易所所有交易额的1/3。一旦经济复苏，市场"必须"回升，这样政府就可以出售政府持有的证券，甚至可以获利，这就是官方的方针政策。但是，它们的如意算盘落空了。政府持有这种资产的行为掩盖了市场的真相。政府每拖延一天面对金融现实，问题就越不好处理、更容易引起争议、更容易造成分裂而且更容易破坏政治体制。

一旦局面再一次恢复"正常"，日本将回到传统的长期政策上来，这仍旧是政府的方针政策。任何见多识广的日本人，无论是否在政府工作，他们会不会认同政府的这种想法是很值得怀疑的。在可以预测的将来，日本很可能不会退回到实施统一的经济政策的体制。相反，他们会越来越像主要西方国家，多年以来，西方在经济上的优柔寡断和缺乏方向的弱点一直是日本人讥讽的对象。"日本有限公司"将不复存在，统一的声音将一去不复返，一个负责制定政策的、通过"政府指导"驾驭经济的班子将成为历史。公司、行业和利益集团将在国内和国际社会上面临各自为战的局面。"政策"没有了，取而代之的将是临时的短期措施，这些措施可能还会显得越来越僵化（同时，许诺可能越来越宏伟，就像在西方国家一样）。

与西方国家一样，这种前后矛盾的政策在日本将受到普遍指责，但是它并不是普遍不受欢迎。处于领先地位的制造企业，特别是在世界市场上取得成功的企业，宁愿回到以前的日子，即经济政策具有连贯性，而且制定经济政策的是强大的政府机构。但是，日本的许多其他居于领先地位的企业对"政府指导"不再抱有幻想，而"政府指导"在过去10年中使它们在战略上屡犯错误，例如重点发展大型计算机和超级计算机，以及在电信和电信设备领域维持垄断局面。

如果没有统一的政策和政府指导，每一家日本公司在世界市场上应该具有更大的竞争力。它们会更快地抓住市场机会并应对市场挑战。它们很有可能依靠三项竞争法宝更努力地参与竞争，它们打败西方竞争对手所使用的法宝是：对整个生产和销售流程的经济活动进行控制，而不是采用会计手段控制每个步骤的成本；零缺陷品质；用钱换时间，从而缩短开发、生产和交货周期。

有些公司已经抛弃了传统的策略，即揣摩西方竞争对手的意图并靠智谋打败这些对手，它们真正开始重视以创新突破为目的的研发工作。西方国家的一些公司取得成功的原因是完全按照自己的方式做事，同样，日本的一些公司也可以放弃"日本的方式"，而按照自己的方式做事，这样才有希望取得巨大的成功。但是，如果没有连贯的长期政策和强有力的领导，而是像美国、英国、法国或德国那样实施西方的短期经济政策，那么日本经济作为一个整体会不会有更好的表现，这仍旧值得怀疑。

美国应该避免幸灾乐祸和"敲打日本"，而美国却可能做不到。日本发生金融危机是美国或发达国家的任何其他人都不愿意看到的。世界第二大经济体出现混乱和左右摇摆的政府或社会变得越来越迷失方向也不符合美国的利益。这种情况只能说明日本人将开始寻找代罪羔羊，他们大概会在美国人当中寻找这只代罪羔羊。

美国政府将名正言顺地给日本政府施加更大的压力，以消除在公平的条件下让美国的商品、服务和投资进入日本的障碍。日本几乎不像美国大众想象的那样是一个贸易保护主义者，否则在过去 10 年内，美国制造的产品对日本的出口额也不会几乎翻了一番，特别是高科技产品。事实上，相对于美国与日本的贸易总额，今天的贸易逆差只不过是 10 年前的一个零头。同时，日本迄今为止仍旧是美国食品和木材的最佳顾客，而日本本可以按同样的价格从其他国家轻而易举地采购到相同质量的商品。

在日本经营的外国企业仍旧面临真正的障碍。不论好坏，苏联威胁的消失意味着美国现在没有理由不能要求日本为美国的产品、服务和投资提供日本产品、服务和投资在进入宽松得多的美国市场时所享受到的同等待遇。

美国政府需要的贸易政策能在哪些方面在消除日本的贸易壁垒上取得不同凡响的实际效果，它们的贸易政策就应该侧重于这些方面。例如，这意味着忘掉日本禁止进口大米的禁令。美国在大米问题上的喋喋不休帮不了任何人，反而会让日本的政客们有机可乘，他们会巧妙地指责美国强迫他们削减数额越来越高，提供给拥有巨大的政治权力、种植水稻的日本农民的补贴。如果日本以外的任何地区准备向日本提供大量大米，这个地区不是加利福尼亚，而是成本较低的泰国或越南。同样，底特律的三大汽车制造企业强烈要求给日本的进口汽车设置障碍，他们之所以这么做，也完全是一时冲动；汽车工人的工会会鼓掌欢迎，但这根本就帮不了底特律。不过，这会大大有助于日本的主要汽车制造企业改善公共关系。底特律的要求会让日本人找到求之不得的借口，让他们加快步伐，将面向美国市场的生产活动完全从日本转移到美国的工厂，而在美国生产的成本实际上要低于他们本国的成本。他们因此完全有理由让终生不会失业的日本工人下岗，在政治上这是不可思议的，但在经济上这是不可避免的。

在与日本的关系上，除了表现得更机智一点和少一些花言巧语外，美国政府唯一可以做的就是要明白日本正在处于转型期。他们需要重视日本，这是因为日本是留给美国农产品和林产品的唯一大顾客，同时是美国最大的工业品顾客之一。日本仍旧是完全发达的、非西方的民主国家，是世界第二大经济体。在现在的政府中存在一种显而易见的现象，即高层决策者们似乎都不了解日本或把日本放在心上，这不是什么好兆头。

（1993 年）

第18章 | CHAPTER 18
疲软的美元反倒让日本如虎添翼

10年以来，包括里根、布什和克林顿在内的一届又一届美国政府通过谈判让美元兑日元的汇率一贬再贬。在这10年内，美元的汇率从250日元/美元跌到100日元/美元以下，而每一次美元贬值，专家们都对我们说："'这一次'我们与日本的贸易逆差肯定会离我们而去。"每一次美元贬值，日本人总是捶胸顿足地说日元升值会毁了他们的工业并迫使他们破产。

在过去的10年内，美国出口到日本的工业品确实几乎翻了一番。但是，美国出口到一些欧洲和拉丁美洲国家的工业品增加的速度甚至更快，而在这些国家，美元实际上是升值了。同时，尽管日元出现了升值，日本出口到美国的工业品与美国出口到日本的工业品增加的速度正好是一样快。因此，美国的贸易逆差几乎是没有变化的，在美元第一次贬值后甚至还扩大了一点。

事实上，美国的商品贸易或日本公司的销售额和利润与汇率没有丝毫的关联。如果说它们与什么有关系的话，那就是两个国家的经济活动的相对水平。例如，虽然日本制造企业的利润在过去3年中出现急剧滑落的现象，但主要原因不是它们对美国的出口额或出口利润减少了，而是国内经济一落千丈，而在这些企业中，有许多企业在东京股票市场和日本的房地产市场上不计后果地参与投机活动，因此遭受的巨额亏损令国内的经济雪上加霜。

根据所有经济理论，这种情况完全不会发生：美国对日本的贸易逆差肯定会消失。至少，它肯定会明显减少。华盛顿的专家仍然信誓旦旦地对我们说，下一次，贸易逆差真的会减少，而且必然会减少。但是，如果在整个10年中，必然的没有成为必然，人们就应停止夸下海口。事实上，美国政府在过去10年内推行的廉价美元政策赖以存在的基础是一个完全错误的、有关日本经济的假设。从廉价美元中受益的不是美国，而是日本。

在资金流上，日本花费在进口货上的美元与通过出口赚到的美元一样多，这就是这个表面上自相矛盾的事实的关键。在美日商品贸易上，汇率是无关紧要的：财富是有升有降。个别的公司当然会因廉价美元而遭受损失，但是其他公司却会因此而受益。在贸易总额上，即商品贸易和服务贸易之和，日本在海外花费的美元实际上超过了出口赚取的美元。美元越疲软，日本为获得在国外消费所需的美元而需要付出的日元就越少。

日本所需的燃料和能源，4/5靠进口，进口的食品略高于1/3，而且全部工业原材料都需要进口。这三项总共占日本进口总额的一半（相比之下，它们在美国的进口总额中的比例不超过1/4，在德国的进口总额中不足1/3）。日本进口所有这些商品支付的都是美元，即使它们从其他国家进口石油。我们从经济理论和经济历史中发现，当美元贬值时，以美元计算的商品价格应按相同的比例升高。但是，事实却不是这样。

相反，在过去的10年内，以美元计算的商品（包括食品、工业原材料和石油）价格实际上出现了暴跌。如果换算成日元，日本这个世界上最大的商品进口国买到难以置信的便宜货。现在，养活国民、让工厂运转起来和给千家万户供热的成本只是 10 年前的 1/3 多一点。作为一个进口国，日本从日元的升值中获益匪浅，其生活标准也大幅提升。

在日本出口的商品中，用美元支付的占大约 2/5，其中包括出口到美国的所有商品（现在占总出口额的 1/5）、出口到拉丁美洲的几乎全部商品和出口到英国、澳大利亚和加拿大的所有商品（这三个国家的货币与美元保持着千丝万缕的联系）。日本出口的这 2/5 的商品所赚回的美元与它们为进口商品而需要付出的美元几乎完全相同。

1992 年是这 10 年中最典型的一年，而且几乎完全处于正中间。在这一年，日本进口了 1180 亿美元的商品；如果换算成美元，它们的出口收入大约是 1200 亿美元。实际上，为了抵消其在服务贸易上出现的逆差，日本需要多赚十几亿美元，而在服务贸易上，日本几乎完全是用美元支付的。每年的服务贸易额在 100 亿美元左右。但是，这只意味着美元贬值得越多，它们的损失就越少。

然而，除此以外，日本需要美元，需要大量的美元在海外投资。在过去的 10 年中，日本是主要的对外直接投资国，在全世界开设工厂和收购企业的股权。一两年之前，大部分投资都投向了美国。现在，为了进入欧盟，日本人加大了对英国的投资。由于在过去的 10 年内，英镑是与美元联动性最强的主要欧洲货币，因此对于日本人来说，美元贬值，英镑也更便宜。

在 1991 年，即日本的海外投资出现飙升的一年，他们总共在海外投资了大约 1000 亿美元。这些资金来源于他们对美国以外的其他国家的出口，这些国家的货币没有与美元挂钩，但它们与日元的关系相当稳定（如德国马克）。这样，日本就可以获得在美国投资所需的美元，而它们付出的代价却越来越小。仅靠这一项，日本人就能够以极低的价格在美国（如英国、加拿大和澳大利亚）开设工厂及收购企业。

世界商品价格没有随美元兑日元（以及兑除英镑以外的所有其他主要货

币）的汇率的降低而成比例地上升，其中的原因没有人能够解释得清楚。但是，无论是什么原因，这种局面肯定与美日贸易没有任何关系。我们有非常充足的理由认为美元升值实际上可能是在3～5年内减少美国与日本的贸易逆差的最好办法。

贸易越来越不受经济学家的传统"比较优势"因素的制约，因此也越来越不受汇率的影响——美国与日本的情况仅为其中一例。贸易越来越随投资的变化而变化。

在日本出口到美国的商品中，供日本在美国开设的工厂和收购的企业使用的零部件、耗材和机器占很大的比例，而且还在不断增加，这些出口额可能足以与美国对日本的全部贸易逆差旗鼓相当。例如，如果丰田公司要在肯塔基州开设工厂，谁多年以来一直为丰田设在日本的工厂供应机器和设备，谁就会负责为这家工厂提供所需的大多数机器和设备。谁为总部位于名古屋的丰田公司供应零部件，谁就会为这家工厂供应在其制造的汽车上使用的零部件。

美国的制造企业在海外投资建厂或收购企业时，它们也采取完全相同的方式。但是，由于美元贬值，美国人在日本投资的代价变得极其昂贵，令他们望而却步。事实上，美国在日本的投资也因此被迫减少。一些公司纷纷出售日本子公司的股权，例如明尼阿波利斯市的霍尼韦尔公司（Honeywell）。他们要么无法支付足够的日元，为处于发展阶段和有利可图的子公司提供现代化设备和扩大子公司的经营规模，要么就是利用日元的升值筹集在国内经营所需的美元资金。

如果日元贬值，美国人十有八九会掀起一股到日本投资的浪潮（日本现在是世界上第二大消费市场），同时高附加值和做工精细的商品也会随之大规模地出口到日本。但是，由于日本是世界上最大的商品进口国和迄今为止美国出口的食品和原材料（如木材）的最大采购国，因此如果美元升值，美国出口到日本的商品会带来更多的外汇收入，这种可能性也是相当大的。

然而，这些只是推测。事实证明，美元贬值，美国对日本的贸易逆差并没有减少，而且将来也不会减少。美元贬值只是让日本能够以更小的代价得到美元。

（1994年）

CHAPTER 19 | 第19章

新兴的超级力量：海外华人

美国、欧洲和日本的报纸、杂志连篇累牍地报道新兴的亿万富翁：少数创办超大型跨国公司的海外华人，他们的总部通常位于中国的香港和台北，以及新加坡，其中也有设在泰国、马来西亚和印度尼西亚的。实际上，这些"大亨"们虽然非常引人瞩目，而且每一个都富甲天下，但是他们只是冰山一角。海外华人拥有的更多跨国公司大部分都是不为人所知的。大多数都是中等规模的企业；他们的产品一般都行销全世界，销售额达数亿美元。然而，他们的总体规模远胜于所有大亨们的总和。

例如，有一位华人创办了市值达4亿美元的集团，他的祖父曾是第一次世界大战期间到菲律宾做工的劳工。这个集团在全世界拥有16家小型的制造工厂。每一家工厂通常只为一两个客户生产几种设计独具匠心的产品。其中的4家工厂（美国有2家，日本和英国分别有1家）生产工作站使用的零部件，这些零部件虽然不起眼，但很关键。有3家工厂（印度尼西亚、美国和英国各有1家）为世界上两大缝纫机制造企业生产精密零部件，而这2家缝纫机制造企业分别是美国的胜家（Singer）和德国的百福（Pfaff），另一位海外华人拥有的集团现在收购了这2家企业。诸如此类，不胜枚举。每家工厂都是单独的法人组织，在法律上都是独立的公司，它们在登记所有权的时候使用的是本地管理者的名字。虽然每一位管理者都是华裔，但他们也是所在国的公民。然而，这些表面上独立的管理者却受到非常严格的约束。实际的所有权百分之百归居住在马尼拉的创始人所有。每家工厂至少每周两次向集团的首席执行官提交非常详细的报告，而这位首席执行官及集团的高级员工不久以前从马尼拉搬到檀香山办公。

没有人知道有多少这样的集团。它们归私人所有，不发布任何数字或年度报告，出现的问题也不为外界所知。在中国台湾，根据最乐观的估计，这样的集团至少有1000个，而且许多都有自己的律师。海外华人形成的经济规模有多大，同样也是没有人知道的。我们经常听说有人推测海外华人在本国以外的投资规模超过2万亿美元，这是没有根据的，而且也是不可能的。如果这样，海外华人在外国的投资额就会超过美国在海外的投资额！但是，即使是5000亿美元，它也与日本在海外的投资额大致相当。海外华人当然是中国大陆的最大投资者，他们在中国大陆的投资额超过了美国或日本的投资额。他们因此是推动中国沿海地区在经济上取得迅猛发展的原动力。在东南亚和东亚的其他迅速发展的国家和地区中，他们还是经济上的领头羊：其中不仅包括人口完全或大部分由华人构成的中国香港、中国台湾和新加坡，而且还包括马来西亚（华人占人口的30%）、泰国（华人占10%）、印度尼西亚（华人占2%）和菲律宾（华人占1%），但只有韩国例外（基本上不对海外华人开放）。同时，他们到处生根发芽，哪怕只有少量华人，美国、加拿大、澳大利亚和欧洲都有他们的足迹。海外华人已经成为新兴的超级经济力量。

表面上，海外华人创办的新兴跨国公司看上去与其他企业没有什么两样。例如，他们是以公司的形式出现的，有董事会和管理公司的官员。但是，他们与世界经济的任何其他部分在运作上是完全不同的。他们可能就像在一起做生意的家族，这是对他们最恰当的形容。在这个位于马尼拉的集团中，每一个管理工厂的人在血缘或婚姻上与集团的创始人和其他管理者有着千丝万缕的关系，哪怕只是远亲。首席运营官（COO）对我说："如果我们没有亲戚具备适当的管理能力，我们不会梦想拓展新业务。"这位 COO 本身不是华人，而是荷兰人，他曾经管理过菲律宾的一家业务遍及亚洲的大型工厂。但他现在与创始人的侄女结婚了。他告诉我，当他进入集团时，创始人对他说："从你与我的侄女分手或申请离婚之日起，你就得再找一份工作。"创始人兼 CEO 的话就是金科玉律。但是，与其说他像企业的领导一样发号施令，倒不如说他是威严的学院院长（或昔日的苏格兰高地的首领）。家族的最高利益是他决策的出发点，在管理上，他要保证家族的生存和繁荣。将海外华人的跨国公司团结在一起的既不是所有权，也不是法律契约，而是家族成员固有的相互之间的信任与责任。

　　这种结构根深蒂固于几千年的历史文化。过去，这是商人生存的一种方式，官员的意志不能违背，他们专横跋扈，营私舞弊，通常瞧不起"商业"。因此，要生存下去，商人就要有能力在一夜之间把他们的财富和生意转移给他们的远房亲戚，他们不需要契约或任何书面文字。如果有人背信弃义，他就会遭到整个企业界的贬黜和排斥。在这个系统中，这是一种制裁的方式，而且也是有效的制裁方式。

　　这种传统具有巨大的优势。它在很大程度上说明海外华人的集团企业为什么会发展得如此迅猛。如果某个国家或某个行业的家族成员符合集团的条件，集团企业经常会恳求他发挥家族精神，然后让他加入集团。因此，为了拓展业务，集团不需要从零开始培养自己的管理者，在这方面，他们不同于日本的公司。如果需要任命集团外的人担任集团的高级职位，他们也不会遇到什么内部阻力；他们毕竟是"一家人"。在这方面，他们不同于西方国家的企业。那个位于马尼拉的集团的 COO 对我说："在 16 名工厂管理者中，有 10 个人曾经在西方国家的企业工作过，但他们都愿意加入家族企业。"由于家族成员普遍认为，在集团的经营上必须保证家族能够生生不息和繁荣昌盛，因此他们通常不会让懒惰或不胜任工作的家族成员担任高级职位，甚至完全将他们排除在集团业务之外。这个位于马尼拉的集团的创始人兼 CEO 希望他的两个儿子继承他的衣钵。但是，管理工厂的家族成员明确表示他们不会接受创始人的两个儿子。他们说服创始人放弃自己的选择，而根据他们的建议选择荷兰籍的 COO 为指定继承人。我在马尼拉时，另一个海外华人创办的集团企业的领导人告诉我说："我可以将我的财富交给我选择的人；我的权力必须交给我的伙伴们信任的人。"人们经常说，日本人之所以成功，是因为他们能够把现代企业经营得像一个家族。海外华人之所以成功，是因为他们能够把家族经营得像一家现代企业。

但是，尽管海外华人创办的跨国公司具有这样或那样的优势，但是在今后的 10 年内，他们必须进行一些变革；事实上，当我最近去东南亚时，每到之处，人们议论的中心都是是否需要彻底的变革。一方面，在大多数情况中，现在仍旧掌管集团企业的创始人年事已高。例如，那个位于马尼拉的集团的领导人已经 73 岁了。创始人的接班人成长的环境与创始人截然不同，例如，许多人都接受过西方教育。一家位于中国台湾（而且发展迅速）的跨国公司的二把手告诉我说："我们的下一任 CEO 不能是'学院院长'或'大哥'般的人物；将来，他必须是团队的建设者和领导者，我们在美国当研究生时学的就是这些东西。"另一方面，海外华人的跨国公司今后要发展，特别是在中国大陆发展，他们必须与外国人（包括西方人和日本人）组成各种合资企业，而对于外国人来说，中国的传统是完全陌生的。外国人（美国人、日本人和欧洲人）拥有建设中国迫切需要的"火车头"的方法。但是，火车头的维护和服务将需要说汉语的企业，即海外华人。年轻的海外华人完全认识到，合资企业意味着白纸黑字的商业计划书和不折不扣的契约性协议，而这些与中国的传统格格不入。它还提出更格格不入的要求：信息共享。但是，最重要的是，海外华人的跨国公司要发展，他们必须学会让"陌生人"参与进来，即家族以外的华人。如果你需要冶金或计算机专家，他是否是家族成员不重要，重要的是他的能力。他要受到一视同仁的待遇；否则，他就会另谋高就。此次在东南亚，我每到之处，"如何对待陌生人"总是人们提出的第一个问题，而且也是分歧最大的问题。每一个人都说："要保持家族的凝聚力，我们不可能对不是家族成员的华人一视同仁。然而，要发展企业，我们不得不对他们一视同仁。"

当然，只有少数几个集团企业把所有鸡蛋都放在中国大陆这个篮子里，其中主要是中国香港的海外华人企业。甚至有些集团企业完全远离中国大陆，其中主要是新加坡的企业，同时还有马来西亚和印度尼西亚的企业。但是，所有海外华人都知道他们的未来在很大程度上取决于中国大陆的表现；在他们所在的国家，如泰国、马来西亚、印度尼西亚和菲律宾，他们属于少数民族（而且饱受嫉妒），因此他们也知道，他们要在商业领域生存下去，中国大陆的健康发展和实力甚至可能是决定性因素。

然而，海外华人的年轻一代现在开始接管跨国公司的日常管理工作，他们每一个人都坚信他们的集团企业既可以成功地解决自己面临的问题，又可以保持中华民族的基本特征。中国台湾的一位律师说："我们将会在细节上发生改变，但我们不会动摇自己的根基，就像日本人在实现现代化的过程中没有动摇自己的根基一样。"许多海外华人创办的企业的领导人都是这位律师的朋友，他说："它将会派上用场！"

2005 年最畅销的管理书籍会以《中国式管理的秘密》为书名吗？

（1995 年）

4

第四部分

社　　会

MANAGING IN A TIME
OF GREAT CHANGE

第 20 章
社会变革的世纪

第 21 章
非营利组织的长足发展让我们获益匪浅

第 22 章
知识工作和性别角色

第 23 章
彻底改造政府

第 24 章
民主国家会赢得和平吗

第20章 | CHAPTER 20

社会变革的世纪

引　言

20世纪发生了这么多的社会变革和根本性的社会变革,在人类历史上,任何一个世纪都不能与之相提并论。我认为,它们最后会成为20世纪最重要的事件和永久的遗产。在实行自由市场制度的发达国家中,它们的人口只占地球人口的1/5,但它们却成为其他地区效仿的榜样。同时,它们的生产活动与劳动力、社会与政治制度在20世纪的最后10年所发生的一切,无论在性质上还是在数量上,都与20世纪初的情况和人类以前所经历的一切存在着天壤之别:它们的构成、流程、问题和结构都是不同的。

以前发生的社会变革在规模上小得多,在速度上也缓慢得多,但在思想上和精神上却引发了巨大的危机、猛烈的反抗和激烈的内战。20世纪发生的激进的社会变革几乎没有引起任何混乱局面。这些社会变革在发展过程中所引起的矛盾和动荡简直是少得不能再少,而且,学者、政治家、新闻界和社会大众对它们的关注事实上完全处于最低的限度。当然，20世纪也是人类历史上最残忍和最暴戾的世纪，世界大战、国内战争、令人民饱受折磨的暴君、种族清洗和种族屠杀贯穿于始终。但是，按照德国人的说法，人类遭受的这些杀戮和恐惧都是由该世纪的独裁者造成的，他们妄图通过消灭异己、异教徒、反抗者和无辜的局外人而创造极乐世界，而且人们事后才清楚地认识到，这些独裁者带来的只有毫无意义的杀戮和恐惧。希特勒和墨索里尼灰飞烟灭了。但他们什么也没留下。

事实上，如果说20世纪能够证明什么的话，那就是政治的苍白无力。20世纪发生的社会变革是由登上头版头条的政治事件引发的，还是这样的政治事件是由这些社会变革造成的，甚至连固执己见地坚持历史决定论的人也很难弄明白。但是，能产生长期影响，甚至永久影响的正是这些社会变革，它们就像深海里的海水，不会因海面上的惊涛骇浪而轻易改变流动的方向。改变我们的社会、经济、社区和政治制度的不是表面上狂风暴雨般的政治事件，而是这些社会变革。

社会结构及其变革

在第一次世界大战前，在每一个国家，最大的群体是农民。当时，无论在什么地方，他们都不再占人口的绝大多数，而自古以来，农民就一直是人口的主力军，而且在100年前拿破仑战争结束时，农民在每一个国家仍旧是人口大户。而到了第一次世界大战前，除了英国和比利时以外，农民在每一个发达国家差不多仍旧占多数，其中包括德国、法国、日本和美国，当然，所有发展中国家和第三世界国家也是这样。

80年前，即在第一次世界大战前夕，在粮食的供应上，所有发达国家（只有美国除外）越来越无法做到自给自足，越来越必须从非工业化和不发达的地区进口粮食，这已经成为不言而喻的事实。英国和比利时已经沦为粮食进口大国。德国、荷兰和瑞士勉强保持粮食的供给平衡。1890年后，明治天皇统治下的日本对依赖粮食进口的担心成为其政治生活的主基调，成为其侵略中国台湾和朝鲜等粮食供应充沛的地区的借口，成为推动日本开始推行帝国主义的心理力量。

今天，在实行自由市场制度的主要发达国家中，日本是唯一大量进口粮食的国家（这么做其实没有必要——它们实施的大米补贴政策不符合时代潮流，妨碍了它们发展现代化的高产农业，因此在很大程度上决定了它们存在的先天不足阻碍了它们成为粮食生产国）。尽管城市人口不断增加，但是所有其他实行自由市场制度的发达国家都成为粮食生产大国。今天，所有这些国家的粮食产量都是80年前的许多倍——美国的粮食产量增加了8~10倍。

但是，在所有实行自由市场制度的发达国家（包括日本）中，今天的农民在人口和劳动力中的比重最多只有5%，即80年前的1/10，实际上，从事农业生产的农民不足农业总人口的一半或不超过劳动力的2%。这些从事农业生产的人都不是任何意义上的"农民"；他们属于"农业综合企业"，而且似乎是资本、技术和信息最密集型的行业。甚至在日本，传统的农民几乎已销声匿迹。同时，硕果仅存的已经成为靠巨额补贴生存的、受到保护的物种。

1900年左右，在所有发达国家的人口和劳动力中，住在雇主家的佣人是第二大群体。他们与农民一样都被认为是"自然法则"的产物。在1910年英国进行的人口普查中，他们认为佣人数量少于3个的家庭属于"中产阶级"的"下层"。在整个19世纪，农民在人口和劳动力中的比重逐步萎缩，同时，在第一次世界大战前，佣人在绝对数量和比重上却逐步上升（由于有大量移民涌入美国，因此佣人在美国的增长速度是无人能及的。到了1900

年，由于大部分土地被瓜分殆尽，因此对于许多初来乍到者来说，佣人的工作是他们唯一的选择）。80年后，在发达国家，住在雇主家的佣人实际上已经绝迹。在第二次世界大战以后出生的人，即50岁以下的人也只能在舞台上或老电影中见到这些场景。

农民和佣人不仅是规模最庞大的社会群体，还是历史最悠久的社会群体。在人类历史的长河中，他们共同创造了经济和社会，总而言之，他们创造了"文明"。佣人包括奴隶、受契约约束的佣人或帮工，在农民出现以前他们实际上已经存在了几千年了。《旧约全书》（*Old Testament*）提到的祖先仍旧是四海为家的放牧者，而不是有固定居所的农民。但他们拥有大量各种各样的佣人。

大城市由来已久。尼尼微（Nineveh）和巴比伦（Babylon）就属于非常大的城市，中国汉朝的皇帝所在的首都也是如此，而耶稣诞生和恺撒成立罗马帝国是200年以后的事情。但是，这些大城市是被广阔农村包围的孤岛。1900年，尽管巴黎、伦敦、纽约、波士顿和东京十分引人注目且令人神往，但是当时的社会在很大程度上与以往没有什么分别。在希腊诗人赫西俄德（Hesiod）于公元前8世纪撰写的史诗《工作与时日》（*Erga kai Hemera*）中提到的希腊或在罗马诗人维吉尔（Virgil）于公元前1世纪撰写的史诗《农事诗集》（*The Georgics*）中提到的罗马，人们普遍认为城市是寄生虫，而农民是"现实的国度"。到了1900年，人们仍旧是这样认为的。在技术上，1900年已经超越了1800年，并具有了2000年的雏形。当时有了轮船、铁路，汽车也大量涌现，到了1903年，飞机出现了。电、电话、无线电报和第一代电影也出现了。但是，1900年的社会仍旧像1800年的社会，而且实际上与古代社会差不多，而与我们的社会，即1994年的社会相去甚远。当时社会的组织方式仍旧是以农民和佣人为基础，他们在很大程度上仍旧按照他们的祖先在赫西俄德和维吉尔的时代所采用的生活方式生活，所做的工作和利用的工具都是相同的。

在2000年的发达社会,除了怀旧以外,农民几乎消失得无影无踪,而佣人甚至不如农民。

然而,在所有实行自由市场制度的发达国家中,这些巨大的变革都不是靠国内战争实现的,而且事实上,它们的发展几乎是完全悄声无息的。只有在完全实现城市化的法国人发现他们的农业人口减少到几乎为零的地步时,他们才会大声疾呼,他们应成为"农业化国家",应具有"农业文明"。

蓝领工人的崛起和没落

1900年,制造业中的蓝领工人已经发展成为一个新的阶级(马克思称之为"无产阶级"),并成为社会的主导力量。这正是这次社会变革没有造成巨大混乱的一个原因,同时实际上也是主要原因。有些人对农民大声疾呼,要求他们(包括堪萨斯州的农民)"少种玉米,多制造麻烦",但是,连农民对此也不当回事儿。佣人显然是最饱受剥削的阶级。但是,当第一次世界大战以前的人们在谈话或文章中提到"社会问题"时,他们指的是蓝领产业工人。这些工人在人口和劳动力中的比重仍旧非常小,到第一次世界大战开始时他们占人口总数的比例为6%~8%,而且他们在数量上与农民和佣人等传统的"下层"阶级仍旧相去甚远。但是,到了20世纪初,蓝领工人却成为令社会头痛的问题,成为社会关注的焦点,整个社会也为之着迷。

农民和佣人比比皆是。但是,作为一个"阶级",他们又显得太渺小了。佣人生活和工作的环境包括由两三个人组成的孤立的小群体、个别的家庭或农场。农民也是分散的。最重要的是,这些传统的下层阶级没有成为一个有机的组织。事实上,他们也无法成为一个有机的组织。古代从事采矿或产品生产的奴隶经常揭竿而起,虽然他们总是以失败告终。但是,我们迄今为止没有找到证明佣人们在任何地方、在任何时间进行过示威或抗议游行的记录。历史上，农民起义屡见不鲜，其中，在日本德川幕府（Tokugawa）时期和中国封建社会时期，从 1700 年起，农民起义爆发得最为频繁。但是，历史上几乎所有的农民起义在经历短暂的血战后都逐渐走向失败，而 19 世纪发生在中国的两次起义除外，它们是发生在 19 世纪中叶的太平天国起义和发生在 19 世纪末的义和团运动，它们的持续时间很长，而且令当时的统治者摇摇欲坠。历史说明，农民是很难组织在一起的，而且无法保持组织纪律性。

制造业的蓝领工人属于新兴的阶级，他们极其引人注目。他们也因此形成一个"阶级"。他们不可避免地生活在人口密集的区域和城市里，如巴黎郊外的圣但尼（St. Denis）、柏林的韦丁（Wedding）、维也纳的欧塔克宁（Ottakring）、兰开夏郡（Lancashire）的纺织城、美国孟农加希拉谷（Monongahela Valley）的钢铁城和日本的神户（Kōbe）。他们很快证明他们具有非凡的组织能力，而第一批罢工几乎是伴随着工厂工人的出现而出现的。在马克思和恩格斯的《共产党宣言》（*The Communist Manifesto*）出版后仅过了 6 年，查尔斯·狄更斯（Charles Dickens）的《艰难时世》（*Hard Times*）也出版了，这是一部令人伤心的小说，描写的是在一家棉纺织厂发生的激烈的劳资冲突。

到 1900 年，事实证明蓝领产业工人不会占据多数优势，而马克思早在几十年前早已预测到了这一点。他们因此无法完全靠他们自己的力量推翻资本家。然而，法国人乔治·索雷尔（Georges Sorel）在 1906 年发表的论文中指出，无产阶级将靠自己的组织，并在激烈的总罢工中和通过激烈的总罢工颠覆现有的秩序和取得政权。索雷尔曾是第一次世界大战前最有影响力的激进派作家，他以前曾是马克思主义者，后来转变成改革派工会组织主义者，他的这一番观点被人们普遍接受。由于蓝领工人是历史上第一个能够组织起来以及保持组织纪律性的"下层阶级"，因此他们在 1900 年发展成为"社会问题"。

历史上没有哪个阶级能像蓝领工人那样发展得那么快，也没有哪个阶级能像他们那样没落得那么快。

1883年，即马克思逝世的那一年，"无产阶级"在产业工人中仍旧占少数。占大多数的是在小作坊中工作的技术工人，这样的小作坊最多雇用20~30个工人。在马克思逝世后只过了3年，即1886年，亨利·詹姆斯（Henry James）创作的19世纪有关"无产阶级"的最优秀的小说《卡萨玛西玛公主》（*The Princess Casamassima*）出版了，其中描写了许多没有英雄气概的人物，一个是技术水平非常高的图书装订工，另一个是技术水平同样高的配药师。同样，格哈特·豪普特曼（Gerhart Hauptmann）于1892年创作了《织工》（*Die Weber*），它是唯一成功地描写"无产阶级"的戏剧（它的作者因此最终获得了诺贝尔文学奖），其中的主角是掌握技能的人，他们工作的场所不是工厂，而是家里。

1900年，产业工人已经成为在工厂中控制机器的工人的同义词，这些工厂雇用的工人数以百计或数以千计。这些在工厂工作的工人实际上是马克思所指的无产阶级，他们没有社会地位、没有政治权力、没有经济能力或购买力。

人们不切实际地认为，亨利·福特于1907年推出的T型车便宜到工人都买得起的地步。但是，750美元的价位相当于一个控制机器的美国工人全部年收入的3倍多，而他们一天挣70~80美分就已经很不错了。然而，控制机器的美国工人在当时已经是世界上挣得最多的产业工人。

1900年，甚至到了1913年，这些工人仍没有养老金；没有带薪假期；没有加班工资；星期天或晚上工作也不能多挣钱；没有健康保险（德国除外）；没有失业救济金；在工作上没有安全感。1884年，奥地利颁布的一部法律规定成年男性每周工作6天，每天工作11小时，这是最早颁布的、限制成年男性工作时间的法律之一。1913 年，即第一次世界大战前的一年，所有产业工人每年至少工作 3000 小时。当时，政府仍旧禁止成立工会或最多对工会睁一只眼闭一只眼。但是，工人们证明他们具有组织起来的能力。他们证明他们具有作为一个"阶级"采取行动的能力。

在 20 世纪 50 年代，虽然蓝领产业工人只有在战时才实际上占大多数，但是他们在每一个发达国家都已经是人数最多的群体。他们受到不同寻常的尊重。在所有实行自由市场制度的发达国家，他们在经济上已经成为"中产阶级"。在美国，在实行大规模生产的行业（这些行业当时无论在什么地方都占支配地位）中工作、参加工会的产业工人事实上在收入上已经接近上层阶级的收入水平，有时甚至超过后者，他们的年收入加福利已经达到 5 万美元，在汽车制造业（如福特公司）已经超过 10 万美元。在一些欧洲国家，他们的产业工人很快也达到了这个水平。他们在工作上拥有安全感；有养老金；有很长的带薪假期；有综合失业保险或"终身雇用制"。最重要的是，他们得到了政治权力。在英国以及其他国家，工会被认为是"真正的政府"，权力大于首相和议会。在美国、德国、法国和意大利，工会也已经成为这些国家权力最大和组织最完善的政治力量。在日本，在 1948 年发生在丰田公司和 1954 年发生在日产公司的罢工中，他们几乎推翻整个"体制"，几乎自己接管政权。

然而，在 1990 年，蓝领工人及其工会出现了全面和不可逆转的倒退。他们在数量上已经是少得不能再少。在 20 世纪 50 年代，要风得风要雨得雨的蓝领工人占美国劳动力的 2/5，而在 20 世纪 90 年代初，他们不足 1/5，即只是 1900 年的水平，那时，他们刚开始出现疾速增长。在其他实行自由市场制度的发达国家，蓝领工人的数量出现下滑的速度起初非常缓慢；但在 1980 年以后，许多地方都开始出现加速下滑的迹象。到 2000 年或 2010 年，在所有实行自由市场制度的发达国家，蓝领产业工人在全部劳动力中的比重将不会超过 1/10，或至多占 1/8。工会的权力也以同样的速度变得越来越弱。20 世纪五六十年代，在英国的煤矿工人工会面前，首相就像火柴棍一样软弱无力，而到了 20 世纪 80 年代，玛格丽特·撒切尔（Margaret Thatcher）夫人公开地蔑视有组织的工人，并削弱他们的政治权力和特权，她也因此赢得了一届又一届的大选。制造业的蓝领工人及其工会与农民的下场如出一辙。

蓝领工人不会像佣人一样销声匿迹，而务农的农民同样也没有消失或即将消失。但是，传统的"小农"已经不再是"生产者"，而成为接受补贴的人，同样，传统的蓝领工人在很大程度上也将成为一支从属力量。"技术人员"，即靠双手和理论知识工作的人，已经开始取代蓝领工人的地位（例如，计算机技术人员或 X 光技师、理疗师、医学实验技师、肺部诊断技师等提供辅助医疗服务的技术人员，自 1980 年以来，他们是美国劳动力大军中增长最快的一个群体）。

制造业中的蓝领工人不再是一个"阶级"，即具有凝聚力、易于识别、立场鲜明和具有自我意识的群体，他们可能不久就会成为另一个"压力集团"。

有关产业工人崛起的编年史往往突出描写武装斗争，特别是举行罢工的工人与警察的冲突，如美国的普尔曼大罢工（Pullman Strike）。实际上，产业工人的崛起显然不是靠武装斗争实现的。世界大战、国内战争、种族屠杀和种族清洗等在 20 世纪 60 年代发生的大规模的武装斗争都不是由下层引起的，而是由上层发起的；它们与农民数量的萎缩、佣人的销声匿迹或产业工人的崛起等社会变革毫无关系。事实上，人们甚至不再认为"资本主义的危机"是造成天下大乱的原因。

产业工人的崛起没有破坏社会的稳定。相反，他们的崛起成为 20 世纪发展最稳定的社会事件。这也是农民和佣人的消失没有引发社会危机的原因。

17世纪和18世纪发生在英国的"圈地运动"让农民失去了土地，它的影响范围只限于当地；但是，圈地运动产生的反应是非常严重的，而且常常是非常激烈的。它们还得到了作家、诗人、政治家和社会大众的广泛关注与热烈讨论，例如，奥利弗·戈德史密斯（Oliver Goldsmith）在1770年创作的伟大诗词《荒芜的村庄》（*The Deserted Village*），在1800年的英国，它可能是最著名和流传最广的诗词。19世纪初，东普鲁士（East Prussia）爆发了扫除农民的运动。在这场运动中，为了给大面积耕作让路，佃农被逐出了他们的土地。它同样在政治上和文化上产生了深远的影响。但是，在19世纪最后几十年，"以土地为起点的腾飞"开始拉开帷幕，其规模更加空前，除了统计学家以外，几乎没有引起任何人的注意，而且势头没有减弱的迹象。第一次世界大战后开始的"以服务业为起点的腾飞"在规模上同样是空前的，它甚至几乎没有引起统计学家的关注。

"以土地为起点的腾飞"和"以服务业为起点的腾飞"都是自发的。农民和女仆没有"被赶走"或"被其他人顶替"。他们尽可能快地进入工厂工作。工厂中的工作不要求他们掌握他们本不掌握的技能，也不要求他们掌握额外的知识。相反，农民掌握的技能大体上比要求在从事大规模生产的工厂中控制机器的工人掌握的技能多得多，同时也比许多佣人掌握的技能多得多。当然，在第一次世界大战以前，在工厂工作的待遇非常差，但强于务农或从事家务劳动。在1913年以前，产业工人的工作时间都很长，而在日本等一些国家，这种情况一直持续到第二次世界大战爆发前夕。但是，他们的工作时间比农民和佣人短。再者，他们的工作时间是规定好的；工作之外的其余时间是他们自己的，在农田里劳作的农民或在别人家里劳动的佣人都没有这样的待遇。

历史书籍记录了早期工业的肮脏环境、产业工人的贫困生活和他们遭受到的剥削。他们的确在肮脏的环境中工作，生活的确贫困，而且的确遭到剥削。但是，他们的生活水平要高于在农田里劳作的农民或在雇主家里劳动的佣人，而且他们的待遇也比农民或佣人好。

婴儿死亡率可以证明这一点：农民和佣人开始进入工厂从事工业生产后，婴儿死亡率就降了下来。在历史上，城市从来就不能靠自己的力量繁衍人口。城市要永久存在，他们就需要农村人口不断地涌入城市。在19世纪中叶，城市的情况仍旧没有发生改变。但是，随着在工厂工作的就业机会的增加，城市成为人口增长的中心。新的公共卫生措施的实施是城市出现这种发展的原因之一，这些公共卫生措施包括清洁卫生的饮用水的供应、废物的收集和处理，以及流行病的检疫与疫苗注射。这些措施在城市里通常都十分有效，它们消除或至少抑制了拥挤不堪的生活环境可能带来的危险，而传统的城市常因拥挤不堪的生活环境而成为瘟疫滋生的土壤。但是，因工厂的出现而得到改善的生活环境无疑是婴儿死亡率随工业化的扩张而大幅下降的最主要原因：居住条件更好，营养更丰富，工作负荷更小而且事故更少。婴儿死亡率的下降以及人口随之出现的爆炸性增长只与一个发展趋势有关，即工业化。早期的工厂与威廉·布莱克（William Blake）创作的美好诗词中描写的"魔鬼工厂"的确没什么两样。但是，农村并不是布莱克歌颂的"生机勃勃和令人愉快的家园"；它是（我以前这么说过）一个风景如画但更可怕的贫民窟。

对于农民和佣人来说，在工厂工作是一个机会。在社会历史上，在工厂工作事实上是不需要背井离乡而可以大幅增加收入的第一个机会。在实行自由市场制度的发达国家中，在过去的100~150年里，每一代人都希望比上一代做得更好。主要原因是农民和佣人可以成为产业工人，而且他们的确成了产业工人。

由于大量聚集在一起的产业工人形成群体，即他们工作的地点不是小作坊或家里，而是大型工厂，因此工厂需要采取系统化的措施提高工人的生产率。1881年（即马克思逝世前两年），人们开始系统化地研究工作、任务和工具，这样，从事手工生产或搬运工作的复合生产率每年都会提高3%~4%。100年以来，每个工人的生产率总共提高了50倍。没有这样的生产率，在此期间取得的所有经济和社会成就也就无从谈起。实际上，所有这些成就在蓝领工人身上都有所表现，其中的一半成就表现在工作时间大幅减少（在日本，工作时间减少了40%，在德国，工作时间减少了50%），另一半成就表现在从事制造或搬运工作的蓝领工人的实际工资增加了25倍。这种情况与19世纪"大家都知道"的事实大相径庭，其中包括所有"保守派"，如摩根（J. P. Morgan）、俾斯麦（Bismarck）和迪斯雷利（Disraeli）。

因此，蓝领工人的崛起理所当然地靠的是和平方式，而其没落同样靠的是和平方式，而且在社会上几乎没有引发抗议浪潮、动乱和严重的混乱局面，至少在美国是这样的，这又做何解释呢？

知识工作者的崛起

对于在蓝领产业工人之后崛起的阶级，这种崛起不是机遇，而是挑战。新兴的、占支配地位的群体是"知识工作者"。40年前，人们对这个词一无所知。在1959年出版的《明日地标》（*The Landmarks of Tomorrow*）中，我首先提出了这个词。到20世纪末，在美国的劳动力大军中，知识工作者的比例将达到或超过1/3，即相当于昔日的蓝领产业工人所达到的比例，但战时除外。在待遇上，大多数知识工作者至少与昔日的蓝领工人旗鼓相当，或比后者更好。同时，新出现的工作为个人带来更大的机会。

但是，事与愿违，新出现的工作在绝大多数情况下要求从事这些工作的人具有蓝领工人所不具有的条件，而蓝领工人也缺乏具备这些条件的能力。新出现的工作要求从事这些工作的人接受大量正规教育并具备获取和应用理论知识和分析知识的能力。他们需要采取不同的方式工作并具有不同的观念。最重要的是，他们需要养成不断学习的习惯。

农民、佣人和操作机器的工人在经过短暂的学徒期后就掌握了一生劳动和工作所需的一切知识，对于农民和佣人来说，学徒期一般为一两年，而操作机器的工人的学徒期只有几个星期。但是，知识工作和直销等大量服务工作与所有体力劳动存在着天壤之别，它们依靠的不是经验，而是学习。要从事这些工作，人们需要接受正规教育，至少要接受正规培训。工业生产就其工作特性来说仍旧属于传统工作，如操作机器的工人的工作。知识工作和大多数服务工作就其工作特性来说不属于传统工作。因此，脱离工业生产的产业工人不能简单地像脱离农业生产的农民和脱离家务劳动的佣人从事工业生产一样从事知识工作或服务工作。至少，他们必须在较大范围内改变他们的基本态度、价值观和信念。

在20世纪的最后几十年里，美国产业工人的数量在所有发达国家中是下降得最快和最多的。同时，美国的工业产量在所有发达国家中是增长得最快的，但只有日本除外。

这种变化令美国历史最长且最不容易处理的问题变得雪上加霜，这个问题就是黑人的地位问题。在第二次世界大战结束后的40年中，美国黑人的经济地位迅速地得到改善，在改善的速度上，美国社会历史上或任何国家的社会历史上的任何群体都不能与之相提并论。3/5的美国黑人的收入达到中产阶级的水平，而在第一次世界大战以前，这个数字为1/20。但是，在收入达到中产阶级水平的美国黑人中，有一半人从事的工作不是中产阶级的工作。第二次世界大战以后，越来越多的黑人进入实行大规模生产的行业成为蓝领工人和工会的成员，他们的工作收入达到中产阶级和中产阶级上层的水平，但不需要接受教育或掌握技能。然而，这些工作恰好是消失得最快的工作。令人感到惊异的不是许多黑人没有受教育的机会，而是许多黑人拥有受教育的机会。1945～1980年，对于美国黑人的年轻一代来说，在经济利益上属于明智的选择不是待在学校里学习，而是尽可能早地离开学校，成为大量从事大规模生产的工人的一员。因此，产业工人的没落沉重地打击了美国黑人，在数量上，他们受到很大的打击，但在性质上，他们遭受的打击更严重，二者显得极不相称。高收入的产业工人在工作上拥有很大的安全感，享受全面的健康保险，而且退休金也有保障，但他们不具备任何技能，也未接受过很多教育，他们在美国黑人社会中曾经是最有影响力的榜样，但产业工人的没落破坏了这种形象。

在新加入中产阶层的黑人中，由于另一半人利用了教育提供的机会，成功地转变为知识工作者，因此他们的地位得到了显著提高。这一半人所得到的似乎不能弥补另一半没有受过教育的黑人因失去作为蓝领工人从事工业生产的机会而遭受到的损失。居住在老城区、年龄在10～11岁的黑人少年与只比他们大7～8岁、在汽车制造厂工作、收入不菲的堂兄弟可以有共同语言，而且事实也是这样的。他们与成为牙医、会计师或律师的堂兄弟就不那么容易拥有共同语言，这些堂兄弟比他们大20岁，而且在学校里至少学了16年。因此，蓝领产业工人的没落给美国黑人社会带来了难以愈合的打击。这在很大程度上不仅是居住在老城区的黑人越来越多地表现出挫折感、绝望和愤怒情绪的原因，而且还是他们越来越疏远和仇恨功成名就的兄弟姐妹的原因，而后者是跻身新兴的"中产阶级"、成为知识工作者的黑人，他们的数量庞大，而且越来越多。

但是，在美国的人口和劳动力大军中，黑人当然只占一小部分。对于其余种族（白人、拉丁美洲裔和亚裔）来说，蓝领产业工人的没落没有造成什么令人惊异的混乱和所谓的动荡。同时，在有些社区中，即使他们完全依赖的一两个实行大规模生产的工厂要么破产，要么裁员的比例高达2/3，例如宾夕法尼亚州西部或俄亥俄州东部的钢铁城，或位于密歇根州弗林特市的汽车城，但是他们的成人（不包括黑人）失业率在短短的几年内就出现了回落，最后只比美国的平均失业率稍高一点。这意味着只比美国的"充分就业率"稍高一点。然而，美国的蓝领工人从未采取过过激行动。

唯一的解释是：对于不包括黑人的蓝领阶层，这种发展不是突如其来的，尽管它不受欢迎、给人带来痛苦和给工人个人及其家庭带来威胁。美国的蓝领产业工人必定已经做好了准备，必定认为要求接受正规教育和需要靠知识挣钱的工作取代靠体力劳动（无论需不需要技能）挣钱的工作是合情合理的，而且他们的这种准备是心理上的，即价值观上的准备，而不是情绪上的。

造成这种局面的可能有两个因素。第一个因素是第二次世界大战以后颁布的《退伍军人权利法案》，根据该法案的规定，每一个退伍返乡的美国老兵都可以上大学接受教育，高等教育也因此成为社会接受的"标准"，其他事情都是"次要的"。第二个因素可能是美国在第二次世界大战期间推出并在此后35年里一直实行的征兵制度，大多数在1920～1950年之间出生、达到法定年龄的美国人（现在仍旧在世的大多数美国成年人）也因此需要在军队中服几年的兵役，如果其中有人没有上过中学，他们就要被迫接受中学教育。但是，无论是何种原因，在美国，人们（除了黑人阶层以外）都已经大体上接受知识工作取代以生产或搬运工作为主的体力劳动的事实，并认为这种转型是正确的，或至少是不可避免的。

在美国，到1990年左右，这种转型大体上已经完成了。但是，迄今为止，只有美国完成了这种转型。其他实行自由市场制度的发达国家和地区，如西欧、北欧和日本到了20世纪90年代才刚刚开始出现转型的迹象。然而，从现在起，这样的转型肯定会在这些国家出现加速发展之势，而且转型的速度可能超过美国最初的经历。这些国家也能像美国大体上所做的那样将这样的转型所引发的社会动乱、社会混乱和社会动荡局面控制在最低限度吗？或者，美国的发展结果最后会成为"美国例外论"的又一例证（就像美国的社会历史一样，特别是美国的劳工历史）吗？在日本，正规教育与受过正规教育的人至上论得到了人们的普遍认可，因此，虽然产业工人在日本仍旧还算一个新的阶级，而且在数量上只是在第二次世界大战后才超过农民和佣人的，但是，就像在美国一样，人们能够自然而然地接受产业工人的没落，而且可能比美国人更能接受。但是，实现工业化的欧洲国家怎么样呢？这些国家包括英国、德国、法国、比利时和意大利北部等。在这些国家，"工人阶级的文化"和"有自尊心的工人阶级"已经存在了一个多世纪，而且尽管所有的证据都表明事实与人们的观念格格不入，即所有财富的创造靠的不是知识，而靠的是蓝领产业工人的劳动，但是这种观念仍旧是根深蒂固的。欧洲的反应会与美国黑人的反应如出一辙吗？这当然是一个关键性问题，对这个问题的回答将在很大程度上决定实行自由市场制度的欧洲发达国家的社会和经济未来。在今后的10年内，人们就会找到答案。

除了发达国家以外，蓝领产业工人在实行自由市场制度的发达国家的没落还将对其他国家产生重大影响。这意味着发展中国家的发展不能再寄希望于他们在劳动力上的比较优势，即廉价的工业劳动力。

人们普遍认为蓝领产业工人在发达国家的没落在很大程度上或完全是这些国家将生产活动转移到"海外"，即拥有大量无一技之长的劳动力和工资水平比较低的国家的结果。工会的官员当然也是这么认为的。但是，这种观点与事实不符。

30年前，即在1965年或1970年前，这种观点不是空穴来风。日本、中国台湾和后来赶上来的韩国借鉴了美国发明的最大生产率培训法，他们当时的工资水平仍旧与未实行工业化的国家的工资水平差不多，他们最初在世界市场上取得的竞争优势的确靠的是几乎在一夜之间找到了二者的结合点。⊖他们因此打造了一支在生产率和质量上与发达国家旗鼓相当，在劳动

⊖ 有关详细说明，请参阅我在1993年出版的《后资本主义社会》(*Post-Capitalist Society*)。

力成本上与发展中国家不相上下的劳动力队伍。但是,这种方式只灵验了20～30年。在1970年或1975年以后,它就完全失去了作用。

在20世纪90年代,在进口到美国的工业品中,只有微不足道的一小部分是靠低廉的劳动力成本取得的。虽然1990年的进口总额大约占美国当年国民生产总值的12%,但是,工资水平大大低于美国的国家对美国的进口额所占的比例不足3%,而且工业品的进口额只占其中的一半,即只占国内生产总值的1%～1.5%。㊀因此,在美国蓝领产业工人占全部劳动力的比例从30%～35%减少到15%～18%的过程中,我们向工资水平低的国家转出就业机会的行为实际上没有起到任何推波助澜的作用。美国制造业(如汽车、钢铁和机床)的主要竞争对手来源于日本或德国等国家,这些国家的工资水平长期以来一直与美国的工资水平保持在同一水平线上。现在发挥重要作用的比较优势体现在知识的应用上,例如日本的全面质量管理、精益制造、准时交付和以价格为导向的成本计算模式,或德国或瑞士的中型工程技术公司提供的客户服务。然而,这意味着发展中国家的发展不能再寄希望于低工资。大多数发展中国家(如中国、印度和大多数拉丁美洲的国家,更不用说非洲了)必须为数以百万没有受过教育、无一技之长和除了昔日的蓝领产业工人的工作外几乎什么也不能做的年轻人提供就业机会,在此时,他们也必须学会靠知识来谋求发展。

但是对于发达国家来说,这种转变提出了重大的社会挑战。蓝领工人与农民和佣人一样都是体力劳动者。他们仍旧"靠出卖自己的血汗谋生"。蓝领产业工人属于全新和完全不同的事物,他们在工厂里工作。但是,如果不是这样,他们就属于传统的劳动者。以前的大多数劳动者同样都不是独立的,他们要依赖其他人才能谋生——作为在农田里干活的雇工和没有土地的

㊀ 参见 Robert Lawrence 和 Mark Slaughter, *International Trade and American Wages in the 1980s*(Brookings Institute, 1993年发表的有关经济活动的论文)。

劳动者；作为有自由或没有自由的佣人；作为在手工艺人的作坊里干活的学徒和熟练工。蓝领产业工人不拥有"生产工具"的事实也不是新鲜事。佃农甚至也不拥有生产工具，更不用说多如牛毛的雇工了。佣人或手工艺人的学徒和熟练工也不拥有。尽管出现了工厂，但是在基本社会生产关系上，工业社会基本上仍旧属于传统社会。

但是，新兴的社会是以知识和知识工作者为基础的，不属于传统社会。这个社会开创了历史的先河，在这里，普通平凡的人，即大多数人，不必靠出卖血汗谋生。这个社会是史无前例的，在这里，"老老实实地工作"不会让双手长满了老茧。这个社会还是前无古人的，在这里，每一个人所做的工作都是不同的，而在过去，做同一工作的农民占绝大多数，或者仅仅在30~40年前，绝大多数人似乎都有可能成为操作机器的工人。

这不仅仅是社会变革。它是人类生存与工作条件的变革。我们不知道其中的意义是什么，即这个社会的价值观、责任和问题。但是，我们的确知道，在这些方面，这个社会将是与众不同的。我们的确知道在政治和社会方面，但最重要的是在人的方面，21世纪将是迥异的。

新兴的知识社会

在知识社会，知识工作者将不会占绝大多数，但是在许多国家的人口和劳动力中，包括最发达的国家，他们将是数量最庞大的群体。即使在数量上，知识工作者不及其他群体，但是新兴知识社会的特征、领导阶层和社会分布状况都将取决于知识工作者。他们可能不是知识社会的统治阶级，但他们已经成为领导阶级。在特征、社会地位、价值观和希望上，他们与历史上曾经居于领导地位的任何群体都存在着天壤之别，更不用说曾经居于统治地位的群体了。

首先，知识工作者是通过正规教育获得工作、职位和社会地位的。

许多知识工作将要求知识工作者掌握高层次的手工操作技能并用手做大量工作。神经外科就是一个极好的例子。神经外科医生的工作能力取决于正规教育和理论知识。如果没有手工操作技能，神经外科医生就没有资格做神经外科手术，但是只掌握手工操作技能，无论技艺多么高超，任何人都不足以成为神经外科医生。我们只能在正规的学校中和通过正规的学校教育才能获得从事知识工作所需的正规教育。我们不能通过学徒的方式获得这种正规教育。

在正规知识的数量和性质上，一种职业的知识工作与另一种职业的知识工作存在着巨大的反差。有些职业的要求相当低，而有些职业要求知识工作者掌握类似神经外科医生必须掌握的那种知识。但是，即使知识本身属于十分简单的知识，也只有正规教育才能提供这种知识。档案工作几乎肯定不是高级的知识工作。但是，做这项工作的人需要掌握字母表知识，他们只能在系统化地学习中和通过系统化地学习掌握这些知识，即在正规的学校中和通过正规的学校教育。

这种变化的第一个影响就是教育将成为知识社会的中心，学校将成为知识社会的关键性机构。每一个人需要掌握什么样的知识？每一个人需要具备什么样的知识组合？学习与教学的"质量"是什么？所有这些将不可避免地成为知识社会关心的主要问题和主要政治问题。我们认为，正规知识的获得与传播在知识社会的政治生活中的地位将同财产与收入的获得与分配在两三个世纪以来，即在我们所谓的资本主义时代中的地位不相上下。事实上，这种设想可能并非异想天开。

这未必意味着我们所了解的学校会变得更加重要，这似乎是自相矛盾的。这是因为在知识社会里，人们从正规学校毕业后无疑将学到越来越多的知识，特别是高等知识，而且教育的方式可能越来越多地不依赖于传统学校，例如在工作场所提供的系统化的继续教育课程。但同时，学校的能力及其基本价值观将越来越多地得到整个社会的关注，人们不应认为这些事情属于"专业"问题，不可以高枕无忧地把它们交给"教育家们"，这几乎是毋庸置疑的。

我们还可以预言，我们十有八九需要重新定义我们过去所说的"受过教育的人"的含义。过去，特别是在最近200~300年里，至少西方国家（也包括同时期的日本）认为受过教育的人就是掌握相同的正规知识的人，即接受过德国人所谓的"基础教育"和英国人（以及在19世纪紧随其后的美国人）所谓的"文科教育"的人。今后，"受过教育的人"将越来越多地指已经掌握学习的方法、终身继续学习，特别是靠正规教育继续学习的人。

这种教育方式带来的威胁是显而易见的。这样的社会会轻而易举地退化成只强调正规文凭，而不重视工作能力的社会。它会很容易地退化成到处充斥着完全缺乏创造力的知识分子，而美国的大学尤其会非常容易地受到这种威胁的影响。另一方面，由于人们过高地评价能够起到立竿见影之效的"实用"知识，这样的社会还因此会成为这种行为的牺牲品，并低估基础知识和全体智慧的重要性。

这个由知识工作者主导的社会面临发生新的"阶级冲突"的危险：知识工作者与大多数靠传统方式谋生的人之间的冲突，前者数量虽然不少，但在人口和劳动力中尚占少数，而后者要么靠体力劳动谋生，要么靠服务工作糊口，有没有技能都无所谓。知识工作的生产率现在仍旧非常低，但它肯定将成为知识社会的经济挑战。它将决定社会中的每一个国家、每一个行业和每一个机构的竞争地位。从事与知识无关的服务工作的劳动者，其生产率将日益成为知识社会的社会挑战。它将决定知识社会向非知识型的劳动者提供尚可的收入、尊严和地位的能力。

历史上，任何一个社会都没有遇到过这些挑战。但是，知识社会提供的机会同样也是前所未有的。在知识社会，跻身领导阶层的大门史无前例地向所有人敞开。同样，人们获取知识的权利将不再取决于是否能在任何特定年龄接受规定的教育。学习将成为个人的工具，他们在任何年龄段都可以学习，他们可以通过有助于学习的新技术获取大量的技能和知识。

另一个影响是个人、组织、行业和国家获取并应用知识的能力将成为关键性的竞争因素，有助于个人争取到事业发展机会和挣钱的机会，有助于组织提高绩效，甚至可能关系到组织的存亡，并且有利于行业和国家。知识社会将不可避免地出现越来越激烈的竞争，激烈的程度超过我们目前所知道的任何社会，其中的原因非常简单，即知识是无所不在、唾手可得的，做不好是没有理由的。今后，只有无知的国家，没有"贫穷"的国家。任何类型的公司、行业和组织将面临同样的情况。个人也不能置身于世外。事实上，在发达社会里，个人已经需要面对白热化的竞争，竞争的程度是20世纪初所不能及的，更不用说19世纪或18世纪的社会了。当时，大多数人都没有机会跳出天生注定的"阶级"，大多数人都逃脱不了子承父业和地位终生不变的宿命。

我一直谈的是知识。但是，正确的说法应该是知识的多样性。这是因为知识社会的知识基本上与早期社会对知识的认识截然不同，事实上也与人们现在在知识的认识上仍旧普遍持有的观念格格不入。德国的基础教育或英美的文科教育传授的知识与人们一生的工作几乎没有任何关系。他们注重的是个人及其发展，而不是任何具体应用，而且由于这些知识不是多用途的，他们甚至常常感到自鸣得意。然而，在知识社会，知识基本上只存在于具体应用中。

在具体应用中使用的知识在定义上是指高度专业化的知识，而2500年前通过柏拉图（Plato）传播的苏格拉底（Socrates）的思想就是因为这个原因拒绝承认它属于知识，而认为它仅仅是技能（technē）。

有些知识工作要求使用的知识在数量上是非常有限的，例如一些提供辅助医疗服务的技术人员，如 X 光技师、检验科的技术人员或肺部诊断技师等。其他知识工作要求更深层次的理论知识：例如在经营中要求完成的大多数知识工作，包括市场调研、产品规划、制造系统的设计、广告和促销以及采购。在某些方面，人们实际上需要掌握大量基础知识，例如在神经外科领域和许多管理领域，如管理大医院、庞大的综合性大学或跨国企业。

无论知识的基础是什么，在具体应用中使用的知识都是专业化的知识。这些知识始终是独特的，因此不适用于其他领域。X 光技师需要掌握的知识不能用于市场调研或讲授中世纪历史。

因此，知识社会的主要劳动力将由高度专业化的人组成。事实上，我们错误地理解了"全能型人才"的含义。我们现在所说的全能型人才将越来越多地指那些已经学会如何掌握额外的专长，特别是学会如何在短时间内掌握所需的专业知识的人，这样他们就可以从一种工作或职业转入另一种工作或职业，例如从市场调研岗位调到综合管理岗位，或从医院的护士调到医院的管理岗位。但是，我们过去提及的"全能型人才"现在属于"半吊子"，而不是受过良好教育的人才。

这种观点也是全新的。历史上，劳动者属于全能型人才。别人让他们做什么，他们就得做什么，例如在农田里、在别人的家里、在手工艺人的作坊里。产业工人也是这样。制造业的扩张和后来居上只有一个条件，即它必须学会将专业化的技能从劳动中分离出来，也就是说将生活在工业化时代之前的、技术熟练的手艺人变成 19~20 世纪只掌握有限技术或无一技之长的机器操作工。

但是，对于知识工作者，无论他们掌握的是简单的知识，还是先进的知识，无论他们只掌握一点儿知识，还是知识渊博，在定义上，他们都将是术业有专攻的。在具体应用中使用的知识只有在服务于专门用途时才会发挥有效作用。实际上，专业化程度越高，它就越有效。这个道理也适用于技术人员，例如维修计算机、X光机或战斗机的人。㊀但是，它同样适用于要求最先进的知识的工作，无论是对遗传学或天体物理学的研究，或新排练的歌剧的首次公演。

如上所述，由单一知识向知识的多样性的转变为个人带来了巨大的机会。它使得人们能够把知识工作者当作一项"事业"来发展。但是，它同样提出了许多新的问题和挑战。它史无前例地要求掌握知识的人承担起让不掌握相同知识的人了解他们自己的责任。它要求人们学会如何从其他领域和其他学科吸收与他们自己的工作有关的知识，而且越早越好。

这一点尤其重要，这是因为发生在任何知识领域的创新往往是由外部的因素引发的。在产品和生产流程上，情况的确如此。现在，这些方面的创新往往是由本行业或生产流程之外的因素引起的，这与19世纪和20世纪初的创新模式形成鲜明的反差。科学知识与学术亦不例外。例如，历史研究的新方法来源于经济学、心理学和考古学，而历史学家始终都认为所有这些学科与他们的研究领域毫无瓜葛，而且在历史研究上，人们以前很少利用过这些学科。

知识如何发挥作用

知识社会里的知识要创造出价值，就必须高度专业化。高度专业化的知识因此提出了两项新的要求：

㊀ 请参阅美国战术空军（Tactical Air Force）的前任指挥官比尔·克里奇（Bill Creech）将军1994年出版的《全面质量管理五支柱：如何让全面质量管理为你效劳》（*The Five Pillars of TQM: How to Make Total Quality Management Work for You*），该书生动地叙述了美国战术空军由一个技能型组织转变为知识型组织的过程。

- 知识工作者在团队中工作。
- 知识工作者必须有机会接触到组织。如果不是组织的雇员，他们至少必须与组织保持紧密联系。

这些天来，人们不厌其烦地谈论"团队"和"团队协作"。大多数人的出发点都是错误的假设，即我们以前从未以团队的形式工作过。实际上，人们在工作的时候始终是团队的一员，靠自己的力量做好工作的人几乎没有。农民必须有老婆帮助，农妇必须有丈夫做顶梁柱。他们与他们的员工，即雇工组成一个团队。手工艺人也必须有老婆协助，并与她组成一个团队，他负责手工制作，老婆统管顾客、学徒和生意。他们与熟练工和学徒组成一个团队。我们目前都想当然地认为团队的形式只有一种。实际上，团队有好几种形式。㊀但是，我们迄今为止只重视劳动者个人，而不是团队。由于知识的专业化程度越高，知识就越能发挥作用，因此，有效的工作单位是团队，而不是个人。

但是，现在被大肆吹捧为团队的团队只是一种团队，我称之为"小型爵士乐队"（Jazz-combo）型团队。小型爵士乐队型团队的团队协作实际上是最难控制的团队：这种团队出成绩所需的磨合时间是最长的。

我们必须学会利用不同的团队实现不同的目的。我们必须了解团队，而这个问题迄今为止几乎没有引起我们的重视。管理人士将越来越需要了解不同类型的团队的工作能力、优缺点，越来越需要在各种类型的团队之间做出取舍，这些将成为他们关心的主要问题。

知识工作者个人也必须学会如何从一种团队转换到另一种团队、如何融入团队，他们必须了解自己对团队有什么期望以及能给团队做出什么样的贡献。实际上，我们现在对此一无所知。

㊀ 有关内容，请参见拙著《后资本主义社会》（*Post-Capitalist Society*）（New York:HarperCollins,1993），especially pages 85-90。

知识工作者要有效地做好工作，他们将越来越需要具备两种能力。他们首先要判断出什么样的团队适用于什么样的知识工作，只有对症下药，他们才能完全做好知识工作。其次，他们需要组织这样的团队，并让自己融入这个团队。迄今为止，在任何地方都没有人了解或认识到他们需要这两种能力（少数研究实验室的人除外）。迄今为止，在任何类型的组织中，几乎所有管理者甚至都没有认识到，决定在什么样的情况下采用什么样的团队、如何组织团队以及如何发挥团队的作用在很大程度上都是他们的责任。我们甚至还没有开始研究团队、团队的特性、具体要求、工作特点以及如何评估团队。

知识工作者必然是专家，这个事实的第二个意义是他们需要以组织成员的身份开展工作，而且这个意义是同样重要的。只有组织才能保持让知识工作者发挥作用所需的基本连续性。只有组织才能将知识工作者的专业知识转化为绩效。

专业知识本身不能产生绩效。没有诊断，外科医生就不能做好手术，而诊断基本上不是外科医生的任务，他们甚至也没有能力进行诊断。市场调研人员自己只能提供数据。要将数据变为信息，市场营销、销售、生产和服务人员是不可或缺的，更不用说在运用知识的活动中发挥它们的作用了。历史学家在独自研究自己的课题和写作的过程中，他们的效率会非常高。但是，要培养学生，我们还需要许多其他学科的专家，如文学、数学等专业的专家或其他方面的历史专家。这要求专家们能够与组织接触。

他们可能以顾问的身份与组织接触，也可能以专业服务提供者的身份与组织接触。但对于大多数知识工作者来说，他们都将以组织的全职或兼职雇员的身份与组织接触，包括政府机构、医院、大学、企业、工会以及任何其他类型的组织。在知识社会中，创造绩效的不是个人。个人是一个成本中心，而不是绩效中心。创造绩效的是组织。医生个人可能掌握大量的知识。

但是，如果没有许多科学学科提供的知识，包括物理学、化学、遗传学等学科，医生是无所作为的。如果没有许多诊断专家提供化验结果，没有人控制透视仪器，包括X光或超声波仪器，没有人验血并解释验血的结果，没有人执行脑部扫描操作，医生也会碌碌无为。如果没有医院提供的服务，没有人管理静脉注射的药品，没有人护理危重病人，没有人提供有助于病人痊愈的身体和/或精神康复服务，医生同样会一事无成。要提供任何这些服务，包括心电图、血样分析、磁共振成像或理疗师提供的理疗服务，医生需要与医院这个组织接触，即高度组织化、以持续经营为组织目标的企业。

雇员的社会

知识社会是雇员的社会。

传统社会是制造企业与蓝领产业工人崛起前的社会，它不是独立者的社会。在托马斯·杰斐逊（Thomas Jefferson）提出的、由独立的小农组成的社会中，每一个成员都是自己的家庭农场的主人，除了自己的老婆和孩子外，他们在干农活的过程中不需要任何帮助，他的这种设想只不过是一个白日梦。在历史上，大多数人都不是独立的。但他们不是为组织工作的。他们是为业主工作的，他们是在农田里劳作的奴隶、农奴、雇工，在手工艺人的作坊里工作的熟练工和学徒，为商人工作的店员和售货员，拥有自由或没有自由的佣人。他们是为"主人"工作的。在制造业的蓝领工人第一次出现时，他们仍旧是为"主人"工作的。

在狄更斯1854年出版的巨作《艰难时世》中，工人是为"业主"工作的。他们不是为"工厂"工作的。在19世纪末，工厂才取代业主成为雇主。在20世纪，公司才取代工厂成为雇主，"老板"才取代"主人"，而老板本身十有八九也是一名雇员，他也有自己的老板。

将来的知识工作者既是有"老板"的"雇员",也是有"雇员"的"老板"。

对于过去的社会科学来说,组织是陌生的,而且今天的社会科学对它基本上仍旧是一无所知的。德国伟大的社会学家斐迪南·滕尼斯(Ferdinand Tönnies,1855—1936)在他1888年出版的《社区与社会》(*Gemeinschaft und Gesells chaft*)中将人类组织的已知形式划分为"社区"或"社会",前者是"有机的"和"命中注定的",而后者属于一种"结构",而且在很大程度上受到社会部门的控制。他从未提到过"组织"。19世纪或20世纪初的任何其他社会学家也没有。虽然组织具有社区和社会的某些特征,但是组织既不是社区,也不是社会。组织的成员资格不是"命中注定的"。它始终是自由选择的。人们是加入公司、政府机构或大学的教师队伍,而不是生来就是其中的一员。人们始终可以离开组织,而人们只能通过永久移居的方式离开传统的社区。组织也不是社会,特别是组织的成员并不完全属于组织。一家公司的市场调研经理还是许多其他组织的成员。她可能参加教会、网球俱乐部,而且每周可能有5小时在当地的一个非营利组织担任志愿者,例如负责领导女童子军。美国人尤其喜欢这么做。换句话说,组织不是真正的集体。它们是工具,即实现目标的一个手段。

组织是由来已久的。17世纪出现的职业军队就是一个"组织";它既不是社会,也不是"社区"。以1809年创办的柏林大学为标志的近代大学也是一个组织。大学的教师可以自由加入大学,而且他们始终可以离开大学。18世纪出现的行政机构也是组织,它首先在法国出现,随后在欧洲大陆的其他国家出现,最后,英国和由明治天皇统治的日本在19世纪末建立了行政机构(虽然美国到1933年或第二次世界大战时才出现行政机构)。但是,这些早期的组织仍旧被视为例外情况。1870年以后出现的现代商业企业无疑是第一个现代意义上的"组织",是第一个没有被视为例外,而被视为原型的组织。正因为这个原因，大多数人直到现在还认为"管理"（即组织的特殊机构）就是"企业管理"。

随着知识社会的出现，社会已经成为组织的社会。我们中的大多数人都是在组织中工作和为组织工作，我们要发挥我们的作用取决于是否能与组织接触，我们的生计同样也依赖于是否能与组织接触，无论是作为组织的雇员，还是作为向组织提供服务的供应商，例如律师或货运公司。在这些向组织提供支持性服务的供应商中，越来越多的供应商本身也是组织。大约一百年前，美国出现了第一家律师事务所，而在此之前，律师都是独自提供法律服务的。在欧洲，在第二次世界大战以前，律师事务所根本就不存在。今天，法律服务越来越多地是由越来越大的合作企业提供的。而医生也是如此，尤其是在美国。知识社会是组织的社会，每一项社会任务都是在组织中和通过组织完成的。

什么是雇员

大多数知识工作者在大部分工作时间里都将以"雇员"的身份出现。但是，这个词的含义与传统上的含义存在着明显的差别，不仅英语是这样，德语、西班牙语和日语也是这样。

知识工作者个人对工作有依赖性。他们领取工资或薪水。他们受雇于他人，而且可以被解雇。在法律上，每一个人都是"雇员"。但是，他们构成的集体是唯一的"资本家"；通过养老基金和其他储蓄（如在美国有共同基金），雇员越来越多地拥有生产资料。在传统的经济体中，全部进入消费的"工资基金"与"投资基金"存在着天壤之别。无论它们是对立的关系，还是必要和有利的合作和平衡关系，它们之间的关系以这样或那样的方式成为工业社会的大多数社会理论的基础。在知识社会，两者合二为一。养老基金属于"延期支付的工资"，工资基金也是如此。但是，在知识社会，养老基金即使不是资本的唯一来源，它也日益成为资本的主要来源。

在知识社会，雇员，即知识工作者，还拥有生产工具。这同样重要，而且可能更重要。马克思认识到工厂的工人不拥有，而且也无法拥有生产工具，因此不得不"处于孤立的地位"。这的确是马克思的远见卓识。马克思指出，工人没有办法拥有蒸汽机，在换工作时也不能带走蒸汽机。资本家必须拥有和控制蒸汽机。现在，购买机器和工具的资金越来越不是知识社会的真正投资。真正的投资体现在知识工作者的知识上。没有知识，无论机器有多么先进，多么复杂，也不会具有生产能力。

市场调研人员需要计算机。但是，它逐渐会成为调研人员自己使用的个人计算机和市场调研人员走到哪里就带到哪里的廉价工具。在市场调研中使用的真正的"固定设备"是有关市场、统计数字以及市场调研在企业战略中应用的知识，这些知识被存储在调研人员的脑海里，是他们单独拥有和不可剥夺的财产。外科医生需要使用医院的手术室及其全部昂贵的固定设备。但是，外科医生的真正资本投资体现在12～15年的训练和学到的知识上，而他们可以将这些知识从一家医院带到另一家医院。没有知识，医院里昂贵的手术室及设备就等于一堆废铜烂铁。

无论知识工作者掌握的是先进的知识，如外科医生，还是简单和初级的知识，如初级会计员，情况都是一样的。在上述任何情况下，决定雇员的工作是否具有效率的不是组织提供的工具、机器和资本，而是在知识上的投资。产业工人对资本家的依赖程度远远高于资本家对产业工人的依赖程度，而在知识社会，所有组织对知识工作者的依赖程度远大于知识工作者对任何组织的依赖程度。在他们开展活动的过程中，他们最有可能以这条假设为基础，而且毫无疑问地会以它为基础。组织的责任是推销自己的知识型工作，以便吸引到足够数量和高素质的知识工作者。知识工作者与组织的关系越来越是互相依赖的关系，其中，知识工作者必须了解组织的需要，而组织也必须了解知识工作者的需要、要求和希望。

由于知识型组织的工作是以知识为基础的，因此他们完全不是具有上下级关系的组织。㊀这样的组织是以交响乐团为原型的。小提琴可能是交响乐团最重要的乐器。但是，第一小提琴手不是竖琴手的"上级"。他们是同事。演奏竖琴的任务是竖琴手的任务，不是由指挥或第一小提琴手指派给她的。

在中世纪，有关知识等级的争论此起彼伏。哲学说自己是知识的女王。我们很早以前就停止了这场毫无实际意义的论战。知识没有高低贵贱之分。对于脚趾甲内翻的病人，要药到病除，靠的是足病医生的知识，而不是脑外科医生，即使他经过了多年的训练，而且收费也要高出许多。相反，如果某位管理人员被派往国外，他在短时间内需要掌握的知识就是能够基本流利地说几句外语，而在该国土生土长的每一个人在两岁时就掌握了讲本国语言的能力，而且无须花很多钱。在知识社会，由于知识只有在实际应用的时候才是知识，因此知识的等级和地位取决于具体的情况，而不依赖于知识的内容。换句话说，所谓的知识在某种情况下只是信息，而且是无关的信息，例如会讲韩语的美国管理人员被派到汉城㊁工作，而几年以后，他不得不调整公司在韩国的市场战略，此时，他学到的韩语的知识只是信息，而且是无关的信息。这种观点也让人耳目一新。过去，各种各样的知识被视为天上的恒星，在知识的宇宙中，每一种知识都有自己的位置。在知识社会里，知识是工具，因此，要执行的任务决定了它们能否表现出它们的重要性和地位。

我们还总结出一个结论：由于知识社会不可避免地是组织的社会，因此

㊀ 有关内容，请再次参阅我们在上文提到的比尔·克里奇将军的著作。在书中，他明确地提出，尽管像战术空军这样的军事组织存在各种军衔和规章制度，但是如果成为知识型组织，就会成为分权化的组织。管理一个维修小组的上校与做维修工作的中士属于同事关系。他负责管理中士的工作，但不是中士的上级。

㊁ 2005年1月，改名为"首尔"。

它的中枢机构是管理，而且这个机构是独特的。

当我们首次开始谈论管理时，这个词的意思是"企业管理"，这是因为大型企业是第一批出现在人们视野中的新型组织。但是，在最近的半个世纪中我们认识到，所有组织都需要管理，无论他们是否使用这个词。无论组织开展什么样的业务，所有管理者做的工作都是一样的。他们都必须让分别掌握不同知识的人团结在一起，共同创造绩效。他们都必须让这些人的优点在工作中体现出价值，让缺点影响不到工作。他们都必须思考组织要求什么样的"结果"，并因此确定目标。他们都有责任思考我所说的"经营之道"，即有关组织的绩效和行动的假设以及帮助组织决定放弃某些事务的假设。他们都需要一个思考策略的机构，通过这样的策略，组织的目标能够转化为绩效。他们都必须定义组织的价值观、奖惩体制，并据此来定义组织的精神和文化。在所有组织中，管理者既需要在工作中使用和约束组织成员的管理知识，也需要了解和认识组织本身以及组织的目的、环境、市场和核心能力。

管理在实践上拥有很长的历史。历史上最成功的管理者无疑是埃及人，他们在4700多年前就史无前例地建造了金字塔，他们用最短的时间设计并修建了金字塔。这些当初修建的金字塔现在仍旧岿然不动，而人类在那个时期修建的任何其他工程都已经遭到不同程度的破坏。但是，作为学科，管理仅仅有50年的历史。大约在第一次世界大战期间，人们才第一次朦胧地感觉到管理的存在。到了第二次世界大战，它才开始显山露水，而且在那时，美国是管理学的主要实践者。自那以后，它就成为发展最迅速的新型职能部门，对管理学的研究也成为发展最快的新学科。历史上的任何职能部门都不像最近50～60年的管理和管理者那样迅速地出现在人们的眼前，而且任何职能部门当然都不能在这么短的时间内席卷全球。

在大多数商学院中，学生们学到的管理仍旧是一组方法，如预算编制的方法。与任何其他工作一样，管理无疑拥有自己的工具和方法。但是，管理的本质不是方法和程序,就像医学的本质不是尿液分析一样,尽管尿液分析是很重要的。管理的本质是让知识体现出价值。换句话说,管理是社会职能。在实践上,管理真正属于"文科"。

社会部门

在知识社会,家庭、村庄、教区等传统社区几乎已经销声匿迹。它们的位置在很大程度上已经被组织这个一体化的新型社会单位所取代。加入社区是命中注定的,而加入组织是自愿的。社区要求人们付出全部,而组织是实现个人目标的手段。200年以来,人们喋喋不休地争论的热点问题是:社区是"有机的",抑或只是人的延伸?任何人都不会说新型组织是"有机的"。它显然是人为制造的产品、人类创造的作品和社会方法。

那么,谁来完成社会工作呢?200年以前,在所有社会中,任何社会工作都是由本地社区完成的,其中当然主要是家庭。现在,由传统社区完成的社会工作如凤毛麟角。由于传统社区再也不能控制甚至牢牢地拴住社区的成员,因此他们无法完成这些工作。无论出生在哪里,无论生来就具有什么样的社会地位和身份,人们不再保持原地不动。在定义上,知识社会是流动的社会。传统社区的所有社会职能无论是否发挥出很好的作用(实际上,大多数的社会职能表现得非常糟糕),它们假设个人和家庭的位置都不会发生改变。19世纪有一句谚语说:"人生来就是家庭的一分子";社区也是命中注定的。脱离社区意味着被社区抛弃,甚至可能遭到社区的排斥。但是,知识社会的本质是流动的,无论是在人们的生活上,还是在人们所做的事情上,或是在人与人之间的关系上。

这种强烈的流动性意味着在知识社会,社会挑战和社会工作成倍地增加。人们不再像脚下生了根似的动弹不得。他们的邻居再也不能控制他们的居住地点、他们的一举一动,当然也不能控制他们可以提出的"问题"。在定义上，知识社会是竞争的社会；由于每一个人都可以接触到知识，因此每一个人都可以找到自己的位置、提高自己的地位并拥有自己的理想。在这个社会中，能够取得成功的人比以往任何时候都多得多。但是，知识社会的定义也因此说明，在这个社会中，遭到挫折或至少离成功只有一步之遥的人也比以往任何时候多得多。只不过是因为知识在工作中的应用使得发达社会能够拥有此前的任何社会均梦寐以求的巨大财富，因此贫困、酗酒、虐待女性或青少年犯罪等丑恶现象都被视为整个社会的丑恶现象。在传统的社会里，人们认为这些丑恶现象的出现是理所当然的。在知识社会里，它们不仅是对正义感的公然蔑视，而且同样是对社会的能力及其自尊心的公开对抗。

那么，在知识社会里，谁处理社会工作呢？我们再也不能对它们置之不理。但是，传统的社区却对它们无可奈何。

在20世纪，人们已经找到了两个答案，即一个大多数人认可的答案和一个反对意见。实践证明，这两个答案都是错误的。⊖

大多数认可的答案可以追溯到一百多年前，即19世纪80年代，当时，俾斯麦领导的德国向福利制国家迈出了步履蹒跚的第一步。答案：社会部门的问题可以、应该，而且必须靠政府来解决。它可能仍旧是大多数人接受的答案，特别是在西方的发达国家中，即使大多数人可能不再完全信任政府。但是，这个答案已经被证明是完全错误的。在各个地方，特别是在第二次世界大战以后，现代政府已经成为庞大的福利型官僚机构。今天，在每一个发达国家的预算中，用于"保障金"的支出占较大的比重，而所谓保障金就是各种社会公益服务。然而，在发达国家，社会不是变得更加强壮，而是变得疾病缠身。政府在社会工作中要承担起巨大的责任，如制定政策、规定标准，而且政府在相当大的程度上要承担起支付工资的责任。但是作为经营社

⊖ 有关本节论述的内容，在1993年出版的《后资本主义社会》(*Post-Capitalist Society*) 也可供参考，特别是第6章和第9章。

会公益服务的机构，实践证明，政府几乎完全是不胜任这项工作的，同时，我们现在已经找到了原因。

另外一个反对意见是我首先在1942年提出来的，当时我在拙著《工业人的未来》(*The Future of Industrial Man*)中阐述了我的观点。当时，我提出新型组织必须成为有助于个人发现自己的地位和作用的社区，人们可以在工厂型社区中和通过工厂型社区有条不紊地开展社会工作，而50年前，新型组织就是大型商业企业。在日本（虽然保持相当大的独立性而且与我没有任何关系），政府机构或企业是大老板，他们实际上越来越多地试图成为容纳雇员的"社区"。"终身雇佣制"只是证明这个事实的一个证据。公司提供的住房、医疗保健、假期等都郑重其事地告诉日本的雇员这样一个情况，即雇主，特别是大公司就是社区，是昔日的村庄和昔日的家庭的接班人。但是，这种方式也不管用。

实际上，人们越来越多地需要将雇员置于工厂型社区的管理范围内，在西方尤其如此。现在所谓的"授权"与我五十多年前讨论的非常相似。但是，社区不会因此而形成。有利于处理知识社会的社会工作的结构也不会因此而形成。事实上，几乎所有这些工作都不应该由提供就业机会的机构来完成。这些社会工作包括：提供教育或医疗保健；解决发达社会，特别是富裕社会的畸形状态和弊病，如酗酒和吸毒以及解决社会的无能为力和无责任感的问题，如美国城市的"下层阶级"在这方面面临的问题。

提供就业机会的机构是一种"组织"，而且将来仍旧是一种"组织"。机构与个人的关系不是"社区"中的"成员"的关系，即将双方连接在一起的牢不可破的关系。甚至在日本，实践也证明终身雇佣制是不合理的，但可能只有政府雇员除外（西方也是如此）。

过去，美国人在就业上享有很大的安全感，然而，我们现在可能需要更大的安全感。但是，在任何社会里，在竞争日趋激烈的世界经济中，企业、大学或医院等提供就业机会的机构并不会如何安全。要生存下去，它需要在就业上具有灵活性。但是，知识工作者，特别是掌握先进知识的人还越来越多地认为组织是实现其自身目标的工具，并因此对让他们服从于社区型组织的任何企图都抱有抵触情绪，即他们要受到组织的约束；组织需要他们终身成为组织的一分子；组织需要他们放弃自己的抱负，以组织的目标和价值观为自己的目标和价值观。这种情况在日本甚至愈演愈烈。在日本，初出茅庐的知识工作者仍旧高唱反映公司精神的歌曲。他们仍旧希望公司在就业上给他们带来安全感。然而，他们不仅越来越多地拒绝为公司牺牲自己的家庭生活，而且他们还越来越多地像西方人那样，准备在有更好的机会时跳槽。对于在大型商业企业中工作的日本蓝领工人来说，跳槽仍旧是一件非常痛苦的事情。即使完全有换工作的可能，他们也会在收入和社会地位上遭受巨大的损失。但是，在20世纪90年代，在日本大公司工作的青年工程师的流动性正在迅速赶上西方公司的流动性，而且在某些方面实际上还有过之而无不及。这是不可避免的，之所以这样，是因为，如上所述，掌握知识的人拥有"生产工具"，而且无论哪里看上去能最大限度地发挥他们的作用，取得最大的成就和得到最大的发展，他们都拥有到这些地方工作的自由。

因此，对"谁处理知识社会的社会挑战？"这个问题的正确回答既不是"政府"，也不是"提供就业机会的组织"，而是独立的和新兴的社会部门。

我认为美国人开始提出现代社会的"两个部门"的历史不到50年，这两个部门是"公共部门"（即政府）和"私营部门"（即企业）。在最近20年，美国人开始提出"第三个部门"，即"非营利部门"，也即处理现代社会的社会挑战的组织。

在美国，教会长盛不衰，他们过去一直是独立和竞争的关系。即使现在，教会也是美国最大的社会部门，在捐献给非营利机构和慈善机构的资金中，捐献给教会的几乎占了半壁江山，而且相对于志愿者在非营利机构中工作的时间，志愿者在教会中工作的时间几乎接近50%。但是，社会部门型教会是美国保持增长势头的部门。20世纪90年代，美国大约有100万组织属于以社会部门的工作为己任的非营利机构或慈善机构。其中，在最近的30年内出现了占压倒性多数，几近70%。其中的大多数组织提供的社区服务是与人们的现实生活有关的，与虚无缥缈的天国无关。当然，在这些新出现的组织中，有一些组织在定位上属于宗教组织。但是，即使在这些组织中，称得上"教会"的也寥寥无几。他们是从事特定的社会工作的"翼锋教会"（para church），例如帮助酗酒者戒酒、帮助吸毒者戒毒、感化罪犯或教育儿童。即使在社会部门型教会中，表现出发展能力的组织也基本上是新兴组织。他们是迅速发展的"乡村"教会（pastoral church），他们关注的是个人的精神需要，特别是受过教育的知识工作者的精神需要，并号召教会成员发挥他们的精神力量，处理社区（尤其是城市社区）的社会挑战和社会问题。

我们仍旧认为这些组织属于"非营利"组织。但是，这只是法律术语，只意味着根据美国法律，这些组织不需要纳税。它们是否具有"非营利组织"的组织结构实际上与它们的职能和行为无关。自1960年或1970年后，美国的许多医院都成为"营利"组织，它们在法律上属于商业企业，其职能与传统的"非营利"医院的职能完全一样。因此，重要的不是法律基础。重要的是社会部门型机构拥有不同的目的。政府要求别人遵纪守法，制定并执行法规。企业希望得到回报，企业提供产品。社会部门的机构以改变人类的现状为己任。学校的"产品"是学习的学生。医院的"产品"是痊愈的病人。教会的"产品"是生活发生了变化的教众。社会部门型组织的任务是致力于人类的健康。

社会部门中的这些组织越来越多地具有第二个目的，这个目的是同样重要的。他们创造公民意识。现代社会和现代政治变得既庞大，又复杂，因此人们不再可能具有公民意识，即负责任地参与社会活动。作为公民，我们所能做的只是每隔几年投一次票和常年不断地纳税。

通过在社会部门型机构中担任志愿者，个人可以再次发挥重要作用。在美国，由于教会很早以前就是自给自足的，因此人们自始至终都保持着成为志愿者的传统。20世纪90年代，几乎每一个成年人每周都要作为志愿者在社会部门型组织中工作3～5小时。具有这个传统的国家只有英国，虽然时间短得多（部分原因是这个福利制国家承担非常多的社会责任，但是更重要的原因是官方教会的费用一直是由国家负担的，而且国家一直采取管理行政机构的方式管理官方教会）。除了以英语为官方语言的国家外，其他国家都没有号召人们成为志愿者的传统。事实上，欧洲的现代国家和日本公开地反对任何体现出志愿者主义的东西，其中法国和日本表现得最为突出。这是旧制度（ancien régime）的反映，基本上具有破坏性的倾向。

但是，甚至在这些国家中，情况也在发生改变，其中，日本可能是主要的例子。这是因为知识社会需要社会部门，社会部门需要志愿者。但是，知识工作者也需要一个使他们能够履行公民的权利与义务的环境，即一个有助于他们创造社区的环境。组织对此是无能为力的。

实践证明40年前几乎得到普遍认可的"组织人"的概念是错误的，从普遍认可到风光不再，速度之快前所未有。事实上，人们对自己的知识工作越满意，人们就越需要一个开展社区活动的独立环境。志愿者在美国的教会中担任年轻夫妇的法律顾问；在当地学校中担任有学习障碍的儿童的辅导老师；担任正常儿童的童子军团长。这样的志愿者不计其数。他们不仅创造了一个成就个人梦想的环境，而且还创造了一个有利于具有相同价值观的人为共同的利益而一起奋斗的社区。

许多社会部门型组织将成为政府的合作伙伴，如许多"私有化"项目，例如市政府提供清扫街道的费用，然后由外部承包商负责清扫街道。我们预测在未来的20年内，美国的教育部门会出现越来越多的、由政府承担费用的"代金券"，家长可以凭这些代金券为他们的孩子选择各种不同类型的学校，其中有些学校是公立学校，其资金来源靠政府的税收，而有些学校是私立学校，其资金来源在很大程度上依靠家长支付的代金券带来的收入。这些社会部门型组织虽然与政府是合作伙伴，但他们显然也要与政府竞争。我们还没有搞清二者之间的关系，而且这种关系实际上是史无前例的（或者更确切地说，我们有先例可循，这就是美国国防部等政府机构与独立的军事承包商之间的关系，这是一种复杂的关系，既要求互相依赖与互信，又要求双方深藏不露地相互猜疑和经常打游击战争）。

但是，我们同样还没有搞清楚什么是社会部门型组织的"绩效"，其中尤以"非营利"和"慈善"组织为代表，我们不能采用财务上的"盈亏底线"来衡量这些组织的绩效。⊖我们知道社会部门型组织需要管理。但是，我们才刚刚开始研究管理对社会部门型组织的准确意义。我们现在在非营利组织的管理上取得的研究成果，在许多方面与我们50~60年前在商业企业的管理上取得的研究成果几乎处于同一水平上，而在当时，此项工作才刚刚起步。

但是，我们已经对一件事情心知肚明。知识社会必须是三个部门并驾齐驱的社会：公共部门（政府）、私营部门（企业）和社会部门。我认为，我们还会越来越清晰地认识到，只有在社会部门中和通过社会部门，现代发达社会才会再一次形成负责任和有所作为的公民意识，才会再一次向个人，特别是向知识工作者提供有助于他们在社会中发挥重要作用的环境和有助于他们再造社区的环境。

⊖ 有关内容，请参阅我在1992年出版的《非营利组织的管理》（*Managing the Non-Profit Organization*）。

知识经济和知识政治

随着知识社会和组织社会的出现，深远的政治影响也随之而来：
- 新的政策中心随之形成。
- 经济政策随之改头换面。
- 政府发挥政府职能的能力随之遭到挑战。

学校和教育成为社会的中心

知识是影响一个国家的军事实力与经济实力的关键性资源。知识的取得只有在正规的流程中才能实现，即学校教育。

作为关键性资源的知识，与土地和劳动力等任何传统的关键性资源存在着根本性差别，甚至与资本也存在着本质性差异。它不受任何国家的约束。它是超越国界的，是便于携带的。它可以在任何地方迅速和廉价地被创造出来。最后，它也是千变万化的。知识的新陈代谢速度总是非常快的。我们可以肯定地说，无论知识创造出的竞争优势是国家、行业或机构（企业或大学）具有的优势，还是个人具备的优势，它很快都会受到挑战，而且发起挑战的可能还是初出茅庐者。

仅仅因为这个原因，我们再也不能在任何岁数上停止对知识的汲取，也就是停止学习。"终身学习"这一时髦的词语可能略显夸张，因为许多人在停止工作和退休后就不再学习了。但是，任何知识工作者将越来越需要在工作期间坚持学习。

学校不再满足于管理未到工作年龄的青少年。它将越来越多地成为成年人和向他们提供就业机会的组织的合作伙伴。反过来，企业和政府机构等组织必须越来越多地从雇员的角度出发，社会部门里的非营利机构必须越来越多地从志愿者的角度出发成为学校的合作伙伴，而且他们自己也必须成为教学和学习机构的合作伙伴。

学校和教育还必然会成为主要的政治问题。当然，现行的每一套教育体制都反映出政治和社会的基本价值观。㊀但是，学校和学校教育的内容、质量、生产率和效果在以前都不是社会大众关心的主要问题。它们主要是教育者关心的问题。现在，它们越来越多地成为政治问题，而且在美国，我们已经进入这个阶段，而且事态发展得相当快。

充满竞争的知识经济

知识已经成为关键性资源的事实意味着世界经济时代已经到来。这意味着具有支配作用的不是国家经济，而是世界经济。每一个国家、每一个行业和每一家企业将面临一个竞争越来越激烈的环境。每一个国家、每一个行业和每一家企业在决策的过程中必须认真地考虑各自在世界经济中的竞争地位以及其知识能力的竞争力。

知识创造了世界经济，而且是竞争激烈的世界经济，世界经济因此在第二次世界大战后出现转型也变得顺理成章。日本的崛起源于对知识的应用，其中主要是美国人在第二次世界大战期间发展出来的管理和培训知识。他们是在 1950 年或 1952 年后才开始崛起的。但是，到了 1960 年，日本经济在知识的帮助下具备了在自己擅长的领域与世界首屈一指的制造企业抗衡的能力。几年后，韩国选择了同样的发展道路。

现在，重复日本和韩国的做法已不再可能。即使生产率非常高，低廉的制造成本再也不能创造足够的竞争优势，帮助经济取得长足发展。但是，如果采用同样的方法引入先进知识，包括工程技术、市场营销或研究等领域的知识，我们就会在相当短的时间内取得异曲同工之效。

㊀ 有关内容，请参阅我在 1989 年出版的《管理新现实》(*The New Realities*) 中对"教育乃社会目的"的论述。

新加坡的经验至少说明这是行得通的。1965年，新加坡刚刚脱离马来西亚的统治，成为独立的国家，当时，他们仍旧依赖无一技之长的码头工人出卖体力劳动。十几年以后，新加坡跻身世界经济之林，成为技术含量低的工业品的出口国，而生产这些工业品的工人具有劳动力成本低但训练有素的特点。但是，新加坡同时大力鼓励发展高等教育并在高等教育上投入大量资金。1994年的新加坡不再是劳动力成本低廉的生产国。它成为高附加值和高科技产品的生产国和出口国，这些产品包括医药、电子、计算机、电信设备和光学仪器等，都是由受过良好教育、年轻的知识工作者生产出来的。事实上，在不到15年的时间里，新加坡就具备了设计这种知识密集型产品的能力。

现在，新加坡正利用这种最近获得的知识能力，以银行家、实业家和综合零售商的身份活跃在中国大陆。

在每一个国家，政治和政策仍旧以国内问题为中心。在讨论一项新的法规时，无论涉及税收，还是涉及企业监管或社会福利支出，绝大多数政治家、新闻工作者或公务员的视野都非常狭窄，他们只考虑这项法规对本国的影响。曾经的西德是欧洲出口意识最强且最依赖于出口的国家，他们同时在东德毫无节制地投资，但是在1990年，西德国内几乎甚至没有人质疑过政府的这种行为会对本国的竞争力产生什么样的影响。

这种做法不再行之有效。每一个国家和每一个行业必须认识到首先要问的问题不是："这值得做吗？"首先要问的问题是："对国家（或行业）在世界经济中的竞争地位有什么影响？"美国现在要求任何政治行为都要提出环境影响报告，因此我们需要在政治活动中设计出类似的东西，即我们需要"竞争力影响报告"。在一项决策中，对国家、行业或企业在世界经济中的竞争地位的影响不会是主要因素，更不会是唯一因素。但是，在决策时不考虑这方面的因素，这样的决策是不负责任的决策。

总而言之，知识已经成为关键性资源的事实意味着一个国家的国内经济的繁荣将越来越多地取决于其在世界经济中的地位。㊀1950年以后，一个国家提高其在世界经济中的地位的能力将成为决定国内经济成就的主要因素，而且实际上可能是唯一因素。国内经济政策实际上对提高这种能力没有任何帮助，而且在很大程度上，甚至也不会降低这种能力（只有政府制造通货膨胀的政策除外，而这种政策不仅会迅速破坏这个国家在世界经济中的竞争地位，而且还会影响国内的稳定和发展的能力）。

"外交至上"是17世纪以来欧洲政坛奉行的一条古老政治规则。第二次世界大战以后，虽然美国人表现得勉勉强强，但它也在美国政坛觅到了知音，而且被称为"临时性的应急措施"。它始终意味着，相对于国内政策来说，靠武力维持安全是优先考虑的事情，而且无论是否面临冷战的局面，这种政策十有八九会继续贯彻下去。但是，"外交至上"现在有了不同的含义。它认为一个国家在世界经济中的竞争地位必须在这个国家的国内政策和战略中得到优先考虑，而且一个行业或组织在世界经济中的竞争地位同样也是如此。仅仅有限地参与世界经济的国家（如果仍旧有这样的国家的话）是如此，只徘徊在世界经济边缘的企业亦是如此，认为自己完全本土化的大学更是如此。知识没有国界。世上没有"国内知识"与"国际知识"之分。有的只是知识。随着知识成为关键性资源，即使个别组织的日常经营活动只局限于本国、本地区甚至当地，我们看到的也只有一个世界经济。

政府如何发挥作用

随着组织社会的出现，政府的功能受到了全面的挑战。组织社会中的所

㊀ 有关内容，请参阅我刊登在《外交事务》(*Foreign Affairs*) 1995年1～2月期上的文章"世界经济在贸易方面的教训"(Trade Lessons from the World Economy)。

有社会工作越来越多地由组织完成,无论是教育,还是医疗保健或清扫街道,每一个组织都对应一项社会工作,而且只对应一项社会工作。因此,社会迅速成为多元化社会。然而,我们的社会与政治理论仍旧认为政府是社会的唯一权力中心。事实上,西方历史和政治的本质是摧毁所有其他权力中心,或至少让这些权力中心变得软弱无力。自14世纪以后,这种状况延续了500年,并在18世纪和19世纪达到了登峰造极的地步,当时(美国除外),大学或官方教会等最早出现的机构虽然被保留了下来,但它们都变成国家机构,它们的工作人员都成为公务员。但随后,在世界刚刚进入19世纪中叶后,新的权力中心开始崛起了,首先是1870年左右出现的现代商业企业。从此,新型组织接踵而来。

这不是新的"封建主义"。封建主义指"公共权力掌握在私人手中"。㊀ 无论是拥有土地的贵族或修道院,还是自治的城市或英国东印度公司等贸易公司,这些传统的机构都希望扮演政府的角色。在其自己的势力范围内,它们当然希望拥有至高无上的权力。它们要求拥有对成员的管辖权。他们的目标是拥有自己的货币。它试图在其势力范围内管理贸易与商业活动。在许多情况下,它们拥有并管理自己的军队。

组织社会中的新兴机构对"公共权力"不感兴趣。它们不希望成为政府。但是,它们要求在职能上拥有自主权,而且实际上,它们也需要自主权。大学和研究机构也是如此,更不用说军队了。

在昔日的多元化社会中,如欧洲中世纪的封建主义或17~18世纪日本江户时代的封建主义,所有多元化的组织(包括英国玫瑰战争期间的封建男爵或日本江户时代的封建领主)都试图控制其社区内发生的任何事情。他们至少试图阻止任何其他人在其势力范围内控制任何关系到社区的事情或

㊀ 这种说法是美国研究中世纪的权威斯特雷耶(J. R. Strayer,1904—1987)创造的。

社区的任何制度。

但是，在组织社会中，每一个新兴的组织只关心它们自己的目标和使命。它们不会要求对任何其他事情拥有控制权。但它们也不会对任何其他事情承担责任。那么，谁来关心共同的利益呢？

这个问题始终是多元化社会的中心问题。以前的多元化社会没有解决这个问题。现在，它又卷土重来，但具有不同的表现形式。我们迄今为止看到的是这些机构受到各种各样的限制，这些限制令我们触目惊心，即由于它们自己的使命、职能和利益触及到了公共领域或违反了公共政策，因此它们在实现这些使命、职能和利益的过程中四处碰壁。最近40年以来，美国相继颁布了各种反歧视的法律，包括消除种族、性别、年龄、教育和健康歧视的法律，所有这些法律都明令禁止不良的社会行为。但是，我们现在越来越多地对这些机构的"社会责任"提出质疑："除了履行它们自己的职责外，要增进公共利益，这些机构必须做什么事情呢？"然而，要回答这个问题，我们就需要回到遥远的多元化社会，回到封建制度下的多元化社会，虽然人们似乎都没有认识到这一点。要回答这个问题，我们就需要"私人掌握公共权力"。

以美国学校为例，我们会非常清楚地认识到，对上述问题的回答会严重地影响新型组织发挥自己的作用。学校的职责是向儿童传授基础知识与技能，但从20世纪50年代开始，美国让学校逐渐成为宣传各种社会政策的载体，其中以消除种族歧视为开端，随后是消除对所有其他"少数民族"的歧视和消除对残疾人的歧视等，这无疑是学校履行职责的能力逐步退化的主要原因之一。我们实际上是否已在减少社会弊病上取得任何进展还有待讨论；迄今为止，学校不能证明它是特别有利于社会改革的工具。但是，让学校变成宣传社会政策的机构的做法无疑严重地削弱了学校各司其职的能力。

新兴的多元化社会具有多元化社会的老问题，即如果在社会中占支配地位的机构只拥有一个目的，那么谁来对公共利益负责呢？老问题又产生了一个新问题：如何既能保持新型机构创造出成就的能力，又能保持社会的凝聚力？这使得一个既拥有强大的力量，又能发挥作用的社会部门的应运而生变得倍加重要。这是社会部门将在知识社会的成就上越来越多地发挥决定性作用的另外一个原因，即使社会部门不会对知识社会的凝聚力起到至关重要的作用。

125年前首先出现的新型组织是商业企业。因此，人们最初认为新兴的组织社会的问题属于"政府与企业"的关系，这只不过是自然而然的事情。人们最初认为新出现的"利益"属于"经济利益"，这也是自然而然的事情。

因此，在第一次试图认真处理新兴的组织社会的政治问题时，人们的目标是让经济利益为政治活动服务。首先试图解决这个问题的是美国人马克·汉纳（Mark Hanna），他在19世纪90年代重建了共和党，而且在许多方面，他是20世纪美国政治的奠基人。他认为政治是主要经济利益集团（如农民、企业、工人）之间存在的一种不平衡状态，在第二次世界大战以前，他的这种思想一直是美国政治的基础。事实上，富兰克林·罗斯福（Franklin D. Roosevelt）在重建民主党的过程中重新系统化地阐述了汉纳的思想。哈罗德·拉斯韦尔（Harold D. Laswell）在富兰克林·罗斯福实行新政（New Deal）期间撰写的最具影响力的政治书籍《政治学：谁得到什么？何时和如何得到？》(*Politics：Who gets What，When，How*) 对这种思想的基本政治观点进行了论述。

人们除了关心经济问题之外，还需要关心许多其他问题。对此，马克·汉纳在1896年是一清二楚的。然而，汉纳和40年后的富兰克林·罗斯福都认识到他们必须利用经济利益把所有其他利益整合成一个整体。大多数人在分析美国政治和所有发达国家的政治活动的过程中仍旧是以这种假设为出发点的。但它不再是一个站得住脚的假设。马克·汉纳认为土地、劳动力和资本都是"资源"，在此基础上，他提出了"经济利益"法则。但是，知识属于创造经济成就的新资源，在本质上不属于经济范畴。

知识是不可以买卖的。可以买卖的是知识的成果，如专利带来的收入。专利中包含的知识是无法以任何价格转让的。无论医学院的学生愿意给神经外科医生多少钱，神经外科医生都无法将知识卖给他，当然也不能将知识转让给他，而这种知识是神经外科医生创造出绩效和取得收入的基础。知识的获取与获得任何东西一样都是有成本的。但是，知识的获取是无价的。

因此，经济利益再也不能将所有其他问题和其他利益整合成一个整体。在知识成为关键性经济资源后，被整合在一起的各种利益开始分崩离析，同时，被整合在一起的现代政治的多元化社会形态也随之开始土崩瓦解。非经济利益逐渐成为新的多元化的社会形态、"特殊利益"、拥有单一目标的组织等。政治的内涵越来越多的不是"谁得到什么？何时和如何得到？"，而是价值观，每一种价值观都是不容置疑的。政治的内涵是子宫里孕育的胎儿的"生存权"，这与妇女控制自己的身体和堕胎的权利格格不入。政治的内涵是环境。政治的内涵是为受到压迫和歧视的群体争取平等。所有这些问题都不是经济问题。它们基本上都是道德问题。

在经济利益上是可以妥协的，这是经济利益成为政治基础的巨大优势。"半块面包仍旧是面包"是说得过去的。但是，在有关《所罗门王的判决》(the judgment of Solomon)的圣经故事中，"半个婴儿"不是半个孩子。半个婴儿只是一具尸骸和一块肉。在这方面没有妥协的可能。对于环境保护主义者来说，"半个濒危物种"是已经灭绝的物种。

这令现代政府的危机雪上加霜。报纸和评论员仍然趋向于从经济的角度报道华盛顿、伦敦、波恩或东京发生的事情。但是，越来越多的政治说客不再从经济利益的角度左右政府的法律和行为。这些政治说客和给他们提供资金赞助的人会从道德、精神和文化的角度游说政府通过和否决法案。在这些新的道德问题中，每一个问题都体现了一个新兴组织的利益，都声称是不容置疑的。从他们的面包上切下一块不是妥协，而是背信弃义。

因此，在组织社会中不存在一个将社会和社区中保持独立的组织联合在一起的一体化力量。传统的政党可能是19世纪最成功的政治创新，他们再也不能将不同的群体和不同的观点整合在一起，共同谋求权力。相反，他们成为不同群体斗争的战场，每一个群体都为绝对的胜利而战，而且除了敌人完全投降以外，他们对任何结果都不会感到满意。

这样，我们又遭遇到如何组建政府，使之发挥作用的问题。有些国家具有保持一个强有力的独立官僚机构的传统，其中尤以日本、德国和法国引人注目。在这些国家中，行政机构仍旧试图把政府捆绑在一起。但是，即使在这些国家中，政府的凝聚力因特殊利益集团而变得越来越弱，其中最重要的是非经济的特殊利益集团，即道德上的特殊利益集团。

差不多在500年前，马基亚维利（Machiavelli）提出了君主论。自那以后，政治学关心的主要是权力。马基亚维利与在他之后的政治学家和政治家都想当然地认为政府一旦拥有权力，就可以发挥作用。现在，人们越来越多地要应付的问题将是："哪些职能是政府可以承担的，是只有政府可以承担的，而且是政府必须承担的？""要在组织社会中承担这些职能，政府可以采取什么样的组织方式？"

结论：优先考虑的任务——需要社会和政治创新

21世纪必定是社会、经济以及政治动荡和挑战层出不穷的一个世纪，在最初的几十年内至少是这样。然而，社会变革的时代还没有结束。迫在眉睫的挑战可能比20世纪已经发生的社会变革所带来的挑战更严峻和更令人畏惧。

然而，除非我们首先解决已经属于既成事实的发展结果（即在本文的前几节提到的发展结果）所提出的挑战，否则我们甚至不会有机会解决这些明天的、迫在眉睫的新问题。

它们是需要优先考虑的任务。这是因为，只有解决了这些问题，在实行自由市场制度和民主的发达国家，我们才可以指望社会具有凝聚力、经济正常运转和政府具备解决新挑战的能力。对于社会学家、政治学家、经济学家、教育家、企业管理者、政治家和非营利组织的领导人，以及各行各业作为家长、雇员、公民的人来说，当务之急是研究这些需要优先考虑的任务，迄今为止对我们来说，其中大多数都是史无前例的，更不用说有什么经过实践检验的解决方案了。

总之，这些优先考虑的任务包括：

- 我们将必须仔细认真思考教育，包括教育的目的、价值观和内容。我们将必须学会规定、衡量并管理教育的质量和生产率。
- 我们需要系统化地研究知识的质量和生产率——迄今为止我们既没有规定什么是知识的质量，也没有规定什么是知识的生产率。在知识社会，任何组织创造出绩效的能力将越来越取决于这两个方面，甚至他们的生存可能也是如此。但是，在知识社会，任何个人创造出绩效的能力也将越来越取决于这两个方面，甚至他们的生存也不例外。知识要承担什么责任呢？掌握知识的个人，特别是高深知识和专业化知识的人要承担什么责任呢？
- 任何国家，特别是发达国家的政策将越来越需要将国家在竞争日趋激烈的世界经济中的竞争地位放在首位。任何计划实施的国内政策需要以提升国家在世界经济中的竞争地位为出发点，或至少要以最大限度地降低对这种竞争地位的不利影响为目的。这同样适用于国家内的任何机构的政策和策略，无论是当地政府，还是企业、大学或医院。
- 我们需要提出迎合世界经济至上的经济理论，而在世界经济中，知识已经成为关键性经济资源，它是比较优势的主要来源，而且甚至可能是比较优势的唯一来源。

- 我们刚刚开始了解新兴的整合机制：组织。但是，我们仍旧必须认真思考如何平衡两个明显对立的要求。组织必须有能力履行唯一的社会职能，而它们就是因为这个社会职能而存在的——学校需要传授知识；医院需要治病救人；企业需要生产商品；服务和资本需要防范未来的风险。只有它们一心一意地集中精力履行其专业使命，它们才能有能力履行唯一的社会职能。但是，社会还需要这些组织承担社会责任，即应对社区的问题与挑战。这些组织共同构成社区。因此，组织社会需要的是一个强有力的、独立的和能发挥作用的社会部门，它既不是以政府为代表的公共部门，也不是以企业为代表的私营部门。但是，单单靠社会部门是不够的：公共部门和私营部门的组织必须分担重任。

- 对于政治思想和政治行为来说，政府的职能及其作用的发挥将变得越来越重要。20 世纪无节制发展的"巨型国家"（megastate），无论是极权主义国家或民主国家，都没有发挥自己的作用。它没有遵守它提出的任何一项诺言。受政治说客左右的政府既不是特别地卓有成效（事实上它是瘫痪的政府），又不是特别地具有吸引力。然而，只有在这个竞争激烈和迅速变化的世界里，我们才需要卓有成效的政府，而在这个世界里，一方面是对自然环境的污染，另一方面是世界军备竞赛所产生的污染，只有它们所产生的威胁是可以相提并论的。

我们甚至还没有开始研究帮助政府在以知识为基础的组织社会中发挥卓有成效的作用所需的政治理论和政治制度。

如果 20 世纪是社会变革的世纪，那么 21 世纪需要成为社会和政治创新的世纪。

（1994 年）

CHAPTER 21 | 第 21 章

非营利组织的长足发展让我们获益匪浅

美国需要优先考虑新的社会问题：让非营利组织的生产率翻两番，让它们获赠的捐款额占个人总收入（gross personal income）的比重翻一番（现在不到3%）。否则，几年以后，这个国家就会面临社会的两极分化。

无论谁执政，联邦政府、州政府和地方政府必须大幅削减开支。此外，政府在解决社会问题上是无能为力的。美国取得的每一次成功事实上都是靠非营利组织实现的。

在美国心脏协会和美国精神健康协会等非营利组织的倡议和指导下，人类的健康和寿命得到了巨大的改善和延长，而且这些非营利组织还筹措到大量资金。在瘾君子的康复治疗方面，无论我们取得什么样的成果，所有成绩都要归功于匿名戒酒会（Alcoholics Anonymous）、救世军（Salvation Army）和撒马利坦会（Samaritans）等非营利组织。住在老城区里的少数民族的孩子选择最多的学校是教会学校，并受到城市联盟（Urban League）的一些分会的资助。

许多最振奋人心的成就都是由当地的小型组织取得的。例如，在美国密歇根州罗亚尔欧克（底特律的产业工人居住的地区）有一个规模非常小的贾德森中心（Judson Center），它在帮助高度残疾的儿童脱离收容所和重返社会的同时还帮助黑人妇女及其家庭摆脱社会救济。

贾德森中心从接受社会救济的母亲中精心挑选出一些人，要求她们在自己的家中抚养两三个残疾儿童或情绪紊乱的儿童，从而换取微薄的收入。摆脱社会救济的母亲的比率接近100%，其中许多人大约在5年内进入就业岗位，成为康复工作者。这些儿童的康复率大约是50%，而如果不接受这样的帮助，他们就会终生待在收容所里；而且，人们曾经对他们中的每一个人都不抱有希望。

一方面，非营利组织做得非常好；另一方面，政府却辜负了人们的期望，前者花的钱比后者浪费的少得多。在纽约大主教所辖教区的教会学校，70%的学生在课后都会留在学校里学习，远离社会的不良影响，毕业后既具有较高的文化水平，又掌握一技之长，每个学生的成本大约只是纽约市区公立学校的一半，而公立学校却没有起到教书育人的作用。

在佛罗里达州，初次犯罪的人会得到假释的权利，在假释期间，他们会受到救世军的监管，其中"永久地"改邪归正的人占2/3——在至少6年内，他们不会因再犯而受到起诉。如果他们被关在监狱里，2/3的人会成为惯犯。然而，每年花在每一个犯人身上的费用至少是受救世军监管的假释犯的两倍。

密歇根州每年本来要为每一位领取社会救济的母亲花费10万美元，其中1/3是社会救济的成本，2/3是在收容所里收养儿童的费用，而贾德森中心帮密歇根州节省了这笔费用。

虽然大多数私立大学和学院的学生会得到某种财政资助，但与他们的父母花费的费用相比，州立大学和学院的学生的父母所花费的费用仍旧无法与之相提并论。但是，州立大学的学生的教育成本实际上大大超过了非营利性私立院校的学生的教育成本（有些州比后者高1倍）——其中的差额是由纳税人负担的。

非营利组织很可能成为美国的社会部门，其重要性与以政府为代表的公共部门和以企业为代表的私营部门的重要性不分伯仲。它们的服务系统已经各就各位：非营利组织现在有90万个，其中大多数关注它们所在社区的问题。其中大约有3万个非营利组织是在1990年成立的（有数据可查的最近一年），实际上它们的活动都是在当地开展的，致力于解决某一个问题：如辅导少数民族的孩子；派人到当地医院听取病人的意见；帮助移民办理各种烦琐的行政手续等。

20年前，美国的中产阶级认为他们在开支票的同时就履行了他们的社会义务，而现在他们越来越积极地身体力行。最可靠的统计数字显示，每周在非营利组织作为"志愿者"平均工作3小时的美国人现在大约有9000万，即每2个成年人中就有1个人是志愿者；非营利组织已经成为美国最大的"雇主"。

这些志愿者越来越多地认为他们的工作不属于施舍；他们认为这是与他们领取薪水的工作并行不悖的事业，并坚持接受锻炼、对工作成果和绩效负责以及抓住在非营利组织中担任专业职务和管理职务（虽然仍旧不领报酬）的事业发展机会。最重要的是，他们认为从事志愿者工作让他们有机会获得成就感、发挥作用、实现自我价值，实际上还让他们能够有意义地履行公民的义务与权利。因此，与其说我们需要有人做志愿者工作，不如说我们更需要创造结构合理的志愿者工作。

一些观察家，如全美大型非营利组织协会，独立部门（Independent Sector）的会长布赖恩·奥康奈尔（Brian O'Connnell）认为，在10年内，美国2/3的成年人（120万人）都将希望作为志愿者每周在非营利组织工作5

小时，这意味着在非营利组织工作的劳动力将翻一番。

同时，非营利组织具有很强的创新能力。1 年以前，我和我的朋友创办了彼得·德鲁克非营利组织管理基金会，当时我们策划了基金会的第一项社会活动，即为最具创新性的项目颁发 25000 美元，这个项目必须"在非营利组织的绩效方面开创引人注目的新纪元"。我们希望能收到 40 份申请，但我们收到了 809 份申请，其中大多数项目都当此殊荣。

实际获奖的是贾德森中心，但是在许多情况下，大型非营利组织与小字辈们一样具有创新能力。总部设在美国密尔沃基市的美国家庭服务组织（Family Service America）的收入达几十亿美元，规模比许多世界 500 强企业都大；在美国，它现在可能是仅次于红十字会的最大的非营利组织。它与通用汽车等大公司达成协议，如果雇员的孩子进入青春期，并出现吸毒或情绪失调等问题，该组织就会为这些家庭提供帮助。这就是它取得长足发展的部分原因。

要使非营利组织的潜力变成现实，我们需要做 3 件事。首先，具有一般管理水平的非营利组织在自我管理上必须向管理得最好的非营利组织看齐。大多数非营利组织仍旧认为它们只需要有良好的出发点和有一颗纯洁的心。它们还没有认识到它们要对工作成果和绩效负责。更多的非营利组织要么小题大做，要么做了不该它们做的工作，而把这些工作交给企业来做，效果会更好，成本更低，它们在这些方面分身乏术或浪费精力。

其次，非营利组织必须学会如何筹措资金。美国大众还是愿意慷慨解囊的，而且没有证据表明人们得了非营利组织的人所说的"同情疲劳症"。事实上，在最近几年中，捐款的增幅相当快，从占个人收入的 2.5% 增至 2.9%。可惜，许多非营利组织仍旧认为筹措资金的方式是兜售需求。但是，如果没有看到最后的效果，美国大众是不会捐款的。他们不再向"慈善机构"捐款；他们是"出钱参与慈善事业"。我们大多数人每周都会收到恳请我们向慈善事业捐款的邮件,其中通常只有一封邮件提到了最后的效果,而我们恰恰会根据这封邮件提供捐款。

非营利组织必须一如既往地主要以个人为对象筹集其所需的额外资金。即使政府会(我认为主要通过代金券的方式)提供资金,企业也会提供资金,但是它们提供的资金只是非营利组织需要的一小部分。

最后,我们需要政府和政府官员转变态度。布什总统慷慨激昂地强调非营利组织的重要性,说它们宛如星星之火。如果他真这么认为,那么他就应该提出这样一个提案,即如果纳税人以现金的形式向非营利组织捐献1美元,政府就允许他们扣除1.10美元的应纳税额。非营利组织的资金问题会立即迎刃而解。由于管理得当的非营利组织至少会一分钱当两分钱花,而从事慈善事业的政府机构不会这样,因此政府的赤字用不了多长时间也会降下来。由于在某些地区,花费在每个学生上的费用随着学生转入私立学校而流入这些学校,因此已经通过的一些代金券方案减少了公立学校的预算。

然而,政府没有制定这样的政策。相反,美国的国内收入署推出了一项又一项措施,惩罚和限制面向非营利组织的捐款行为,而且在面积比较大的州,税务官员亦步亦趋。在这些措施中,每一项措施都美其名曰"堵住税务漏洞";事实上,任何人都不会多出一分收入的,而且任何人都不可能做到这一点。

这种行为的真正动机是官僚机构对非营利组织怀有敌意。非营利组织的成功动摇了官僚机构的权力并推翻了他们的思想体系。更糟糕的是,官僚机构不能承认政府做不了的,非营利组织却做到了。因此,我们需要让非营利组织成为这个国家解决自己的社会问题的前沿阵地,我们需要这样的公共政策。

在1969年出版的《断层时代》(*The Age of Discontinuity*)中,我首先提出了"私有化"的概念,没想到每一个评论家都对我说这不会发生。现在,私有化自然而然被普遍视为医治官僚机构疏于管理的现代经济的良方。我们现在需要认识到，对于现代社会来说，要解决管理社会福利事业的官僚机构造成的管理不善的问题，"非营利化"（nonprofitization）可能会帮助我们摆脱困境。

（1991年）

CHAPTER 22 | 第 22 章

知识工作和性别角色

在任何需要一技之长或提高地位的工作中，男人和女人在整个人类历史中、在所有文化和文明中都有不同的分工，而且是各干各的，只有最近几十年除外。今天在人们心中，认为妇女的职责和地位始终比男人卑微的观点实际上仍然根深蒂固，而且最多是令人半信半疑。更确切地说，过去是男人与男人斗，女人与女人斗。然而，在今天这个知识社会，男人与女人越来越多地做的是相同的工作，在同一舞台上竞争和合作。

虽然实际上所有发达国家（当然以美国为首）都采取这样的做法，但这仍属于实验。这是因为，就任何人迄今为止所掌握的情况来看，在几十年后，这项实验可能以失败告终、不得不被放弃或束之高阁。我认为这是不太可能的，当然也不能排除这种可能性。毕竟，在此之前也进行过类似的实验，如始于 19 世纪初的女权运动认为妇女不工作是"她们的自由"，其代表人物是"有教养的、中产阶级的家庭主妇"，而现在，很多人都认为（虽然绝不具有普遍性）这些实验是错误而失败的。

在历史上，妇女与男人一样吃苦耐劳。农民必须娶老婆。在农田里劳作的妇女必须有丈夫做靠山。任何一个人都不能单独干好农活。金匠或鞋匠必须娶老婆，而她也必须有一个金匠或鞋匠丈夫。任何一个人都不能独自经营好作坊。店主人必须娶老婆。反之，妇女靠自己的力量是不可能经营好店铺的。

但是在历史上，只有在从事卑微的工作时，男人和女人的工作才不会有区别。男人和女人都挖过水沟，而且他们是在一起劳动。男人和女人都在田里摘过棉花。但是，对于任何涉及技能的工作和任何提高社会地位或提供的收入超过最低生活水平的工作来说，性别就成了分水岭。"纺纱工"是女人。"制陶工"始终都是男人。

在人类学家研究的任何原始社会中，要求一技之长或提高社会地位的工作都是严格按性别区分的。罗尼斯拉夫·马林诺夫斯基（Bronislaw Malinowski，1884—1942）大约在第二次世界大战期间研究了太平洋上的特罗布里恩群岛（Trobriand Islands），在这个群岛上，男人造船、驾船和捕鱼；女人耕地和种马铃薯。然后，男人把捕到的鱼分一半给女人，女人则把一半的庄稼分给男人。

这种按性别划分工作的做法在19世纪的欧洲和美国仍旧是雷打不动的惯例。第一种新兴的知识工作是护理工作，是弗洛伦斯·南丁格尔（Florence Nightingale）在1854年，即克里米亚战争（Crimean War）期间发明的。这项工作完全是给女人设计的，完全是由女人做的。在打字机渗透到办公室的各个角落后，秘书的工作很快就成为女人做的事情。电话接线员从一开始就是女的；电话安装工则是男的。

实际上，"女权运动"意欲扩大按性别划分工作的范围，甚至包括男人和女人过去一直在一起从事的卑微工作，这种情况直到最近才有所改观。1850年，人们第一次开始呼吁减少妇女从事工业劳动的时间，从那时起，传统女权运动的本质就是扩大由男人和女人从事的工作的范围，同时每一项工作都是泾渭分明，而且从事这项工作的只限于同一性别的人。

但是，知识是没有性别取向的。两种性别的人在获得知识和知识工作上是平等的。

在知识工作大量出现后，妇女就立即开始具有从事这些工作的资格、争取得到这些工作和跻身知识工作者的行列。在19世纪的最后几十年，教师率先揭开了这场运动的序幕。这场运动在第一次世界大战后愈演愈烈。事实上，美国杰出女性领袖的时代已成明日黄花。在20世纪三四十年代，一大批杰出女性登上了美国历史的舞台。例如，政府和政治领域的埃莉诺·罗斯福（Eleanor Roosevelt）和弗朗西斯·帕金斯（Frances Perkins）；人事管理和劳资关系领域的安娜·罗森伯格（Anna Rosenberg）；在女子学院担任校长的几位才华横溢的女性；医学领域的海伦·陶西格（Helen Taussig）；剧作家莉莲·海尔曼（Lillian Hellman）和克莱尔·布思·卢斯（Clare Boothe Luce）；外交和新闻报道领域的多萝西·汤普森（Dorothy Thompson）。事实上，希拉里·克林顿（Hillary Clinton）完全继承了这些前辈们的衣钵。

自第二次世界大战以后，大量女性开始从事与男性一样的知识工作，这种趋势在最近20年成为人们奋斗的"目标"。相反，越来越多的男性开始从事一个多世纪以来一直完全属于女性知识工作者的职业：护理。在美国，2/5的麻醉护士都是男性，他们都是注册护士（RN）。

在知识工作中，我们所处的等级越高，男人和女人做相同工作的可能性就越大。在美国银行工作的秘书仍旧是由女性担任的，但是在同一家银行任职的副行长可能是男性，也可能是女性。早期的女权主义者认为妇女的身份和地位得到提升的，如禁止妇女从事对身体有害的工作，在现在的女权主义者眼里就越来越多地属于对妇女的歧视，甚至可能是对妇女的压迫。

除非这场运动以失败告终，或至少变得风平浪静，以至于"事业型的女性"再次像半个世纪以前那样属于凤毛麟角，否则它将带来巨大的影响。它所影响的不只是劳动力和事业，家庭受到的影响可能是最大的。

在整个历史长河中，任何将孩子从他们的母亲身边带走和在集体环境中培养孩子的企图（如古希腊的斯巴达）都令妇女们极度不满并遭到了她们的激烈反抗。她们认为这种行为让她们丧失了正当的权力范围、影响范围和贡献范围。现在，人们需要儿童保育中心，帮助职业女性照顾她们的孩子，这种需求关系到妇女的平等和"权利"。

在整个历史长河中，成年妇女的首要任务是维系家庭的团结和看孩子，这是不言而喻的。男人的首要责任是养家糊口。今天的女权运动，特别是激进的女权运动认为女性所扮演的"家庭主妇"和儿童保姆的角色是对妇女的歧视和压迫，并为此展开斗争。但同时，不需要男人养家糊口的"单亲母亲"免除了父亲对家庭的责任。那么，如果这些趋势保持下去，明天的家庭将有什么意义呢？对于社区和社会来说，这又意味着什么呢？

所有这些仍旧完全属于猜测。但是，这种发展的结果完全不符合传统经济学、社会学和政治学有史以来的任何理论，而且在今后一个世纪，完全有可能被人们视为20世纪与众不同的社会创新。它颠覆了所有历史和传统。

20世纪，发达国家的劳动力从从事生产和搬运工作（如农民、工人、矿工、运输工人）的体力劳动者转变到知识工作者和服务工作者。这些转变具有划时代的意义，它们改变了我们谋生的方式。性别角色在知识工作中的消失深远地影响了我们的生活方式。

（1991年）

CHAPTER 23 | 第 23 章

彻底改造政府

副总统阿尔·戈尔（Al Gore）在克林顿政府执政的第一年大张旗鼓地宣布要"彻底改造政府"，而全国上下只是哈欠连天地回应戈尔的许诺（共和党去年推出的"与美国订约"计划也提出了类似的许诺，但一开始应者寥寥）。从一开始，戈尔的动议不乏强大的宣传攻势。一篇接一篇的新闻稿宣布彻底改造一个又一个政府机构或计划；大型会议一个接着一个，其中一个会议还由总统亲自挂帅，电视台也多次予以报道。在克林顿政府提出的所有国内计划中，产生实际效果和说到做到的并不多，而戈尔的计划就是其中之一。当然，公众和媒体都没有表示出极大的兴趣。去年11月的选举几乎变成了对克林顿当局彻底改造政府的能力的不信任投票。

造成这种局面的原因有很多。在除了联邦政府以外的任何机构中，被鼓吹为脱胎换骨的变革甚至都不会广而告之的，而人们在走廊里的布告栏上才有可能发现蛛丝马迹。这些变革就像医院希望楼层护士、银行希望分行经理甚至经营不善的制造企业希望管理人员能独当一面一样，他们得不到太多的表扬，更不用说获得任何额外的奖金了。

举几个例子——可悲的是，它们是相当典型的例子。

- 乔治亚州的亚特兰大有 6 个独立实施社会福利计划的机构，每一个机构过去都有自己的办公室和工作人员。现在，它们将其申请程序合并在一起，提供"一站式服务"。经过重新设计的福利计划实际上在第一次尝试时就做到了有问必答。
- 美国国税局（Internal Revenue Service）在犹他州的奥格登、加利福尼亚州的奥克兰和其他地方也在尝试着把纳税人当作客户并提供一站式服务，每一个办事人员都是有问必答，而不是像以前那样把纳税人支得团团转。
- 进出口银行得到了彻底的改造。60 年前银行成立时打算要做的事情，现在他们总算可以做了，即帮助小企业筹措出口资金。
- 设在丹佛的美国地理勘测署被允许向公众出售美国地图。但是，由于地图的目录处于严格的保密状态，因此要知道可以买到什么样的地图以及如何买和在哪里买几乎是不可能的。社会大众对地图的需求量十分巨大，这个事实几乎说明人们很难买到这些地图。地图是不可以再版的，只是因为社会大众想购买地图；而其他政府机构必须订购地图，供内部使用。如果地图卖得非常好，地图就会立即脱销。更有甚者，仓库的照明条件非常差，如果客户提出订购已经印好的地图，工作人员都无法找到地图。地理勘测署在 7 个月前为彻底改变现状而成立的特别工作组迄今为止已经成功地改善了仓库的照明条件，而且其他几个方面也得到了略微的改进。

然而，政府今后要兑现更雄心勃勃的许诺：

- 农业部计划将机构从 42 个削减到 30 个，关闭 1000 多个地方办事处并减少 11000 个工作岗位，以便在 5 年内节省大约 36 亿美元。

- 戈尔副总统在1993年批准了384项彻底改造政府的建议，其中大约有一半的建议在1995财政年度的预算中得到了体现。如果所有这些建议都能被国会接受，在2年内，它们会为国家节省大约125亿美元。

但是，农业部削减机构的计划或副总统的384项建议都不是新鲜事。我们很早以前就知道城市和郊区有许多农业办事处，而这些地方几乎没有任何农民了。关闭这些办事处的计划最初是在艾森豪威尔（Eisenhower）时代提出来的。在戈尔的384项建议中，许多或大多数建议都源自10年前，即罗纳德·里根（Ronald Reagan）总统当政期间发表的《格雷斯报告》（Grace Report）。

所有这些提案和建议不一定完全有可能成为法律。12月6日，迈克·埃斯皮（Mike Espy）向人员过剩的美国农业部举起了精简的大刀。但是，12月31日，他就辞职了，而且没有人能保证在农业部的高层会有人负责领导这些变革。

即使所有这些提案得到通过，最后的结果也是微不足道的。农业部在5年内计划节省的36亿美元相当于每年大约节省7.2亿美元，在农业部每年高达700亿美元的预算中只占1%左右。所节省的125亿美元看上去似乎数额很大，但联邦政府在2年内的支出高达3万亿美元。这相当于每年节省60亿美元，比国会可能接受的数额高出许多倍，但不超过政府预算的0.2%。一句拉丁古谚语无疑是迄今为止形容戈尔动议的效果的唯一方式，即"山摇地动的结果只是孕育一只滑稽可笑的小老鼠。"

重　　组

对于这种毫无效果、令人难为情的局面，人们最常提及的解释是"来自官僚机构的阻力"。任何人当然都不喜欢在法令的要求下从上至下地被彻底改造。但是，戈尔的计划实际上产生了一个积极的效果，即它得到了许多政府雇员的热情支持，特别是下层人士的支持，他们每天都要接触到社会大众，因此经常因官样文章和空洞的规章制度而意志消沉，例如精美的地理勘测地图让美国地理勘测署的工作人员备感骄傲，而空洞的制度成了他们销售地图的障碍。

未全力以赴也不是理由。华盛顿的一些最具奉献精神的人夜以继日地开会，但最终毫无效果可言，真是令人汗颜。这些人包括主要政府部门的副部长。戈尔副总统是一个精力非常充沛的人，他多次督促计划的实施。在整个计划的幕后提供强有力支持的是前国会预算办公室主任、现任管理与预算办公室主任的艾丽斯·里夫林（Alice Rivlin），她是克林顿政府中最有见识的人。

由于这些精明强干的人采取的基本方法就是错误的，因此他们是欲速则不达。他们疲于修补漏洞和应付差事，自然一事无成。除非联邦政府和政府部门的管理方式和拨款方式发生根本性的变革，否则一切努力都是徒劳的。所有政府部门必须养成不断改进的习惯，并做到自力更生。

不断改进被认为是日本人最近发明的——日本人称之为"持续改善"（Kaizen）。但事实上，美国几乎在80年前就已经采用这种方法了。从第一次世界大战起，贝尔电话系统公司（Bell Telephone System）就在每一项工作和生产流程中融入"不断改进"的观念了，小到家庭电话的安装，大到开关装置的制造，直至20世纪80年代初该公司解体为止。贝尔电话系统公司针对每一项工作提出了结果、绩效、质量和成本标准。公司每年都为每一个人规定改进的目标。即使贝尔电话系统公司的管理者达标了，他们也不会得到表彰，但没有达标的人就会退出竞争的行列，而且很少有第二次机会。

我们同样需要的还有"标杆管理"，它是贝尔电话系统公司的另一项古老发明：每一项工作或每一个部门的绩效每年都要与所有其他工作或部门的绩效相比较，其中最优秀的成为所有工作或部门下一年要达到的标准。

美国政府的行政部门在很大程度上对不断改进和标杆管理一无所知。它们要求政策和工作方法发生根本性的变革，而官僚机构、联邦政府雇员的工会和国会都对此表示出强烈的反对。它们要求每一个部门和每一个部门的每一个下属机构都规定出自己的绩效目标、质量目标和成本目标。它们要求规定政府部门应该取得的工作成果。然而，不断改进和标杆管理需要不同的激励方式。没有按照预先设定的最低标准提高绩效的政府部门不会采用贝尔电话系统公司的方法削减自己的预算。在贝尔电话系统公司，如果某个管理者领导的部门总是达不到表现最优异的部门设定的标杆，他就会在报酬上或在晋升的资格上处于不利的地位，而后者更有效。表现得不好的人最终会被降职或解雇。

虽然国会或联邦政府的官僚机构的任何人都认为这种变化属于根本性的变革，但是它们甚至不能让人们相信它们能彻底改造政府。根本不能做的事情总是得不到妥善地处理，而且总是变得糟糕透顶，而人们总是在已经做过的事情上努力做得更好，这就是我们看到的最大改进。

任何组织，无论是生物组织，还是社会组织，都需要在组织的规模发生重大变化时改变自己的基本结构。如果规模翻了一番或两番，任何组织都需要进行重组。同样，任何组织，无论是企业、非营利组织，还是政府部门，只要存在的年限超过40年或50年，它们都需要重新思考自己的情况。它们的政策和行为规则已经跟不上其自身的发展。如果它们继续沿用老方法，它们就会变得难以驾驭、难以管理和难以控制。

美国政府的行政部门的规模和政策已经跟不上其发展了。在规模上，它们现在比艾森豪威尔执政期间大得多。在艾森豪威尔执政之前就采用的结构、政策和规定甚至仍旧在帮助美国政府处理政府事务和管理雇员。在1896年后，它们被第一次提了出来，当时担任美国总统的是威廉·麦金利

(William McKinley),而它们的日臻完善是在1929～1933年之间,当时担任美国总统的是赫伯特·胡佛(Herbert Hoover)。

事实上,责备这一届或那一届美国总统让我们现在的政府变得杂乱无章是毫无根据的。它既不是民主党的过错,也不是共和党的失误。当初为政府设计而现在仍旧采用的结构、政策和规定已跟不上政府的发展。

重 新 思 考

人们在杂乱无章的情况下的第一反应总是做出戈尔副总统及其幕僚们现在所做的事情——修补漏洞。这种反应总是事与愿违。下一步是匆匆忙忙地精简。管理层挥舞着大斧头,不分青红皂白地砍下来。共和党和克林顿政府现在就是打算要这么做。在过去的15年中,美国大公司前仆后继地做同一件事,包括IBM、西尔斯和通用汽车。每一家公司起初都宣布在裁员1万～2万人后经营状况立即会出现转机,有的甚至还裁员5万人。一年以后,公司当然看不到任何起色,然后就是再裁员1万～2万人或5万人,还是收不到任何效果。在许多情况下,精简的后果与外科医生多个世纪以来注意避免的不谋而合:"在诊断之前截肢"。最后的结果总是大难临头。

但是,在重新思考自己的状况后扭转局面的组织不是没有,其中包括一些大公司,如通用电气,以及几家大医院,如波士顿的贝斯以色列医疗中心(Beth Israel),而且整个过程悄无声息,并没有虚张声势。它们的出发点不是精简。事实上,它们知道首先削减支出的做法不会有助于它们控制成本。首先要做的是确定哪些工作能创造出价值,需要得到加强、支持和发展。每一个部门、每一项政策、每一个计划和每一项工作都应考虑以下问题:"你们的使命是什么?""它仍旧是正确的使命吗?""它还值得做吗?""如果我们没有选择这个使命,我们现在还会选择它吗?"各种类型的组织(包括企业、医院、教会，甚至地方政府）经常提出这种问题，因此我们知道这种提问的方式是行之有效的。

所有的答案几乎都不是"照目前的情况看，一切正常；让我们坚持下去。"但在某些方面，最后一个问题的答案是"是的，我们还会选择它，但需要在某些方面进行调整。我们发现了几个问题。"

例如，1970年成立的美国职业安全与卫生管理局（OSHA）。工作场所的安全当然是OSHA的正确使命。在过去的25年中，美国工作场所的安全并没有得到多大的改善。造成伤残的事故与1960年或1970年相比可能没有少多少，而劳动力的数量无疑在这些年呈现出巨大的增长。但是，如果考虑到劳动力从事的工作从安全性非常低的工作逐步过渡到安全性相当高的工作（例如从深层采煤过渡到比较安全的、接近于地表的露天采煤，特别是从本身十分危险的制造工作过渡到本身非常安全的办公室和服务工作），那么在1970年后，美国工作场所的安全性实际上是每况愈下。这种结果说明我们做事的方式是错误的。在OSHA的例子中，我们实际上知道问题出在哪里。OSHA认为不安全的环境是事故发生的主要原因，并因此试图做不可能做到的事情：建立一个没有危险的世界。消除危险当然是应当做的事情。但这只是安全的一部分，而且可能是较小的一部分。事实上，OSHA单凭自己的力量几乎注定一事无成。提高安全性最有效的方法是消除不安全的行为。OSHA对事故的定义是"某人受伤的时候"，而这个定义是不恰当的。要减少事故，OSHA对事故的定义必须改为"违反安全行为规范，无论有没有人受伤"。美国在对核潜艇的管理上就采用了这个定义。核潜艇内的任何人，无论他是指挥官还是级别最低的水手，只要违反了安全行为规范，哪怕是最小的错误，即使没有人受伤，他也会受到处罚。因此，核潜艇创造的安全纪录是世界上的任何工业设施或军事装备都无法比拟的；还有比拥挤的核潜艇更不安全的工作场所吗？

OSHA当然应该继续执行他们的计划，而且他们甚至可能需要扩大他们的活动范围。但是，他们需要调整其工作重点。

我们将分析许多曾经拥有可行的使命，而这些使命现在不再符合实际的政府部门，如果我们还有其他选择，我们现在肯定不会组建这些部门。

有的政府部门已经完成了自己的历史使命。例如，最神圣不可侵犯的退伍军人管理局下属的171家医院和130家疗养院。这些医院和疗养院大约在1930年成为特许医院，当时，许多退伍军人居住的农村和小城镇缺乏拥有足够医疗条件的医院。今天，任何地方的退伍军人都可以到拥有足够医疗条件的医院就近就医。在医疗水平上，退伍军人管理局下属的大多数医院最多是中等偏下水平；在财政上，它们让政府付出了很大代价。最糟糕的是，它们离退伍军人居住的地方很远，因此退伍军人，特别是年老体弱、患慢性病的退伍军人在最需要社区和家庭支持的时候不得不离开自己的社区和家庭，长途跋涉到这些医院就医。退伍军人管理局的医院和疗养院很久以前就完成了成立时设定的使命。它们应该关张大吉，由地方医院和健康维护组织（HMO）负责这些医院的工作。

或者，有的政府部门已经没有要完成的使命。例如，我们现在会单独成立一个农业部吗？许多美国人会大声说"不"。由于农民在人口中的比例不超过3%，其中只有一半人从事农业生产（而且还是"农业综合生产"），因此我们可能需要的是在商务部或劳工部中设立一个部门。

一些社会地位非常高的工作属于其他地方。例如，像地理勘测署这样的科研部门为什么要经营零售业务呢？销售其地图的企业肯定有许多，如地图商店或图书连锁店。或者，销售户外用品的企业可以在邮购目录中列出这些地图。

继续做我们现在不会选择开始做的工作只会劳民伤财。我们应该放弃这些工作。人们完全猜不到多少政府工作是值得保留的。但是，根据我与许多组织打交道的经验，在所有行政部门和政府计划中，社会大众投票反对继续保留的可能占 2/5，甚至可能达到半数。在这些部门和计划中，以较大优势赢得一票（即被公认为具有恰当的组织方式和运转正常）的几乎绝无仅有。

放　　弃

在任何组织中，获得有效赞成票和反对票的计划和工作很可能大约占 3/5 或 2/3。麻烦的是创造不出价值或适得其反的计划和工作，而我们又完全不知道哪些是错误的计划和工作，更不用说如何处理这些计划和工作了。

美国政府的两项重大和抱有很大希望的计划就属于此类。社会福利计划就是一个显而易见的例子。美国政府在 20 世纪 30 年代末设计社会福利计划时，它发挥了很好的作用。但是，它当时解决的需要与今天的人们期望它满足的需要（即未婚母亲和没有父亲的孩子的需要、没有受过教育、无一技之长或无工作经验的人的需要）相差十万八千里。社会福利计划实际上是否有坏处是人们激烈争论的话题。但是，鲜有人声称它发挥了应有的作用甚至减轻了人们期望它消除的社会弊病。

另外，军事援助是美国在冷战期间实施的外交政策的支柱，它的情况也是如此。如果美国向实际处于战争状态的盟友提供军事援助，这种援助是非常有效果的：例如 1940～1941 年美国根据《租借法案》（Lend-Lease）提供给英国的援助以及向受到四面夹击的以色列提供的军事援助。但是，如果在和平时期为了发展盟友而提供军事援助，这也是古希腊历史学家普卢塔克（Plutarch）和古罗马历史学家苏埃托尼乌斯（Suetonious）信以为真的原则，这样的军事援助就会适得其反。我们为发展盟友而提供军事援助的模式必定是我们的外交政策最近陷入一团糟的导火索，巴拿马、伊朗、伊拉克和索马里是最好的例子。在冷战开始以后，通过军事援助发展的盟友实际上是屈指可数的。实际上,军事援助通常带来的是敌人——苏联对阿富汗的军事援助就是如此。

适用于这种计划或工作的最佳处方是对它们实施改革。克林顿总统的社会福利改革方案与新组建的共和党多数派提出的社会福利改革方案就是很好的例子。这两个方案都是自吹自擂。要改革运转失灵的东西,如果不知道它为什么运转失灵,我们只会让事情变得更糟,更不用说改革有害无利的东西了。处理这种计划的最佳方式是将它们废除。

我们或许应该进行几次实验,而且是非常少的几次实验,并采取适当的控制措施。例如,在社会福利方面,我们可以在国内精心挑选几个地方,尝试着让私人企业负责重新培训和安置长期领取社会福利金的人员。印第安纳波利斯(Indianapolis)的市长斯蒂芬·戈德史密斯(Stephen Goldsmith)在这方面已经取得了可喜的成绩。在医疗保健领域,我们可以在不同的州采取不同的方法:例如,在加利福尼亚推行有序的竞争,而实力强大和经验丰富的医疗保健服务批发企业凯泽永久医疗集团(Kaiser Permanente)就位于这个州;新泽西州借鉴加拿大的模式实施单方付费制医疗保健服务,而且这种制度已经在新泽西得到了支持;俄勒冈州在医疗预期的基础上实行配给制度,现在政府为穷人提供的医疗保健服务就试行这种制度。

但是,在无法检测出是否成功的领域,我们连试验都不要做,例如军事援助。在这些领域没有要检验的前提条件。我们应该放弃。

在重新思考之后,我们将列出一份清单,其中,最上面列出应该加强的计划和工作,最下面列出应该放弃的计划和工作,对于中间列出的工作,我们需要调整重点,或可能需要对有关的前提条件进行检验。有些计划和工作尽管不能产生立竿见影的效果,但我们应该让它们有几年的宽限期,直至人们不再怀疑它们为止。社会福利可能是最好的例子。

重新思考主要关注的不是削减费用,其最重要的目的是大幅度提升绩效、质量和服务。但大幅度降低的成本始终是副产品,虽然有时高达40%。事实上,通过重新思考,联邦政府在几年内节省的费用足以帮助他们消除财政赤字。然而,基本方法的改变将是主要的结果。这是因为制定政策的传统方法是按出发点的优劣排列计划和工作的,而重新思考是按效果排列计划和工作的。

改革运动也有例外

任何读到这里的人都会大声说:"不可能。任何团体的人都不会就可以在清单的最上方和最下方列出的工作和计划达成一致意见。"但是,无论哪个部门采取了重新思考的办法,哪里的人就会对这个清单大体上达成一致的意见,无论这些人是什么样的背景或信仰什么宗教。这真令人惊讶。人们对应该保留或加强的工作和应该放弃的工作几乎没有什么异议。他们争论的问题通常集中在是否应大刀阔斧地砍掉某个计划或工作,还是应该给某个计划或工作两三年的考察期。让人们的意见相左的计划注重的不是效果,而是"道德义务"。

在美国,最能说明问题的例子是反毒品的战争。这场战争历经数年,对遏制药物滥用和吸毒行为几乎没有什么效果,而且它是有百弊而无一利的。但是,它是我们的城市遭受灭顶之灾的根本原因,这是因为吸毒者为获取购买毒品的毒资而沦为娼妓、行凶抢劫或杀人,而毒品价格居高不下的始作俑者就是反毒品的战争。换句话说,这场战争实际上所做的只是肥了毒品贩子的腰包以及处罚和恐吓不使用毒品的人,特别是居住在老城区的人。但是,反毒品的战争是一场改革运动。在背后支持它的不是逻辑思维,而是对毒品的愤怒。停止反毒品的战争,无论多么有益,这种行为都会是"不道德的"。聪明的做法是在涉及重新思考的理性分析中不包括这种改革运动。幸运的是，这种情况并不是很多。至于其余的计划和工作（超过90%），通过重新思考，人们十有八九会取得大体上一致的意见。

卓有成效的政府

即使德高望重的人士完全达成一致意见，最后的结果是否也是徒劳无益的，这当然是人们有待争论的话题。国会不会接受这样的意见。官僚机构也不会。政治说客和各种特殊利益集团将联合起来反对任何具有颠覆性的意见。

完全正确：重新思考的行为在今天是不可能的。但是，这种行为明天还是不可能的吗？在最近一届总统选举中，由于罗斯·佩罗（Ross Perot）许诺通过大幅削减政府投资的方式消除政府赤字，因此有1/5的选民投票给他。许多人虽然对他的目标表示赞同，但并不能投他一票，这些人可能占1/5。现在，联邦政府的赤字开始减少了。但是，即使没有医疗保健改革或社会福利改革方案，赤字最迟到1997年还是会急速增加。到那时，要求减少赤字的呼声会变得不可抗拒，让国会、官僚机构和政治说客成为热锅上的蚂蚁。如果还不能理性地思考政府的绩效，我们很有可能会步许多大公司的后尘——挥起斧头进行精简。到那时，我们会毁了绩效，但赤字也没减少。事实上，我们可以预测，到那时，政府会砍错了对象——砍的是可以创造出绩效和应加强的部分。

但是，如果我们制订相应的计划，知道政府需要以什么方式和在哪些方面重新思考，我们就会有机会。在面临危机的时候，事先仔细思考需要采取什么措施的人会占得先机。当然，无论思考得多么周全，人们不会总是一成不变地执行计划。独裁者甚至也会选择妥协。但是，这种计划相当于一种标准，人们会根据这个标准衡量妥协的程度。它可以帮助我们避免失误，即失去了本应加强的东西，而留下了过时和创造不出价值的东西。它不会保证砍掉所有或大多数创造不出价值的东西，但它可以保留创造出价值的东西。在几年内，我们很可能要面临这样那样的危机，如联邦政府的预算和赤字重新出现急速增长，而纳税人对增加税收的抵触情绪越来越大，对政府及其承诺越来越不屑一顾。

事实上，我们可能已经快到了不得不彻底改造政府的地步。在大萧条时期——富兰克林·德拉诺·罗斯福（Franklin Delano Roosevelt）的顾问哈里·霍普金斯（Harry Hopkins）称之为"征税、征税、再征税，消费、消费、再消费"之后，指挥发达世界的所有政府运转的理论不再行之有效。它甚至不能再赢得选票。"保姆型国家"彻底失败了。实践证明各个国家都无法管理社区和社会，如美国、英国和德国。各个地方的选民对保姆型国家的无能、官僚作风和沉重的负担表示反感。1994年11月，加利福尼亚州的选民通过了取消非法移民享受医疗保健服务和甚至免费公共教育的《第187号提案》(Proposition 187)，这种山崩地裂式的事件只是冰山一角。但是，鼓吹回到第一次世界大战爆发前的政府的相反理论也证明达不到预期的效果。1944年，弗雷德里希·冯·哈耶克（Friedrich von Hayek）首先在他的著作《通往奴役之路》(The Road to Serfdom)中提出了这个理论，而且新保守主义将这个理论发挥到了极致。尽管它在20世纪80年代占尽优势，尽管罗纳德·里根和玛格丽特·撒切尔执政，但是保姆型国家没有出现萎缩的迹象。相反，它发展得更快了。新组建的共和党多数派很快就会认识到，对于社会大众来说，保持或限制保姆型国家都是不可接受的。

相反，我们必须找出哪些面向社区和社会的政府计划和工作的确能解决问题。我们希望每一项计划和工作应产生什么样的效果？联邦、州和地方政府怎样才能做到卓有成效？我们可以采取哪些非政府的方式做一些值得做，而政府做不到和不能高效做到的事情呢？

同时，克林顿总统在执政的头两年认识到，政府不能远离广阔的世界而只关注国内事务，尽管他非常希望把美国政府变成这样的政府。政府必须处理外国发生的星星之火，如波斯尼亚和卢旺达，这些星星之火有扩散的倾向，令人感到难以招架。由于国际恐怖主义的威胁越来越大，特别是成为邪恶政府利用的武器，政府当然需要越来越多地参与外交事务（包括军事事务）和国际合作。

迄今为止，我们清楚地认识到，发达国家既不能像（所谓的）自由派希望的那样扩大大政府的影响范围，也不能像（所谓的）保守派希望的那样废除大政府和重新实行 19 世纪盛行的简单化政府。我们需要的政府必须超越这两类政府。20 世纪建立的巨型国家在精神上和财政上都表现得一败涂地。它没有取得成功。但是，它的接班人不能是"小政府"。需要它完成的任务太多了，有国内的，也有国际的。我们需要卓有成效的政府——这就是所有发达国家的选民们实际上大声疾呼的。

然而，为此，我们所不拥有的，恰恰是我们需要的：指导政府有所为的理论。至少自马基亚维利以后或几乎 500 年以来，主要的政治思想家从未涉及这个问题。从洛克（Locke）到《联邦党人文集》(*The Federalist Papers*) 再到今天的自由主义者和保守主义者发表的文章，所有政治理论研究的都是管理的方法，包括宪法、权力及其局限性、方法与组织。没有人触及实质。没有人问政府的真正职能应该是什么和可能是什么。没有人问政府应对什么样的结果负责。

单单靠重新思考政府及其计划、机构和工作，我们不会获得我们所需要的新政治理论。但是，我们会通过这样的方式获得有关的实际信息。我们已经认识到的是：我们十分需要的新政治理论必须建立在分析的基础上，即分析哪些计划、机构和工作能够发挥作用，而不是建立在良好意图和承诺的基础上，即由于我们希望哪些计划、机构和工作发挥作用，它们就应该发挥作用。重新思考不会告诉我们答案，但它可以迫使我们提出正确的问题。

民意调查显示，即使政府的所作所为是正确的，信任政府的美国民众也不足 1/5，因此现在是开始行动的时候了。副总统戈尔"彻底改造政府的承诺"迄今为止仍旧是一句空洞的口号。然而，这句口号所暗示的就是自由政府所需要的，而且是迫切需要的。

（1995 年）

后　记

本文有一句话是："我们可能已经快到了不得不彻底改造政府的地步。"如果在 1994 年夏末，当我写这篇文章时有人问我，我所说的"很快"是什么意思，我会说"几年"。但是，当这篇文章首次刊登在 1995 年 2 月出版的《大西洋月刊》（The Atlantic Monthly）时，"很快"已经发生了。1995 年 1 月，全球金融市场开始与美国货币脱钩，并引发美元一泻千里，直至此时，局势仍旧没有改观。美国和所有其他发达国家因此被迫"真正地彻底改造政府"。在短短的几周内，美元兑日元汇率下跌了 20%，兑德国马克的汇率的下跌幅度与日元差不多——这种暴跌几乎是史无前例的，而且对于世界上规模最大和实力同样最强大的经济体的货币来说，这种暴跌被认为是完全不可能的。触发暴跌的不是经济事件，而是美国参议院未能通过在 21 世纪初实行平衡预算的宪法修正案——只差一票！

这种表决本身并没有什么特别的意义。即使参议院通过了这项修正案，它仍旧需要经过 50 个州中的 38 个州的批准，而这些州完全通过这项修正案也需要数年的时间。此外，这项修正案不仅漏洞百出，而且到处都是便于今后任何一届国会或总统持续地让预算出现赤字的借口。但是，由于这项修正案未能扫清它的第一个障碍，即参议院，美国的海外债权人和全球金融市场完全清楚地认识到，无论美国国会中的保守派如何花言巧语，他们甚至都不会保证采取任何棘手的政治行动，当然也不会保证"彻底改造政府"。这项胎死腹中的修正案浇灭了世界对美国的信心，包括对美元和美国的领导力的信心。40年以来，世界对美国经济及其稳定性和实力的信心始终是世界经济赖以发展的基础。因此，前人没有做过的，美国却能做到，即30年前，以林登·约翰逊（Johnson Administration）总统为开端，美国政府为弥补财政赤字而向海外借款，数额越来越大，而且完全是史无前例的，并且所借款项是用债务人的货币表示的，即不是用债权人的货币表示的，而是用美元表示的。在这30年里，美国在海外享有上不封顶的信用额度。但是，这种信心现在已经一去不复返了。美国不会重现昔日的风光，除非它们的预算达到平衡，或者它们的国内储蓄率提高到能让政府通过在国内借款而消除赤字的地步（然而，这种情况将不会发生，除非首先平衡预算。详细说明请参阅本书的下一篇文章）。

最近的局势清楚地说明，再也不能通过在世界市场上借款的方式来弥补长期预算赤字的不仅仅是美国，所有发达国家同样再也不能这么做了。然而，除了德国和日本以外，其他发达国家仍旧采取这种方式。因此，美元的暴跌意味着发达世界的几乎所有政府现在必须开始致力于"彻底改造政府"。美元的暴跌因此说明本书下一篇文章提到的"凯恩斯式的福利制国家"走到了尽头。

过去，只要讨论到这种可能性，人们总是会反驳说美国会帮助在国际上麻烦不断的政府摆脱困境。毕竟，美元是"关键性货币"，因此有责任保持世界货币的稳定。1994年年末，墨西哥比索出现暴跌，美元也在几周后出现暴跌。在这之前，美国实际上仍旧扮演着保持世界货币稳定的角色，或至少企图扮演这一角色。但是，美元和美国在总体上再也无法托起世界经济。美元的暴跌意味着它不再是"关键性货币"。事实上，日元在亚洲已经取而代之（虽然日本人不太可能愿意承担随之而来的责任和重担）。对于美国、世界经济和新兴国家来说后果有多么的严重，我们迄今为止甚至无法推测。但是，危险的确存在，而且不可小视。第二次世界大战后的经济模式不再灵验；它的基础毕竟是美元担当关键性货币，以及美国经济愿意且能够为世界的其他国家提供资金。然而，在过去的 30 年中，这种能力越来越取决于世界金融市场是否愿意帮助美国弥补预算赤字，而且这种意愿消失得无影无踪，而且是永远地消失得无影无踪。

但这还意味着美国已经无法左右自己的国内经济和金融政策，除非它迅速地消除预算赤字。美国在经济和金融方面已经丧失了统治权，而军事实力并不能取而代之。现在在世界经济中唯一真正拥有"统治权"的是全球金融市场——变化无常、易于波动、易于造成恐慌、如脱缰野马般地控制不了和无法控制。这种分析已经得到了主要中央银行的验证，美国的联邦储备委员会、日本中央银行和德意志银行试图采取联合行动阻止美元的下跌，但不仅完全无功而返，而且还败得丢盔卸甲。它们只是将投机者的荷包塞得满满的。从现在开始，一个国家要自己当家做主，它们只能实施以平衡预算为主的经济政策。这样的经济可能是疲软的经济；会这么说的美国经济学家不在少数，而且可能占大多数。但是，这是事实。

共和党执政的"头 100 天"和他们推出的"与美国订约"计划体现出的正是这一观点，他们不是纯粹地从国内政治的角度看问题。"头 100 天"和"与美国订约"计划看上去与美国的政治家和媒体对它们的认识截然不同。共和党在去年 11 月的胜利（几个月前本文刚刚出炉）无异于一次深远的变革，它与民主党在 1932 年取得的胜利所引发的变革可能具有同样深远的影响。这是毋庸置疑的。然而，共和党是说得到，但做不到，这与民主党 62 年前的言行存在着天壤之别。这同样也是没有什么值得怀疑的。激进的共和党在众议院通过的大多数措施仍旧需要由温和派居多的参议院批准，而在参议院，这些措施很可能会被泼一盆冷水，有些必定会被指责为只有好心，没有实质内容。然后，它们当然有可能遭到总统的否决；共和党可能得不到足够的票数，以便在参议院或众议院推翻总统的否决。但是，新组建的共和党多数派的"与美国订约"计划自始至终也存在着先天不足的问题，即有3个目标，而不是只有一个清晰的目标：它承诺平衡预算；它同时承诺减税；它承诺让精简政府，但以党派的意识形态为基础，没有仔细分析什么行之有效和什么没有效果。在上面的分析中，这些目标是水火不相容的——这也是共和党在参议院中，在众议院批准的每一项措施上都表现得优柔寡断的主要原因。

但坦率地说，这些都不再重要。国会或总统想要的已经退居次席。要重新取得控制权，他们必须做什么？要恢复美国失去的经济统治权，他们必须做什么？我们的新主人已经回答了这些问题，这个主人就是全球金融市场，它告诉我们，要消除经常性的预算赤字，并随后消除对海外借款的依赖性，而提供海外借款的源泉已经干涸了。

全世界的金融和商业人士已经得到了这个信息。要求政治家们也知道这个信息是不是让他们勉为其难？几年以前，虽然共和党鲜有机会重新控制国会，但传统基金会（Heritage Foundation）提出了一项计划，它就是后来的"与美国订约"计划，而传统基金会是共和党的激进派在华盛顿的智囊团，而且与共和党领袖纽特·金里奇（Newt Gingrich）的关系密切。那时，没有人听得进去。但去年4月（即在我准备开始撰写这篇后记之前），仍旧是共和党激进派的智囊团和仍旧与纽特·金里奇保持密切关系的传统基金会又提出了一个标题为"让政府退回去：重建美国的预算计划"（Rolling Back Government:A Budget Plan to Rebuild America）的新提案。这个提案不仅没有颂扬共和党在大选中所取得的胜利，还完全忽略了"与美国订约"计划。相反，它提出的方法与本文所提倡的不谋而合，即它系统化地向每一个政府部门、政府提供的每一项服务和每一项政府计划提出以下问题："如果我们没有做这件事情，我们现在还会这样做吗？"它的结论比我可能得出的结论深入得多（顺便说一下，我与他们或新的提案没有任何关系。事实上，传统基金会的新提案比我可能敢于提倡的或甚至强烈支持的观点看得更远）。传统基金会现在不仅提出撤销农业部（见本文相关内容），而且还建议撤销内阁的其他大多数部门，如商业部、能源部、环境部、房屋部和退伍军人事务部等，并将内阁管辖的范围限制为5个部门：国务院、财政部、国防部、司法部和健康部（顺便说一下，只有健康部不是乔治·华盛顿总统的内阁设置的部门）。在对待政府的政策和计划上，这个提案同样是激进的。任何走极端路线的提案似乎都不会有什么机会——事实上，这个提案几乎没有引起媒体的重视。不过，几年以前，当共和党首次提出"与美国订约"计划时，它也没有得到媒体的关注。即使这个新提案中的任何具体措施没有成为法律，但这种提案现在已经被郑重其事地提到议事日程上来，而且提出提案的人是现在在政府中占支配地位的政治家的喉舌，这种不争的事实说明"真正彻底地改造政府"在今后几年将是美国和所有发达国家主要的和迫切的"热门政治话题"。

（1995年5月）

第 24 章 | CHAPTER 24

民主国家会赢得和平吗

冷战已经结束。现在，民主国家必须赢得和平。历史经验告诉我们，这可能比较困难。40年以来，相对于其他制度，民主国家的好处是不胜枚举的，而且是显而易见的，这就足够了。现在，人们要求它们发挥有效的作用。现在，衡量它们的标准是它们自己的信念和成就。现在，民主国家必须重新思考和重新组织。

明确地说，要赢得和平，民主国家必须：

- 重新取得对国内政策、经济政策和财政政策的控制权，而现在它们因凯恩斯式的赤字国家的垮台而失去了这些控制权。
- 福利制国家的失败造成国内社会变得不稳定和出现衰退，而且衰退有扩散的迹象，民主国家必须制止和扭转这种现象。

凯恩斯式的福利制国家的垮台

40年以来，发达国家的国内政策都受到两套理论的支配，每一套理论都被认为是不言而喻的：

- 一套理论是有关"赤字国家"的凯恩斯理论（或新凯恩斯理论）。它以三条经济原则为基础：消费自动创造资本积累和资本投资（凯恩斯式"乘数"）；储蓄会威胁到经济繁荣（凯恩斯的"过度储蓄"）；政府赤字对经济有刺激作用。
- 另一套理论是有关福利制国家的理论，以两条社会原则为基础。政府可以并应该分配收入，以便在收入上实现更大的平等。当这条原则第一次成为政府的政策时，即1908年，当时戴维·劳埃德·乔治（David Lloyd George）成为自由党内阁的财政部大臣时，它被认为是最激进的异端邪说，但在大萧条时期却被奉为正统。第二条原则：钱是穷人唯一需要的，这就是所谓的社会工作者的信条。

这两套理论都曾经遭到坚决地反驳。

西方的所有民主国家最后都接受了这些理论（虽然德国只是有很大保留地接受凯恩斯理论）。对于日本来说，由于它们在政策上总是模棱两可，因此它们既不完全接受这些理论，也不完全拒绝，它们只是断断续续地照方抓药。

最初，这两套理论是势不两立的。凯恩斯曾直言不讳地表示出对福利制国家的蔑视。他认为，在他提出的经济理论中，大规模的社会福利支出是多此一举。他认为政府重新分配收入的任何尝试都是徒劳无益的。福利理论的支持者反过来很少利用凯恩斯奉若神明的自由市场。然而第二次世界大战以后，这两派发现他们是相互需要的。凯恩斯将消费置于节俭之上的观点与他提倡的赤字把"救济"转变为"经济刺激"，并因此让中产阶级能够接受花在穷人身上的社会福利支出。反过来，尽管凯恩斯的经济理论对中产阶级和自由市场情有独钟，但它们需要改革主义者和社会主义者提供政治上的支持。因此，这两派人走到了一起，从而形成了凯恩斯式的福利制国家。

凯恩斯式的福利制国家流行了40年。各民主国家在经济和财政政策上的任何差异（如美国的共和党和民主党之间、英国的保守党与工党之间、西德的基督民主党与社会党之间的差异）主要是在程度上的差别。里根的"供应学派理论"（supply siders）完全赞同凯恩斯式的福利制国家的基本原则，他们都被认为属于极端保守主义者。左派和右派都吹嘘说建立和管理凯恩斯式的福利制国家是比较好的选择（顺便说一下，这在很大程度上说明在所谓的保守政府统治下政府的赤字为什么会以最快的速度攀升，例如美国的里根政府、英国的撒切尔政府和德国的科尔政府）。

当凯恩斯在20世纪30年代中期首次发表他的论文时，英国的莱昂内尔·罗宾斯（Lionel Robbins）和美国的熊彼特等杰出的经济学家指出，他实际上没有任何证据能够证明凯恩斯理论是正确的。现如今，这些理论都被完全推翻了，以至于经济学家很少提到它们。在任何地方，消费的增加都不会导致资本积累和投资。相反，虽然美国和英国促进消费的努力最具连贯性也最为彻底，但资本积累率却是最低的。在美国，资本积累占可支配收入的比率长期以来一直徘徊在非常低的水平，在4%左右。在英国，资本积累占可支配收入的比率在1989年从8%~9%骤降至5%，当时撒切尔夫人试图通过增加消费（成功的举措）给一蹶不振的经济注入一剂强心剂（以失败告终）。反观日本，在它们抑制消费的时候，它们的资本积累占可支配收入的比率几乎达到25%。但在20世纪80年代中期，日本遭遇了突如其来的经济衰退。为扭转局势，它们大力刺激消费（顺便说一下，结果是灾难性的）。如此一来，资本积累占可支配收入的比率立刻跌到16%，而且此后一直保持在这个水平上。

实践证明过度储蓄纯属无稽之谈。任何人都不再相信凯恩斯的观点，即过度储蓄与大萧条有关，甚至是造成大萧条的罪魁祸首。凯恩斯理论会斩钉截铁地认为，日本的过度储蓄会引起经济危机。可是，事实并非如此。人们普遍认为一直居高不下的资本积累率是日本在经济上取得成功的主要因素。存款的供应量十分充裕，利率因此非常低，日本的大企业获得资金的成本几乎为零，而美国和欧洲企业的融资成本不低于15%。因此，相对于世界市场上的竞争对手来说，日本拥有10%的成本优势，而5%的成本优势通常甚至都是决定性的。

政府投资刺激经济的理论也没有佐证，更不用说政府投资扭转经济衰退或萧条局面的观点了。1962年肯尼迪提出的所谓的减税方案是人们经常提到的反面例子，它是名不副实的减税方案。1962~1963年，经济的确复苏了。唯一没有出现的是肯尼迪的减税方案。相反，1962~1963年，美国的税收负担加重了，部分原因是肯尼迪总统没有说服国会通过他提出的减少资本收益税的关键性提案，部分原因是许多州和城市都增加了税收，其速度之快和程度之深是联邦政府降低税收的努力所不及的。

凯恩斯主义的经济理论认为商业周期是可以消除的，但事与愿违。在频率上或在严重性上，第二次世界大战以后（即凯恩斯式的福利制国家时期）的经济衰退与19世纪和20世纪初的经济危机并没有什么两样。

如果凯恩斯式的福利制国家的基本理论包含任何正确的观点，民主国家的财富自会滚滚而来。政府的投资行为会起到刺激经济的作用，资本积累和税收收入也会大幅攀升。在短期内，预算会出现巨额盈余。里根总统的供应学派理论仍旧是这么承诺的。相反，除日本以外，所有民主国家都是债台高筑，如果它们的债权人还会借给它们钱的话，它们仅可以勉强度日。破产这个词可以恰当地形容它们的现状。

恐慌情绪卷土重来

几位拥护凯恩斯主义的大学教授仍旧认为政府的赤字是无关紧要的，例如西北大学的罗伯特·埃斯纳（Robert Eisner）。但他们甚至也不再宣称政府的赤字是有益的。现在，除了经济部以外，包括商人、工会领袖、银行家、投资者、股票市场和债券市场在内的每一个人都知道赤字是有百害而无一利的。政府刚刚出现赤字的苗头，股票市场应声而落，资金外逃，企业投资灯枯油尽，就业率也随之一落千丈。最重要的是，人们对政府的赤字会破坏资本积累的观点不再有丝毫的怀疑。但这因此意味着，经常出现赤字的政府要还债，他们就无法在国内借到自己所需要的资金。他们越来越需要到国外借钱，而且期限是越来越短。这种资金极端不稳定，容易让人产生恐惧心理和恐慌情绪。

金融恐慌是 19 世纪的流毒。凯恩斯声称他的经济理论可以一劳永逸地终结金融恐慌，而这也是人们接受其经济理论的主要因素。但是，恐慌情绪卷土重来，而且来势汹汹。现在，人们出现恐慌的次数与一个世纪以前一样多，而且同样具有破坏性。1981 年，资金在 3 天之内撤离法国的金融市场，从而让法国的金融市场遭到了毁灭性的打击，而且这场风波还有可能转变为银行挤兑危机。它迫使密特朗（Mitterand）总统放弃他向社会做出的所有承诺，而在此前几个月，他正是靠这些承诺赢得大选的。几年以后，恐慌情绪迫使瑞典在一夜之间将利率提高到 30%，这简直是一场灾难。两年前，因外资撤离而引发的另一场恐慌潮几乎毁了意大利里拉。去年 12 月刚刚发生的恐慌潮让墨西哥比索遭遇挤兑风波，在一夜之间贬值了50%，而且瞬间抹杀了他们多年以来付出的辛勤和艰苦劳动。如果没有这场风波，墨西哥经济已经达到了"发达国家"（或至少"新兴国家"）的最低标准。

推行凯恩斯式福利经济理论的国家都不可避免地受到恐慌情绪的影响。实际上，徘徊在悬崖边上的国家越来越多——在欧洲，最糟糕的是意大利（政府的赤字占可支配收入的 9.7%；政府的负债占可支配收入的 125%；

资本积累率如果不是负数，就是零）和瑞典（政府的赤字占可支配收入的10%；政府的负债占可支配收入的100%；资本积累率不超过2%）。比利时、西班牙和丹麦也不好过；英国和法国只是勉强达到这个标准，而且加拿大几乎与瑞典一样接近破产的边缘。美国的赤字占可支配收入的比例实际上非常低，在2%左右或不超过日本。但是，由于它的资本积累率完全达不到标准，因此美国同任何欧洲国家一样都依赖于短期海外借款，因此同样易受恐慌情绪的影响。事实上，美国已经遭遇了两次"小的恐慌潮"。1987年，由于日本人恐慌地抛售大量美国长期国库券，股市出现了崩盘。1993年一泻千里的债券市场也主要是由外资的突然撤离造成的，克林顿总统因此被迫放弃刺激经济的计划，并接受共和党籍主席领导的联邦储备委员会提出的优先安抚国外贷款人的措施，即冒着国内经济出现衰退的风险，与通货膨胀进行斗争。

　　凯恩斯式的福利制国家的失败在经济上造成的后果还不是最糟糕的结果。它们越来越多地依赖于短期和不稳定的海外资本，政府制定和执行政策的能力也大打折扣。它们越来越多地让反复无常、飘忽不定和受流言蜚语控制的世界金融市场凌驾于国家主权之上，而下一笔"交易"就是它们的长期目标。最近一个例子是德国。1993～1994年，在科尔总理制定了德国统一政策（符合极端凯恩斯主义）后，为吸引和留住实施统一政策所需的短期资金，德国不得不提高利率，并将利率保持在很高的水平上。这令饱受高失业率困扰的德国的欧洲邻邦雪上加霜。它们反过来不得不提高已经居高不下的利率，阻止短期资金转移到实行高利率的德国。德国人的"自私自利"遭到了整个欧洲的口诛笔伐。然而，他们别无选择。秩序井然的是全球短期金融市场，而不是德国政府。德国的政策严重地影响了他们对整个欧洲的政治和货币统一进程的支持力度，而在科尔博士的整个政治生涯中，欧洲政治和货币的统一是他最珍视的目标，这可能是他们付出的最大代价。

凯恩斯式的福利制国家也没有兑现它对社会的承诺，即重新分配收入和促进收入的平等。相反，在主要民主国家中，福利制国家的支出与收入的不平等存在着几乎必然的联系。在收入上不平等程度最低的国家也是赤字最少、社会福利支出比例最低（只占可支配收入的12%）和资本积累率最高的国家：日本。在美国、英国，甚至在德国（他们的社会福利支出分别为15%、23%和27%），社会福利支出增加得越快，收入的不平等状况没有变得越小，而是变得越大。

保障金危机

清算赤字国家的债务迫在眉睫且刻不容缓。它显然是民主国家面临的首要政治任务，而且在今后10年，它将是它们面临的政治现实。这意味着中产阶级享有的越来越多的保障金（entitlement）将画上句号。中产阶级的保障金只有一百多年的历史，它的首次出现要追溯到19世纪80年代俾斯麦领导下的德国。现在，即使这种保障金不会威胁到现代国家的生存，它也已经关系到民主国家的生死存亡。大幅削减保障金，包括医疗保健（不单单在美国，所有发达国家在这方面的支出都如脱缰的野马，一发不可收拾）、社会保险、养老金和（欧洲的）失业救济金，这是民主国家重新控制财政，进而重新控制经济、社会和外交政策的唯一方式。

相当长的一段时间以来，人们就已经知道中产阶级的保障金会威胁到民主国家的繁荣和健康，实际上还会威胁到他们的生存。早在1988年，彼得G. 彼得森（Peter G. Peterson，尼克松政府的商业部部长）在名为《在借债时代：保障金支出的增加如何威胁美国的未来》(*On Borrowed Time:How the Growth in Entitlement Spending Threatens America's Future*) 的一书中利用严谨的数学方法证明了这个观点。但是，没有人愿意听取他的意见。

任何削减保障金或甚至放缓保障金的增长速度的努力仍旧会受到强烈的抵制。去年，瑞典的选民罢黜了当时掌权的自由党政府，起因就是政府打算改革几项已经明显处于失控状态的保障金计划。不久以后，意大利总理西尔维奥·贝卢斯科尼（Silvio Berlusconi）因同样的错误而被赶下了台，而在此前几个月，他正因承诺各个保障金制度而当选总理。但是，当他真的打算密切调查这个国家的养老金体制存在的令人难以容忍的弊端时，他在联合政府中的盟友抛弃了他。每一个意大利人都知道，无数身强力壮的人通过欺骗的方式享受到终身伤残养老金，而他们仍旧不到 50 岁，甚至通常在 40 岁以下。有人估计这样的人有数百万。每一个人还知道意大利的财政问题都是由养老金造成的；它们占意大利社会福利支出的一半，即整整相当于该国可支配收入的 1/8，相当于意大利高得惊人的赤字总额。然而，削减保障金，甚至削减的是通过欺骗方式获得的保障金，"在政治上仍旧是错误的选择"。

美国的共和党和民主党现在都承认他们需要修剪一下长期以来最神圣不可侵犯的医疗保险制度，因此这是一项重大的变革。然而，国会是否可以下定决心采取这样不受欢迎的措施，我们仍旧需要拭目以待。实际上，中产阶级别无选择。所有发达国家都将削减保障金。唯一的问题是通过什么方式。痛苦最小的方法是公开削减保障金，例如将美国人享受全额社会保险金的年龄提高到 75 岁。如果这个方法不能被接受，我们将通过通货膨胀的方式削减中产阶级的保障金，即破坏中产阶级的收入的购买力。或者，我们将采取严厉的措施提高税收——在美国，最可能的方式是在已经居高不下的所得税的基础上征收高额消费税。

在一个主要国家削减中产阶级的保障金后，例如，美国不只是象征性地削减医疗保险制度提供的保险费，它将成为所有其他民主国家改革保障金制度的信号。这将宣告凯恩斯式的福利制国家的终结。

要让政府恢复偿付能力，进而恢复对政策的控制权，我们需要它们被迫再次做出轻重缓急的决策。它们将再一次被迫说"不"。第一步可能是重新采取凯恩斯式的福利制国家出现以前政府制定预算的方式：以可用的收入为出发点，即可以花多少钱。这迫使政府决定在可用的资金规定的限度内，政府可以和应该为哪些项目筹措资金。它们必须向超过这些限额的项目说"不"。然而，自第二次世界大战以来，或至少从西欧和日本在20世纪50年代末重新步入繁荣社会后，所有民主国家在制定预算时首先要问这样的问题："我们希望把钱花在什么地方？"政府可以非常容易地为超过可用收入的支出（即赤字型支出）筹措到资金。最重要的是，政府认为这样的支出是有利的。实际上，凯恩斯主义的假设认为说"不"似乎是无情的，而且几乎是不道德的。说"不"实际上是痛苦的。对于政治家来说，这样做是危险的。然而这样做又是不可避免的。

但是，这仅仅是第一步。轻重缓急的决策因此仍旧在前面召唤我们。这些决策很可能（我说是必定）让任何地方的所有现有政党暴跳如雷。事实上，"左派"和"右派"在民主国家中都已经失去了它们本身具有的大部分意义。例如，什么是"右派"？右派希望根据平均寿命规定领取养老金年龄，即希望把领取养老金的年龄提高到75岁呢（60年前，当美国规定65岁为领取社会保险金的年龄时，这个年龄实际上比当时的平均寿命高出一大截，而且就是因为这个原因，美国选择了这个年龄）？还是认为赡养老年人是年轻人的义务呢？按照传统的做法，这两种人都是"保守主义者"。什么是"自由主义者"？自由主义者认为大学教育对所有人都不收费呢？还是提出反方面的意见，即接受大学教育的人应该用毕业后获得的、不断增加的收入偿还他们在学校学习的费用，这样下一代就可以免费接受大学教育了？这些都是新问题。它们不适合现有的政治模式；它们既不是经济因素，也不是意识形态因素。因此，在民主国家，发生变化的不只是政治问题；政治结构也将发生变化。

从贫困到堕落

凯恩斯式的福利制国家的经济原则没有发挥出很好的作用，它的社会原则也没有表现出更大的优点。福利救济没有终结贫困。它反而让贫困发展成堕落和依赖。在国内社会和国际社会，福利救济的结果都是一样的，即"国内救济"与"对外援助"的效果是一样的。

在美国，人们现在普遍认为两大福利救济计划都没有发挥作用。向抚养无法独立生活的儿童的家庭提供的补助计划与向伤残人提供的补助计划都遭到了彻底的失败。然而，人们仍旧普遍否认这两种形式确实具有破坏作用。相反，有些事实被搪塞过去，如长期依赖救济的人们产生了依赖和堕落倾向，而且他们生活的环境十分凄凉和恶劣。

在收入上，领取救济的美国人干得非常好。如果把非现金福利（如粮票或住房补助）计算在内，大多数人的收入水平都会超过"贫困线"。然而，他们生活在恶劣和堕落的环境中，状况与昔日最差的贫民窟一样糟糕。最普遍的解释是，美国的"福利垃圾"（Welfare Mess）是我们的种族问题的一部分。在人口比例上，在领取救济金的未婚母亲中，黑人实际上占较大的比例，她们需要抚养无法独立生活的儿童，她们长期靠提供给这种家庭的补助生活（领取救济金的人口中，黑人占37%，而在全部人口中，黑人只占13%）。因此，有些人认为劣等种族是原因之一（人们通常不再公开地表达出这种观点，但许多非黑裔人士无疑都是这么认为的，包括白种人、拉丁美洲裔和亚裔）。还有些人认为种族歧视和奴隶制度的后遗症是另外一个原因。这两种人同样都是种族主义者，同样都应该受到谴责。他们显然都错了。在领取救济金的人中也有纯粹的白种人，他们同样从贫困坠入堕落的深渊，在领取救济金之前，他们是精明强干、自食其力的中产阶级，他们同样是"福利垃圾"。

在英国，"领取救济金的下层阶级"（英国统计学家将他们归为"V阶级"）现在增长的速度与美国的同一类人的增长速度一样快。他们同样受到社会道德缺失的煎熬，他们的人格、能力和自尊同样遭到毁灭性的打击。1950年之前，英国工人阶级的非婚生育率与几个世纪以来的数字差不多，即占人口出生率的4%~5%。现在，这个数字超过了25%；在长期领取救济金的人中，这个数字超过了30%，而且已经超过了在美国领取救济金的白种人。同时，他们的非婚生育率增加的速度与美国黑人旗鼓相当。英国的体制与美国不同，接受福利救济的男性也可以长期领取高额失业救济金。在英国的年轻男性中，不能自食其力的比率与美国"下层阶级"中的年轻女性依靠救济金生活的比率都是以相同的速度增长。依靠福利救济生活和长期领取失业津贴的英国人，其财务状况甚至优于美国的同类人。他们的税前收入与有工作的普通蓝领工人家庭的税前收入在一个水平线上，但由于他们是免税的，因此他们靠福利救济获得的纯收入实际上比后者高出许多。然而，他们表现出相同的症状：辍学、非婚生育率上升、没有父亲的家庭越来越多、酗酒和吸毒者增加（英国仍旧主要以酗酒成瘾者为主，虽然麻醉品的用量增加得非常快）。在30年前，英国的老城区是世界上最安全的地方之一，现在乱作一团；英国城市的入室盗窃率已经超过了美国。然而，在英国领取福利救济的下层阶级中，几乎完全以白种人为主。

在英吉利海峡另一边，由于德国为保障失业人员以后的生活而支付的失业补偿金达到以前所领取工资的80%，因此享受福利救济的下层阶级长期游手好闲，而这些人完全是白种人，而且主要是男性。领取福利救济的人都接受过德国著名的学徒培训系统的培训，在成长的过程中都受到过德国同样著名的职业道德的熏陶。但是，他们中越来越多的人因为福利救济，完全不费吹灰之力就成为德国人所谓的"离不开福利救济的伤残人"，他们具有社会分裂和社会道德缺失的所有症状：越来越多的家庭都是由未婚的单身母亲承担起家庭重任；酗酒的人急剧增加，等等。因此，即使经济处于高速发展的阶段，德国现在仍旧是失业率最高的国家之一，其中永久失业的人居高不下，而且难以处理。

在意大利，领取福利救济的下层阶级由40～50岁的男性构成，他们当然都是白种人，他们享受全额或部分"伤残养老金"，他们仰仗这些养老金度过余生。他们中的大多数都身强力壮，这是众所周知的事实；他们的残疾程度非常轻微，或者完全是骗人的。在这些人中，许多人实际上都有工作，但他们却声称他们没有工作的能力，从而减轻了因他们无所事事而带来的经济影响（在意大利领取伤残养老金的人中，相当多的人实际上有两份领薪水的工作；一份是政府部门提供的工作，他们只在领工资时才露面，另一份工作由"地下"经济支付工资。事实上，这是尽人皆知的事情）。但是，这没有减轻对意大利政府的预算的影响，而政府的预算又因它们支付的养老金而变得捉襟见肘。同时，这种情况加重了社会和个人在道德上和心理上受到的伤害。养老金欺诈现象在很大程度上让意大利从上到下都充斥着腐败行为。损人利己已经成为人们可以接受的行为，甚至成为理所当然的行为。

因此，我们掌握的证据是一清二楚的。首先，现代福利制度一无是处。它不能增强能力；它让人产生依赖心理。即使它提供的收入达到中产阶级或接近中产阶级的水平，但它没有减少贫困现象。无论谁领取福利救济，它的作用都是如此：十几岁的美国籍黑人女孩、年纪轻轻和工人阶级出身的英国籍男性白种人、训练有素的德国籍成年男性以及属于中产阶级和大多数都有收入来源的意大利籍男性。这些堕落和道德败坏的人都有一个共同点，即领取福利救济，他们可以获得经济利益，而脱离福利救济，他们就会在经济上遭受损失。

对外援助的失败

福利救济在国内和在国际上遭受的挫折都是同样巨大的。

发展援助无疑是 20 世纪最重要的政治发明之一。马歇尔计划（Marshall Plan，即欧洲复兴计划）是第一次尝试，它的成功出乎所有人的意料。因此，人们有充分的理由希望随后的两项援助计划取得巨大的成功，即杜鲁门总统的"第四点"计划（1950 年）和肯尼迪总统的"进步同盟"计划（1962 年）（我比任何人都希望这两项计划取得较大的成就；实际上，我是满腔热情地参与这两项计划的工作的）。它们充其量没有造成很大的破坏。但它们都没有创造出任何骄人的成就。在杜鲁门总统宣布他的计划后，一晃 40 年过去了，我们所创造的经济成就超过了以往任何时候所取得的经济成就，而且影响范围更广。但是，这些经济成就主要是在没有接受过援助或获得少量援助的地区取得的，特别是东南亚国家。实际上，接受发展援助与发展之间存在着几乎绝对背道而驰的关系。受到这种援助最多的地区要么根本得不到发展（印度和埃及是最主要的例子），要么实际上走向衰落（如大多数处于热带的非洲国家）。接受国际救济（我们称之为"发展援助"）的国家除了得到的援助越多，取得的成就就越少以外，其相互之间几乎没有什么共同点，这与国内福利救济的情况相同。"人口爆炸"等人们普遍提及的解释也站不住脚。在发展得最快的一些国家，人口同样也出现了相同的增长，例如东南亚的泰国、马来西亚和印度尼西亚；土耳其或中国沿海地区。没有得到发展的国家具有的一个共同点是，他们得到了大量发展援助。快速发展的国家具有的一个共同点是，他们没有获得发展援助，或只得到少量的发展援助。

我们需要终止或至少大幅削减增加依赖感或抑制发展的福利救济和国际援助，即最近40年以来提出的许多福利救济和援助计划。但是，现在许多人认为国内和国际福利救济概念是错误的概念，最好将它们遗忘。这种结论无疑是错误的。我们需要的是重新调整福利救济的重点，要以培养独立性、能力和责任为中心。

将来会增加的无疑是需要救助的人，至少是需要临时救助的人。发达国家和发展中国家现在同样处于经济与社会的重大转型期。因此，出现严重的混乱局面将是不可避免的，其中社会地位优越、精明能干和负有责任心的人却找不到自己的归宿。他们要求的不多，在许多情况下，在他们需要帮助时，他们就一定能得到帮助，这就是他们的主要需求。但是，处于转型期的社会和经济是一个危险的环境。福利制度应该发挥的"安全网"作用就是人们所需要的。我们必须要做的只是防止福利制度变成"安乐窝"和永久的休息场所。

构筑一个有效的福利制度的第二个原因是，人们的同情心在富裕的生活下变得麻木不仁，这绝对是民主国家的一个败笔，是对民主国家所依赖的概念的否定。

在不太长的时间内，越来越富裕的生活的最大受益者的确是处于收入的金字塔最底层的人们。最近100年以来，发达国家创造财富的能力呈现惊人的增长，其中主要的受益者是"无产阶级"，这是实事求是的，而且怎么说都不嫌多。他们的真实收入增加的速度至少比"资本家"快两倍。在这100年中，国家的经济实力与财富增加最多的是已经成为发达国家的"殖民地"和"被剥削"国家。日本的国民生产总值增长的速度比美国高出一大截，亚洲"四小龙"以及马来西亚和印度尼西亚也是如此，它们都曾经是殖民地。

现在，发达国家和新兴国家的绝大多数人过上了非常富裕的生活，但只有在这个背景下，因缺乏能力或缺乏机会而被落在后面的少数民族的境遇就变得更显眼和更凄惨。国际社会与国内社会的情况是一样的。富人为了其自己的自尊心，他们需要提供帮助。但是，要真正为穷人着想，富人提供的帮助必须是有益的帮助，必须是培养能力、有助于健康和提高自尊的帮助，而不是福利制国家提供的帮助，而这种帮助是依赖感、贫困、不胜任工作和自暴自弃的根源。

鼓励穷人自食其力显然符合富人（即民主国家）自身的利益。这是因为不胜任工作和有依赖心理的穷人表现出来的社会道德的缺失、堕落行为和绝望情绪日益威胁到他们的稳定和社会的和谐。

160年前，一种传染病席卷了穷人居住的伦敦东区，这使得在西区居住的富人首次认识到肆虐穷人居住区的伤寒症也会殃及池鱼。公共卫生机构（Public Health）由此诞生，而在那之前，伦敦只有私人卫生机构。随着公共卫生机构的出现，健康和寿命领域的革命拉开了帷幕，富人和穷人享受到的好处无疑是一样多的。

在国内和国际社会，福利制度的失败造成不能胜任工作的穷人丧失社会道德、陷入堕落的深渊和无法无天，这种状况同样威胁到精力充沛、精明强干和富裕的人们居住和生活的城市、郊区、学校和街道。最重要的是，它有可能对他们的孩子产生潜移默化的影响。中产阶级的生活、文化和价值观出现庸俗的倾向，主要根源当然是接受福利救济的下层阶级所产生的广泛恶劣影响。未进入发展阶段的"第三世界"同样存在社会道德缺失、堕落和无法无天的现象，同样威胁到富裕国家的安全、和平和富裕生活，如果这种威胁只是来自越来越多的移民，那么这些孤注一掷地来到发达国家的无一技之长的移民会给富裕国家带来巨大压力。

我们在国内和国际遭遇到的放弃发展的问题还有最后一个原因，它也是最有说服力的，即我们所做的是错误的事情。大量成功的事实告诉我们，摆脱贫困和掌握能力不是不可能的，而且也是非常有必要的。

我们知道马歇尔计划是世界上有史以来最大和最成功的福利救济计划，我们也知道它为什么会取得成功。另一个成功的案例是"绿色革命"（Green Revolution），它的成功同样给人留下深刻的印象，其中新培育的种子和经过改良的耕作方法（由洛克菲勒和福特基金会提供资金并负责推广，它们都是非政府组织）在20世纪60年代改变了印度。在这个国家，原来他们每隔几年就要遭遇大规模的饥荒，而现在，在大多数年份都会出口多余的粮食。在国内也不乏成功的例子，如美国的救世军，他们让大批最失意的人改邪归正，如妓女、惯犯、酒鬼和吸毒者，这些人成为能胜任工作、自食其力和有自尊心的公民。在今天的任何国家中，它看起来似乎是最成功的社会福利计划，例如酒鬼和吸毒者的康复率达30%。

欧洲（英国和德国）与美国的失业救济计划表面上差不多，但在效果上存在着巨大的反差。英国和德国的救济计划将有自尊心的人变成永久依靠福利救济生活的人。在美国，虽然工会运动比英国和德国迄今为止所经历的任何工会运动激烈得多，但是长期失业的人实属罕见。

按照20世纪90年代的标准，马歇尔计划所花费的资金非常之少；而且是精打细算的。它慷慨地提供技术支持和顾问式的帮助。它提供的资金属于"种子基金"（seed money），企业要获得这些资金，它们的经营业绩必须是有说服力的，而且它们需要提交实事求是的计划书，要设定清晰的绩效目标。无论是私营企业，还是政府所有的企业，如果它们在资金的使用上偏离预先商定的计划，或者未能实现预先商定的绩效目标，支持与资金就会被撤走。"绿色革命"计划所花的钱更少。它的代理机构是美国的国际救济组织C. A. R. E和其他组织。它们找到具有适当能力的印度农民，并与它们密切合作，试验新培育出的种子和新式耕作方法。在关键的前两三年，资金主要起到保险的作用，防范因作物歉收而造成的损失。救世军几乎根本没有花什么钱。

它认为其成功的基础是纪律、辛勤劳动、维持生活的最低工资、要求苛刻的技能培训计划和无限的同情心。如果违反救世军的严格规定，无论多么贫困，任何人都得退出。在美国，前几个星期或几个月的失业补偿金与欧洲一样高，而且对于某些工人（如加入工会的汽车制造企业的工人）来说，他们的失业补偿金更高。失业人员在刚刚失业时可能遭受很大的打击，而失业补偿金可以在这期间提供足够的支持。但是，这笔钱很快就停止发放了；两年后就完全没有了。因此，他们找工作的动力非常大。在有些城市或地区，某一个工厂或行业是他们的主要经济来源，而在这些工厂或行业完全倒闭后，这些地区的失业率在两年内就降到全国的平均水平。美国全国的平均失业率甚至在劳动力市场出现动荡的时代，很少长时间高于"自然"失业率，即美国经济中从事过渡性工作的劳动者的正常流动率。

换句话说，福利救济可以发挥作用。但是，福利制度的原则必须从"穷人需要的是钱"转变到"穷人需要的是能力"。当然，他们需要钱。但钱本身只会催生出不能胜任工作和不负责任的人。今天的福利制度关注的是需要。然而，只有关注效果，我们才能拥有名副其实的"福利制度"。

福利制度何去何从

现在，主要国家都在解决福利支出的问题。在美国，有些州已经大幅削减了向抚养无法独立生活的儿童的家庭提供的补助金（如纽约州、加利福尼亚州和马萨诸塞州）；而且，共和党控制的新一届国会完全削减了美国全国的福利支出。我们已经提到的意大利至少正在讨论养老金改革。英国也打算削减长期失业人员享受的福利待遇，德国亦然。这些提案惩罚躺在福利救济上混吃混喝的行为。这可能会解决德国的失业补偿金和意大利的伤残养老金遇到的问题，即享受这些待遇的人在很大程度上都是能胜任工作和健康的，他们的主要缺陷来源于福利制度本身。

但是，对于不能胜任工作的人（如美国和英国领取福利救济的人，其中以英国为主）来说，我们可能首先需要的是让他们具有不继续享受福利救济和不躺在福利救济上的实际动力。政府当然还要提供救济金，至少提供部分救济金（虽然救世军等福利救济计划要求恢复正常生活的被救助者定期成为捐助者或志愿者）。我们不可能完全依靠慈善事业帮助不能胜任工作的人，这与英国维多利亚时代的观点不谋而合。但是，我们应尽可能地让外部的非政府性社区组织负责实施福利救济计划。救世军的例子可以说明一切（美国还有许多规模较小和不太显眼的福利救济计划，特别是教会管理的许多福利救济计划）。不能胜任工作的人和伤残人士主要需要的不是钱，无论多少。救世军成功的原因在于：纪律、承诺、辛勤劳动、自尊和对个人的大量关注。政府官僚机构，无论出发点多么得好，它们都不能提供这种无形的东西。

所有国家现在在讨论"福利改革"时强调的都是钱。这是错误的。首先，福利只有成为中产阶级的"保障金"时，如德国的失业补偿金和意大利的伤残救济金，它才需要大笔预算。与美国的医疗保险制度、社会保险或英国的国民医疗服务等提供给能胜任工作的中产阶级的保障金相比，提供给真正不能胜任工作的福利救济（如美国和英国的救济计划）所需的预算比较少。其次，福利制度浪费钱，的确如此，这只是它最小的罪过。更为重要的是它浪费生命。如果福利制度是有效果的，即使多花一倍的钱，它也是便宜的。福利制国家认为不幸运的人和不胜任工作的人应得到财政的支持，但它不应该成为福利制度存在的理由。福利制度存在的理由必须是这些人应恢复胜任工作的能力、自尊和自力更生的能力，这些正是福利制度需要达到和通过付出而得到的效果。

在国际上，我们也需要采取果断的措施削减福利救济，即对外援助。然而，我们多半应该完全停止对外援助，但在地震时提供的或为遭遇内战而流离失所的难民提供的灾难援助除外。

但是，我们制定的政策要真正促进国内福利制度的发展，而不是产生依赖感和贫穷，这将是民主国家在今后10年遇到的重大社会挑战，也是使它们成为能正常运转的社会的关键性考验。

自由市场的魅力和局限性

凯恩斯主义的经济理论仍旧是民主国家国内政策的基础。但从第二次世界大战后到现在，它们只有在前半段时间里没有受到挑战。在后半段时间里，即20世纪70年代后，凯恩斯主义的经济理论越来越多地受到猛烈抨击，在美国，这些抨击凯恩斯主义的人属于"新保守主义"（在其他地方被称为"新古典主义经济学"，后文将使用这一术语）。在国际经济学领域，新古典主义达到了至高无上的统治地位。世界银行和国际货币基金组织等国际机构都以这种经济理论为基础。在国内实行凯恩斯主义的政府在处理国际经济问题上也已经转变为新古典主义派，特别是美国政府。每当外国的某个国家陷入危机时，美国就会建议这个国家迅速接受新古典主义派开出的处方。

新古典主义经济学家与他们19世纪的鼻祖一样都鼓吹自由市场制度优于任何其他经济组织制度，而且较其启蒙导师有过之而无不及。他们声称自由市场制度本身可以带来可以正常运转的社会，而且它实际上是一个稳定的民主政治制度。

新古典主义要追溯到弗雷德里希·冯海克在1944年出版的著作《通向奴役之路》。冯海克认为任何削弱自由市场制度的行为都会破坏政治自由并导致暴政。他还认为以自由市场制度为基础且不受到政府控制、管制和干涉的经济体靠自身的力量可以创造一个最理想化的、自由、平等和公正的社会。事实证明这最终是他最重要的观点。被冯海克转变成社会和政治教条的，曾经是19世纪的主要经济理论。

冯海克的著作立即引起了轰动（虽然长时间没有太多地影响到政府的政策或学术界）。但是，随着凯恩斯主义的经济理论越来越明显地失去往日的风光，新古典主义得到越来越多的尊重。它仍旧不能成为政府的国内政策，而赤字化支出政策对政府的吸引力是非常巨大的，因此政府不能接受新古典主义的节俭与自律要求，而且这样的国家不仅限于英国和美国。但在大学里，凯恩斯主义者现在属于少数派，持有这种观点的人主要是年纪较大的经济学家。新古典主义在年轻的经济学家当中很流行，甚至在凯恩斯主义的大本营亦是如此，如哈佛大学、麻省理工学院或剑桥大学。在20世纪70年代末和80年代初之前，诺贝尔经济学奖经常被凯恩斯主义者抱走：如保罗·萨缪尔森（Paul Samuelson，1970年）或肯尼思·阿罗（Kenneth Arrow，1972年）。最近20年，新古典主义者越来越多地赢得诺贝尔经济学奖，如1982年的乔治J.施蒂格勒（George J. Stigler）、1986年的詹姆斯M.布坎南（James M. Buchanan）和1992年的加里S.贝克尔（Gary S. Becker）。在经济状况因20世纪五六十年代的国家主义（Statist）或新凯恩斯主义经济学而陷入苦苦挣扎的国家中（如拉丁美洲的经济）、在开始系统化地发展经济的国家中（东南亚国家和韩国）以及在让经济恢复活力的社会主义国家中，新古典主义经济学已经成为拯救经济的标准处方。

新古典主义可以发挥经济理论的作用，这一点毋庸置疑。事实上，它们有如灵丹妙药。在国家实施自由市场政策后，它们立即带来了经济繁荣，这些政策包括减少政府支出和平衡预算；让政府所有的企业私有化；减少或消除政府对经济活动的管制和控制；对进口产品开放边境，并因此允许竞争；消除或至少减少政府对资金和资本流动的限制。一开始，混乱总是结伴而行的，而且经常是严重的混乱局面。效率低下的企业再也不能靠关税壁垒或政府补贴生存，它们纷纷破产。失业率急剧上升。但是，这种过渡期不会持续很长时间，通常不会超过两年。随后，失业率再次下降，而且是快速地下降。

相当多的国家和地区出现过这种情况，如 20 世纪 80 年代陷入穷途末路的玻利维亚、几年以后的智利、1989 年后的阿根廷、1991～1992 年的捷克共和国，最轰动一时的是亚洲大陆的中国香港、中国台湾和新加坡以及几年以后的马来西亚、泰国和印度尼西亚。

但是，并不是所有国家和地区都会出现这种情况。除了捷克共和国以外，苏联的任何国家迄今为止都没有出现过这种情况，无论是作为苏联的成员国时期，还是在名义上获得独立后。自由市场理论没有让东德的经济好转起来。为了避免东德的经济出现奄奄一息的局面，西德不得不投入大量的政府援助资金，这超过了其此前在任何地区投入的资金。在墨西哥于 1987～1988 年推行自由市场制度后，它们的经济立即出现巨大的增长。但这并没有带来社会和政治的稳定。相反，经济的增长只激活了隐藏在深处和可能震惊全国的文化、经济、社会和政治缺陷，然而，在落后的经济条件下，这些缺陷是无法产生地震效应的。

在经济上，新古典主义被证明是完全正确的。它之所以被称为新古典主义，是因为它认为它还会让社会正常运转和政体稳定，但这个观点被证明是完全错误的。只有财产权得到公共机构的有效保证，特别是财产权能得到有效的保护，防止被国王、贵族、主教、将军或议会等势力侵犯，自由市场制度才能发挥有效的作用。美国经济历史学家道格拉斯 C. 诺斯（Douglass C. North）曾特别在 1990 年出版的著作《制度、制度变迁与经济绩效》（*Institutions, Institutional Change and Economic Performance*，Cambridge University Press）中提出了这个观点，他也因此获得了 1993 年的诺贝尔经济学奖。自由市场制度要发挥自己的作用，它需要可靠的法律制度、由金融机构构成的架构和适当的教育体制。自由市场制度不会带来正常运转的社会，它需要以后者为先决条件。如果没有这种正常运转的社会，发家致富的只是少数投机者，而国家仍旧是一贫如洗。有些地区的经济发展令人激动，但是，除非具备了社会的架构，否则这种表面上的经济好转很可能是昙花一现。它要么会立即崩溃，要么发展成为投机泡沫并破裂。持续的经济发展的确需要新古典主义的经济理论。但是，我们首先需要的是运转正常的社会的法律、金融和教育机构；以及这种社会产生、培育、发展、检验和尊重的人力资源。

在希特勒上台之前，捷克斯洛伐克以捷克为核心，它们是世界上最稳定、最紧密、最具中产阶级特征和生产能力最强的社会之一，在欧洲大陆仅次于瑞士。他们遭到了希特勒的惨无人道的迫害。但是，他们的基础还在；传统还在；往事历历在目——而且在价值观和承担的义务上，人们仍旧绝对属于中产阶级。在捷克共和国，他们几乎刚刚脱离计划经济，自由市场制度就展现了自己的魅力。新加坡，甚至韩国与马来西亚和印度尼西亚一样，都继承了其前殖民地统治者的法律、金融和教育机构，在长达一个多世纪的时间里，智利社会稳定、政治稳定，被公认为"拉丁美洲的瑞士"；因此，尽管有几年处于军事独裁者的统治之下，但自由市场制度可以让社会正常运转。

按照普遍的理解，民主就是自由选举，要有议会或国会，但它本身不是答案。智利的经济复苏曾经轰动一时，但当时统治智利的是采取高压手段治理国家的军事独裁政府。事实上，经济飞速发展的东南亚国家的独裁统治者提出的主张不是凭空捏造，即先有经济发展，后有政治自由和民主，而不是像美国的政治教条所鼓吹的那样先有政治自由和民主，后有经济发展。实际上，除了美国以外，无论在什么地方总是先有经济发展，后有政治发展。19世纪，欧洲大陆的主要国家取得了巨大的社会、经济和文化发展，当时统治这些国家的都是独裁政权，例如德意志帝国、弗朗西斯·约瑟夫（Francis

Joseph）统治下的奥匈帝国和拿破仑三世（Napoleon Ⅲ）统治的法国。日本在最近 40 年创造了"经济奇迹"，它当时的政治现实（如未采取政治手段控制的官僚机构具有至高无上的地位）更接近于 19 世纪在欧洲大陆受独裁政府统治的国家，与英国和美国的"民主"相去甚远。美国是先有政治发展，后有经济发展，在世界上所有国家中，美国是独一无二的，因此这可能是"美国例外论"的又一个绝无仅有的佐证。

但是，19 世纪的政治理论家用一个德语词汇（Rechtsstaat）提到的公平国家与我们现在所谓的"人权"是绝对必不可少的，否则自由市场即使作为一个经济机构也不会发挥有效作用，而人权属于一种社会和政治秩序，它有效地保护个人和公民的财产，使他（它）们不会受到上层的任意干涉。

那么，民主是否会像 19 世纪的自由主义者坚定不移地认为的那样真的会出现，我们尚需拭目以待。但如果不以人权作为民主的基础，政治上的民主必定无从谈起。我们只会拥有混乱或专制。同样，没有人权，即使拥有市场自由，持久的经济发展也是不可能的。

我们现在所知的"资本主义"和"资本家"不是现代现象，这主要归功于已故的法国伟大历史学家费尔南德·布罗代尔（Fernand Braudel）的劳动。在各个时代，它们都是普遍存在的，而且在我们有所了解的任何文化和国家中，我们都能找到它们的痕迹。具有"现代"特征的是作为经济的组织原则的自由市场制度。新古典主义派是正确的：没有自由市场制度，就没有正常运转的现代经济，实际上也没有经济的增长。

（1995 年）

专 访

后资本主义社会的管理

许多管理者只对"新事物"顶礼膜拜,而对其他东西不屑一顾,这是当代管理思想发展的不良趋势之一。最近名噪一时的作家常常在一两个月里红得发紫,然后就销声匿迹了,无论他们的观点有没有实质内容。不过,彼得·德鲁克来了。1939 年,他的第一本书《经济人的末日》(The End of Economic Man)问世了,此后半个多世纪以来,他有规律地撰写了一系列经久不衰的管理学著作,这些著作本身自然而然地构成一套完整的管理学丛书。我们到他在加利福尼亚的家中拜访他,他穿着运动衫和轻便的散步鞋,以一副最轻松的状态接受我们的采访,滔滔不绝地引经据典和讲述奇闻轶事,谦恭而幽默地与我们分享他的思想——这就是彼得·德鲁克,在许多方面,甚至连其最狂热的追随者也是一无所知的。如果历史上曾经出现过什么管理大师,那么彼得·德鲁克当之无愧。

问:彼得,让我在一个不同寻常的地方开始本次专访,即您的著作《知识社会》⊖的最后一章，其中你提到了"受过良好教育的人"。在准备应付未来的社会和工作地点方面，我们中的大多数人了解多少呢？

答：你知道，我们的处境是非常奇怪的。年轻人在学校时对人文学科很感兴趣，即使是最传统的科目。在毕业5年后，他们基本上会拒绝接受它们，而且在他们的定位上变得更职业化。从长远来看，这种不平衡是危险的。当我研究我们的这些20～30年前步入工作岗位的行政管理人员时，我想这些刚刚达到45岁或50岁的管理者最终会回到学校，而且说："现在我们需要对我们自己和生活有一点了解！"但在这方面，我们的管理者们获得的研究生教育是彻底失败的。

问：失败吗？

答：几乎完全失败。但是，越来越多的人回来了，而且他们总是希望返回到职业或专业的深度看问题。他们开始借助人文学科或从历史的范畴思考他们的企业管理经验，并决定如何以不同的方式进行思考或行动，从全新的角度思考他们的生活。

问：这是不是意味着我们中太多的人混淆了工作与"生活"的范畴？

答：严重的程度还不止于此。在大多数历史阶段，谋生是你不得不做的事情，毕竟你需要吃饭。用我们的话说，生活中根本没有很多休闲时间。现在，对许多人来说，工作就是生活的全部：他们喜欢这样。但在过去，如果有人承认他们喜欢他们的工作（我不会说没有这样的人），那么这只是说明他们是不得已而为之。过去，人们不会讨论你的工作是否应该有意义。这与今天的情况截然不同，甚至也与未来的世界大相径庭。今天，越来越多的人只是希望和要求他们的工作和职业是有意义的工作和职业。我想在100年前大多数人都没有这样的经历。

⊖ 此书中文版已由机械工业出版社出版。

问：而这当然会影响到管理与企业，不是吗？

答：我认为成年人的继续教育将很快成为这个国家和这个世界的成长型行业。其他行业都没有这么快的发展速度，无论你谈论的是医生，还是工程师，抑或是牙医。之所以会出现这样的情况，部分原因是，在每一个企业或职业的每一个方面，事物发展的速度非常快。

让我给你举一个具体的例子。我认识一个年轻人，至少相对于我来说，他是年轻人；他四十多岁，可能是东海岸首屈一指的放射线学学者。他从小就和我认识。他在一所大规模的医学院担任放射线（现在称为"透视"）系的系主任。有一次我准备去东海岸演讲，因此我打电话给他，希望聚一聚。他回答说："抱歉，彼得。那时我不在城里。我准备去明尼苏达州上课。"我问他："你讲什么课？"他说："彼得，我不讲课。我准备学习超声波技术的新动态，时间为一个星期。你知道，我本应去年就去学习了，但我要做手术，我不能去。现在我已经落后了。"

因此我认为未来受过良好教育的人是认识到需要继续学习的人。这是一个新定义，而且它将改变我们生活和工作的世界。

问：这让我联想到对管理的影响。通过读您的书，我感觉到您认为许多公司迫使或鼓励人们术业有专攻。

答：不只是公司。军队几乎是唯一具有不同性质的组织。稍微注意一下，你就会发现军队的几乎所有高级将领都无数次地回到学校去。现在，当他们去指挥与参谋学院学习时，其范围是非常狭窄的。但是，当空军或陆军派他们到大学学习硕士或博士课程时，他们努力拓宽眼界，了解一些新的知识。

问：那么，企业如何拓宽企业管理者的眼界？

答：许多公司今天鼓励他们的员工到社区参与非营利组织的工作，我认为这可能是最适合于35岁的管理者的教育经历。

问：彼得，我感觉我几乎把握到您所说的重要性了。您的书对这个越来越小的世界如何日益成为企业界的每一个人所面临的现实给予很高的评价。您的意思是说我们需要更多地了解这个世界是如何运转的吗？

答：100年前，人们旅行的机会没有这么多，但是许多人有更多的机会相互交流他们对做人的本质和生活的看法。对于我的孩子们或孙子们来说，我无法用他们可以接受的方式让他们理解某些事情，比如在我成长的过程中，我的父亲每逢星期一都会举办宴会，出席宴会的经常有经济学家和高级政府官员，甚至有国际知名的律师。同时，我的父母差不多每周都会举办其他宴会，邀请医学界的朋友。他们对数学和哲学非常感兴趣，因此他们每个月都会邀请这些领域的朋友吃一次饭。这在今天是不可思议的。

问：您的书提出了许多有说服力的观点，指出知识本身是一种商品，而且自然而然地成为商品，它变得越来越重要了，这说明您所说的是非常重要的。您说"知识是今天唯一有意义的资源。"您还说"企业实际上无法管理掌握知识的雇员。"将来还需要管理者吗？

答：我们仍旧需要管理者。但是，我们将来需要的比我们今天看到的要少。许多现在被称为管理者的人什么事都不管。所有这些企业管理层次的存在都是有各种各样的理由的。首先，当大型组织开始形成时，我们仅有的模式就是军队。普鲁士军队当时处于鼎盛时期，一直延续到1870年以后，而且与所有军队一样，他们存在许多多余的人员。因此，企业设置了许多多余的位置。第二次世界大战后，人力资源极度匮乏，这是60岁以下的人无法想象的。战争刚刚结束，经济就开始发展，你需要人，但无人可用，而那时大量出生的人在25年后才能进入工作岗位。因此，可用的年轻人提升的速度很快。在1929年以前，在你达到50岁前，你在任何地方都不会成为正教授。当我第一次到商学院讲课时，登记入学的学生突然增加：在5年内，我们的学生人数每年都翻一番。当我在1949年进入商学院当老师时，只有600名学生。当我离开商学院时，已经有6 500名学生。这是在10年之内实现的！

在这期间，我曾经研究过一家银行的管理方式，有一次向首席执行官汇报银行的高层管理者的平均年龄。我说："在资历上，你的副行长比你前任的副行长少许多年。"按照传统方式，成为银行的副行长需要30年。过去，你可能在这期间进入银行工作，比方说在21岁，如果你表现得非常好，你会在45岁左右成为副行长助理。然后，突然间，由于人手匮乏，有人26岁就当上了副行长。你不得不接受！我们让工作出现低龄化。

将来，我们肯定不会需要这么多的管理层次和这么多的管理者。过度管理会拖企业生产率的后腿，这就是工作和劳动者的性质。但是，就像我在这本书中提到的，所有现代企业都需要管理；无论组织具有什么样的使命，管理都是所有组织的一般性职能。你可以说管理是知识社会的一般性器官。

问：然而，我注意到您在您的书中强调了团队和他们如何自我管理的重要性。在您的书中，这是最有影响力和最有用的部分之一。

答：团队是最难管理的事情之一。你看，我对棒球队进行了许多研究。他们是非常特殊的组织。他们是最难管理的事情之一。能带好队伍的教练非常少，原因恰恰是你应付的是一个团队，而你最好的投手要么是主要得分手，否则就没有价值。在棒球界，普通的投手不会有用武之地。

在公司里，你也经常要应付主要得分手，然而这是一个团队，其中的成员常常认为他们不需要在一起工作。想想你知道的任何设计团队。

我碰巧非常了解丰田公司。几年前，我问该公司一位刚刚退休的高级管理人员："让你的设计团队出色地完成任务，你用了多长时间？"他笑着说："首先，它还没有完成任务。其次，我们从1950年就开始努力了。"唐纳德·彼得森（Donald Petersen）于20世纪70年代初掌管福特公司，于20世纪80年代中期退休；为了让团队运转起来，他不辞辛劳，但是你经常听到福特的人抱怨说他们的团队发挥不了作用。

我们需要真正优秀的管理者来组织这样的团队，其中团队的成员真正通力协作、相互适应、得到其他人的帮助和作为一个整体向前推进。这不是非常容易的。需要时间、勇气、非常清晰的使命和非常有技巧的领导……"有技巧"可能不是一个恰当的词。你需要一批非常专注的、头脑非常清晰的领导。因此，我们将来需要的可能不是典型意义上的"管理者"。我所说的难倒了我遇到的许多管理者。他们不知道如何组建团队。不是因为他们没有努力，而是因为他们需要组建团队。你努力去组建团队，而你每天却和个人打交道。

问：彼得，您曾经谈到改变对知识工作的态度，将它看成"知识社会"的一部分，我发现这是您的文章最让管理者们感到迷惑的地方，他们说："德鲁克认为我们美国人不再从事生产活动了吗？没有制造基地，我们的经济还会保持坚挺吗？"他们可能没有完全理解您的意思。您怎么回答他们？

答：这是一派胡言。你看，大多数人认为美国的制造业已经出现衰退。这种观点是毫无道理的。制造业的发展速度与经济一样快，即非常快。自20世纪60年代末以来，也就是在最近20～25年中，制造业的规模扩大了2.5倍。国民生产总值（GNP）也是如此。但是，人们仍旧把工业生产量与制造业和蓝领工人的就业率混为一谈。大错特错。

问：请解释一下。

答：1900年后，蓝领工人的就业率增加的速度就没有产量增长得快，但似乎没有人知道这一点，即使每年出版的统计年鉴都提供这方面的信息。就业率一直在下降：九十多年以来，每增加一个单位的制造产量所需的单位劳动力以每年1%的复合速率呈现下降趋势，差不多有一个世纪了！

工业生产量一直保持稳步增长，每一个迹象都表明还会继续增长，而且在1890年以后，制造业在GNP中的比重一直很稳定，100年以来一直保持在21%～23%。服务业的增长挤占的完全是农业的份额。1900年，农业的比重还超过50%；现在只有3%。制造业一直保持稳定。但是，蓝领工人的就业率（非总体就业率）呈下降趋势，而且将继续降低。我们还没有跌到底，尽管我们快到底了。我们跌到了18%。它的最低点在10%～11%，这不意味着你还可以再降低50%，因为工业生产量在稳步增加。但是，在现在的劳动力的基础上，你可以再减少2%～4%。而这个趋势带来了巨大的变化。

问：是什么导致了这种变化？

答：我们可以谈谈两三个关键性的事情。让我们谈谈最大的一个因素：新型制造行业不是劳动密集型的，而是知识密集型的！

问：那么，知识的存在形式是……

答：重新设计！是对制造流程的稳步的重新设计。大多数人认为自动化是造成劳动力需求降低的原因；自动化几乎与之没有关系。以生产牛仔裤为例，这是缝纫工作。甚至在30年前，牛仔裤只有3种尺寸，这就是当时的情况，而且只有一种颜色和一种式样。

今天，牛仔裤有16种尺寸，式样也增加了1倍。但是，制造流程得到了有机的组织，这样，调整的负担不是在开始制造时，而是在结束时。是在最后：在最后的缝纫环节前，你都可以保持一种长度、一种宽度，还可能保持一种颜色不变。调整式样和尺寸的负担被完全放到了最后，即保持连续和统一的生产流程的最后环节。这样做只会多用一点布料，但是你基本上拥有了一个连续的流程，其中几乎所有的工作都可以实现程序化。它不是机械加工；它仍旧保留了大量的手工操作，但是他们让它按程序工作并进行了有效的设计。因此，需要的劳动力可能只有20年前的1/5，但不只是因为他们让任何东西实现了自动化操作。60年以来，我们一直用机器切割布料；这里没有什么新鲜的东西。只有重新设计。

问：这听起来没有那么极端。

答：对。1940年以后，任何好的工程师可能学到的都是按这种方法处理生产。但是，汽车制造企业将可能是最近实际上做到这一点的人，这是因为它们拥有非常有效的体系，这个体系以最少量的车型为基础。一旦你确定了本年度的车型后，你不需要对它做任何事情。唉，这已经成了过去。因此他们必须重新认识生产流程。日本人走在了前面，但需要学习的还很多。

问：那么，知识绝对是关键的。

答：就像我在书中提到的那样：在一个国家中，如果让知识工作者负责设计和推销产品，那么他们制造出低成本和高质量的产品是轻而易举的。但是，心胸狭窄和目光短浅不会让任何国家的任何企业在未来拥有更大的竞争力。

问：我吃惊地发现我多么地不了解20世纪初的企业管理思想家和先驱弗雷德里克·温斯洛·泰勒。您让我对他有了新的认识。考虑到您有那么多了不起的著作，您认为别人了解您吗？

答：我认为世界上不同地方的人以不同的方式了解我。例如，在日本，人们似乎认识到是我让企业和管理者更多地意识到他们需要了解市场营销最真实的意义：你必须让市场驾驭你的企业；你必须听取客户的意见并注意他们的希望与需要。

日本人似乎还很欣赏我关于受价格控制的成本计算模式的说法：你必须按照市场愿意支付的价格设计产品。

我还相信日本人首先和最多地注意到我的一个观点，即人必须被视为你的同事和你的主要资源之一。只有这样尊重劳动者，他们才能真正地具有生产力。

最后，日本人似乎认真地考虑了我的观点，即世界经济是真实存在的，而且如果企业只在本国范围内销售产品，这种企业的眼光是狭窄的。

问：那欧洲呢？

答：我认为他们把我看成反传统文化的先驱。在当代，欧洲的大多数管理者（毕竟，我的祖先就是来自欧洲）具有我所说的"克虏伯"（Krupp）心理，即管理者表现出"我拥有一切"和在公司里工作的每一个人只不过是"助手"的态度。我不敢想象全世界仍旧有多少这样的管理者。

这种态度存在许多问题。它封闭了管理企业所需的沟通和对话的渠道。它使得许多人不可能做出让企业焕发活力的决策。事实上，欧洲的许多管理者被迫数铅笔头或做类似的无意义的工作。

而了解我的书和思想的欧洲管理者立刻认识到我主张管理是一种职业，是有点颠覆性、有点革命性、简而言之有点反传统的东西。事实上，从这个角度来看，我的书《管理的实践》在欧洲，过去和现在都是一种宣言。

问：那美国呢？

答：根据我的印象，美国的管理者从我的书和忠告中吸取了两个主要观点。首先，他们至少开始懂得人是一种资源，而不只是成本。我认为最开明的管理者已经开始了解到，在实现预期的目标或目的的过程中，通过对人的管理，他们可以取得什么样的效果。

我帮助这里的管理者开始了解管理，我的这种工作似乎让他们注意到第二个重要观点。换句话说，大多数美国人长期以来看不到管理的影响，无论是积极的影响，还是消极的影响。我相信许多人认为是我发现了管理学，是我强调企业需要认真地对待管理，管理在企业的经营活动事关重大。

我希望美国的管理者，实际上也希望全世界的管理者继续重视我几乎从第一天开始就一直强调的话：管理不只是行使职权，不只是"达成交易"。管理影响人及其在企业中和在许多其他方面的生活。管理的实践值得我们予以最大的关注，它值得研究。

（1994年）

彼得·德鲁克全集

序号	书名	要点提示
1	工业人的未来 The Future of Industrial Man	工业社会三部曲之一,帮助读者理解工业社会的基本单元——企业及其管理的全貌
2	公司的概念 Concept of the Corporation	工业社会三部曲之一,揭示组织如何运行,它所面临的挑战、问题和遵循的基本原理
3	新社会 The New Society: The Anatomy of Industrial Order	工业社会三部曲之一,堪称一部预言,书中揭示的趋势在短短十几年都变成了现实,体现了德鲁克在管理、社会、政治、历史和心理方面的高度智慧
4	管理的实践 The Practice of Management	德鲁克因为这本书开创了管理"学科",奠定了现代管理学之父的地位
5	已经发生的未来 Landmarks of Tomorrow: A Report on the New "Post-Modern" World	论述了"后现代"新世界的思想转变,阐述了世界面临的四个现实性挑战,关注人类存在的精神实质
6	为成果而管理 Managing for Results	探讨企业为创造经济绩效和经济成果,必须完成的经济任务
7	卓有成效的管理者 The Effective Executive	彼得·德鲁克最为畅销的一本书,谈个人管理,包含了目标管理与时间管理等决定个人是否能卓有成效的关键问题
8 ☆	不连续的时代 The Age of Discontinuity	应对社会巨变的行动纲领,德鲁克洞察未来的巅峰之作
9 ☆	面向未来的管理者 Preparing Tomorrow's Business Leaders Today	德鲁克编辑的文集,探讨商业系统和商学院五十年的结构变化,以及成为未来的商业领袖需要做哪些准备
10 ☆	技术与管理 Technology, Management and Society	从技术及其历史说起,探讨从事工作之人的问题,旨在启发人们如何努力使自己变得卓有成效
11 ☆	人与商业 Men, Ideas, and Politics	侧重商业与社会,把握根本性的商业变革、思想与行为之间的关系,在结构复杂的组织中发挥领导力
12	管理:使命、责任、实践(实践篇) Management:Tasks,Responsibilities,Practices	
13	管理:使命、责任、实践(使命篇) Management:Tasks,Responsibilities,Practices	为管理者提供一套指引管理者实践的条理化"认知体系"
14	管理:使命、责任、实践(责任篇) Management:Tasks,Responsibilities,Practices	
15	养老金革命 The Pension Fund Revolution	探讨人口老龄化社会下,养老金革命给美国经济带来的影响
16	人与绩效:德鲁克论管理精华 People and Performance: The Best of Peter Drucker on Management	广义文化背景下,管理复杂而又不断变化的维度与任务,提出了诸多开创性意见
17 ☆	认识管理 An Introductory View of Management	德鲁克写给步入管理殿堂者的通识入门书
18	德鲁克经典管理案例解析(纪念版) Management Cases(Revised Edition)	提出管理中10个经典场景,将管理原理应用于实践

彼得·德鲁克全集

序号	书名	要点提示
19	旁观者：管理大师德鲁克回忆录 Adventures of a Bystander	德鲁克回忆录
20	动荡时代的管理 Managing in Turbulent Times	在动荡的商业环境中，高管理层、中级管理层和一线主管应该做什么
21 ☆	迈向经济新纪元 Toward the Next Economics and Other Essays	社会动态变化及其对企业等组织机构的影响
22 ☆	时代变局中的管理者 The Changing World of the Executive	管理者的角色内涵的变化、他们的任务和使命、面临的问题和机遇以及他们的发展趋势
23	最后的完美世界 The Last of All Possible Worlds	德鲁克生平仅著两部小说之一
24	行善的诱惑 The Temptation to Do Good	德鲁克生平仅著两部小说之一
25	创新与企业家精神 Innovation and Entrepreneurship:Practice and Principles	探讨创新的原则，使创新成为提升绩效的利器
26	管理前沿 The Frontiers of Management	德鲁克对未来企业成功经营策略和方法的预测
27	管理新现实 The New Realities	理解世界政治、政府、经济、信息技术和商业的必读之作
28	非营利组织的管理 Managing the Non-Profit Organization	探讨非营利组织如何实现社会价值
29	管理未来 Managing for the Future:The 1990s and Beyond	解决经理人身边的经济、人、管理、组织等企业内外的具体问题
30 ☆	生态愿景 The Ecological Vision	对个人与社会关系的探讨，对经济、技术、艺术的审视等
31 ☆	知识社会 Post-Capitalist Society	探索与分析了我们如何从一个基于资本、土地和劳动力的社会，转向一个以知识作为主要资源、以组织作为核心结构的社会
32	巨变时代的管理 Managing in a Time of Great Change	德鲁克探讨变革时代的管理与管理者、组织面临的变革与挑战、世界区域经济的力量和趋势分析、政府及社会管理的洞见
33	德鲁克看中国与日本：德鲁克对话"日本商业圣手"中内功 Drucker on Asia	明确指出了自由市场和自由企业，中日两国等所面临的挑战，个人、企业的应对方法
34	德鲁克论管理 Peter Drucker on the Profession of Management	德鲁克发表于《哈佛商业评论》的文章精心编纂，聚焦管理问题的"答案之书"
35	21世纪的管理挑战 Management Challenges for the 21st Century	德鲁克从6大方面深刻分析管理者和知识工作者个人正面临的挑战
36	德鲁克管理思想精要 The Essential Drucker	从德鲁克60年管理工作经历和作品中精心挑选、编写而成，德鲁克管理思想的精髓
37	下一个社会的管理 Managing in the Next Society	探讨管理者如何利用这些人口因素与信息革命的巨变，知识工作者的崛起等变化，将之转变成企业的机会
38	功能社会：德鲁克自选集 A Functioning society	汇集了德鲁克在社区、社会和政治结构领域的观点
39 ☆	德鲁克演讲实录 The Drucker Lectures	德鲁克60年经典演讲集锦，感悟大师思想的发展历程
40	管理（原书修订版） Management(Revised Edition)	融入了德鲁克于1974～2005年间有关管理的著述
41	卓有成效管理者的实践（纪念版） The Effective Executive in Action	一本教你做正确的事，继而实现卓有成效的日志笔记本式作品

注：序号有标记的书是新增引进翻译出版的作品